ARABIAN EMPIRE

尚劝余 著

信 仰 与 刀 剑 的 远 征

中国国际广播出版社

阿拉伯半岛的沙漠

倭马亚王朝的库塞尔阿姆拉城堡

阿拉伯星盘

阿拔斯王朝的金币

米尔·赛义德·阿里画作《宿营地》

阿拉伯铜制水壶

阿拉伯彩釉瓷碗

阿拉伯地毯

苏尔坦·穆罕默德画作《情人》

前　言

阿拉伯帝国是世界中古时期空前庞大强盛的帝国之一，是人类历史星空中一颗光彩夺目、辉煌璀璨的明珠。阿拉伯帝国起源于广袤浩瀚、荒漠漫漫的阿拉伯半岛。勇猛刚强的阿拉伯人，高举伊斯兰教旗帜，在"吉哈德"（意为"竭力奋斗""做出一切努力"等）的呐喊声中，走出阿拉伯半岛，东征西战，南攻北伐，以摧枯拉朽之势，吞并西亚，横扫北非，席卷西南欧，进兵锡尔河，饮马印度河，建立起一个西起伊比利亚半岛和大西洋东岸，东至印度河和中国西部边境，北起中亚，南至撒哈拉沙漠，地跨亚非欧三大洲的空前庞大的帝国。

阿拉伯民族起源于古老民族闪米特人最年轻的一支，他们是一个勤劳勇敢而又富于智慧的民族。他们与被征服地区的民族互相融合，相互学习，共同进步，不仅创造出富庶丰足的物质生活，而且创造出繁花似锦的精神生活。他们不仅翻译和保存了东西方古典文化，而且把东西方文化熔为一炉，创造出具有自身特色的举世瞩目的阿拉伯-伊斯兰文化。阿拉伯民族对人类文明和世界文化做出了不朽贡献，是人类的一大幸事，也是一大旷世奇迹。

阿拉伯帝国亦称伊斯兰帝国，或阿拉伯-伊斯兰帝国。在这个多民族、多语言、多宗教和多种社会形态并存的庞大帝国中，阿拉伯人的两大法宝——宗教和语言，一直处于优势地位，伊斯兰教为国教，阿拉伯语为官方语言，两者构成这个帝国的两大标志和特征。今天的伊斯兰世界和阿拉伯国家，就是昔日阿拉伯帝国的印证。

本书突破传统的阿拉伯帝国历史编写体例和写作方法，按照阿拉伯帝国诞生、发展和衰亡的内在逻辑与进程，分上中下三篇，系统展现了阿拉伯帝国孕育与发端、崛起与兴盛、衰落与灭亡的宏伟历史画卷。本书在真实性与趣味性、学术性与可读性相结合方面，做了初步尝试，力图以流畅生动的笔触，严谨求实的态度，既形象生动地展示一幕幕有血有肉的历史活剧，又深入独到地评析重大的历史人物、事件和现象。本书在写作过程中，博采众长，广泛吸收国内外研究成果，参阅了大量专著和译著，在此谨对各位作者和译者深表谢忱。

尚劝余

目录

上篇　孕育与发端

第一章　伊斯兰文明的诞生　003
　　一、阿拉伯半岛概况　003
　　二、古阿拉伯人及其习俗　006
　　三、古阿拉伯人的信仰　008
　　四、历史大转折时期　013
　　五、麦加与伊斯兰教创始人穆罕默德　017

第二章　四大哈里发时期　027
　　一、争夺哈里发之位　027
　　二、平定部落叛乱　031
　　三、初征叙利亚告捷　036
　　四、雅穆克战役　039
　　五、征服埃及　044
　　六、征服波斯　048
　　七、奥马尔的文韬武略　052
　　八、强弩余威　059
　　九、同室操戈　065

中　篇　崛起与兴盛

第三章　倭马亚王朝　　075
一、穆阿维叶的统治　　075
二、内战硝烟再起　　080
三、进军君士坦丁堡　　088
四、东征西讨　　093
五、逐鹿欧洲　　099
六、帝国概貌　　107
七、文化艺术生活　　113
八、矛盾与危机　　119
九、王朝倾覆　　126

第四章　阿拔斯王朝　　134
一、阿拔斯王朝的建立　　134
二、远交近攻　　142
三、哈里发国家治理　　152
四、帝国盛世　　161
五、文化成就　　166
六、群星闪烁　　178
七、科学巨子　　185

下 篇 衰落与灭亡

第五章 帝国的分裂　　　　　　　　　　199
　一、禁卫军主政　　　　　　　　　　　　199
　二、后倭马亚王朝　　　　　　　　　　　206
　三、后倭马亚王朝的中兴之主　　　　　　212
　四、世界珍珠　　　　　　　　　　　　　220
　五、分崩离析　　　　　　　　　　　　　226
　六、穆斯林在西班牙的最后岁月　　　　　231
　七、埃及的嬗变　　　　　　　　　　　　238
　八、马格里布与中亚诸王朝　　　　　　　248

第六章 帝国的衰亡　　　　　　　　　　259
　一、布韦希王朝　　　　　　　　　　　　259
　二、塞尔柱王朝　　　　　　　　　　　　261
　三、法兰克人入侵　　　　　　　　　　　267
　四、萨拉丁反攻　　　　　　　　　　　　273
　五、引狼入室　　　　　　　　　　　　　280
　六、成吉思汗西征　　　　　　　　　　　282
　七、帝国终结　　　　　　　　　　　　　285

结　语　　　　　　　　　　　　　　　　　　　　291

附　录　阿拉伯帝国统治者世系表　　　　　　　　295

参考文献　　　　　　　　　　　　　　　　　　　299

上 篇
孕育与发端

阿拉伯帝国孕育于伊斯兰文明的兴起和阿拉伯半岛统一神权国家的建立，发端于四大哈里发统治时期。

广袤浩瀚的阿拉伯半岛是阿拉伯人的故乡，是伊斯兰文明的发祥地，也是阿拉伯帝国孕育成长的摇篮。伊斯兰教先知穆罕默德顺应历史发展的客观要求，以一神崇拜取代多神崇拜，以共同信仰打破血缘纽带，以民族和睦代替部落之间互相残害，以政治统一消除分裂割据，创立了充满活力、震撼世界的伊斯兰教，将离心离德、冲突不断的阿拉伯半岛诸氏族部落融合为一个团结一致、组织严密的民族，结束了阿拉伯半岛四分五裂、各自为政的状态，建立了政教合一、统一强大的神权国家，奠定了阿拉伯帝国的基础。实际上，穆罕默德建立的神权国家是阿拉伯帝国的雏形、母版和缩影。伊斯兰文明的兴起和阿拉伯半岛统一神权国家的建立，标志着阿拉伯帝国的孕育和奠基。

四大哈里发统治时期，穆罕默德建立的神权国家转变为哈里发国家。后继者接过他们的先知穆罕默德点燃的火种，循着他的足迹，高举伊斯兰教旗帜，在"吉哈德"的呐喊声中走出阿拉伯半岛，踏上了征服四邻、建立哈里发国家的征程。通过征战，他们埋葬了波斯萨珊王朝，动摇了拜占庭帝国（亦称东罗马帝国）的根基，新月沃土及其毗连地区纷纷臣服于哈里发，国家统治重心不断北移，版图日益扩大，形成阿拉伯帝国的心脏。与此同时，国家机构、管理体制等日益健全，阿拉伯帝国的序幕徐徐拉开。四大哈里发统治时期是阿拉伯帝国的发端和序曲。

第一章
伊斯兰文明的诞生

一、阿拉伯半岛概况

阿拉伯半岛是伊斯兰文明的发祥地,也是阿拉伯人生存和发展的故土。阿拉伯半岛位于亚洲西南部,是世界上最大的半岛,面积相当于欧洲的1/4。阿拉伯半岛三面环海,地处交通要冲,战略位置十分重要。它东濒秀丽的波斯湾和阿曼湾,南濒浩瀚的印度洋,西傍狭长如丝带的红海,北界肥沃新月地带。阿拉伯半岛两侧的红海和波斯湾,连同埃及和肥沃新月地带,形成一条连接东西交通的重要天然走廊。红海的大门曼德海峡,控制着从地中海经苏伊士运河和红海进入印度洋的通路;波斯湾的门户霍尔木兹海峡,是亚欧大陆交通的咽喉。阿拉伯半岛犹如一匹桀骜不驯的战马,矗立在亚洲和非洲之间,昂首眺望着蔚蓝的地中海岸边的欧洲,随时准备出征。

阿拉伯半岛的地貌、气候、物产等构成一道道别具一格的布景,成为阿拉伯人一幕幕历史活剧的天然道具。从地质学上说,阿拉伯半岛是撒哈拉大沙漠的延伸,后来被尼罗河河谷和红海分隔开来。就地势来讲,阿拉伯半岛基本上是一座辽阔的高原,西南部较高,缓缓向东北部倾斜,呈阶梯状。就地貌来讲,阿拉伯半岛主要有山地、平原、高原、沙漠等。阿拉伯半岛红海沿岸，经南部海岸，直至东南部的阿曼湾沿岸，盘亘着连绵不断的山地。阿拉伯半岛西部山地以赛拉特山著称，从汉志（又译希贾兹，意为"间隔"）一直延绵到也门。赛拉特山大多童山濯濯，寸草不生。南部山地和东部山地的高度和峻峭程度不及赛拉特山。沿海平原叫作帖哈麦，意为"闷热的低地"。沿海平原包括红海沿岸平原、阿拉伯海沿岸平原和波斯湾沿岸平原。阿拉伯半岛中部为辽阔的内志（又译纳季德，意为"高地"）。内志的大部分为岩石沙漠，坚固的岩石上覆盖着一层薄薄的沙子。

阿拉伯半岛最为辽阔的景色是一望无垠的沙漠，约占全部面积的1/3。阿拉伯半岛南部的鲁卜哈利沙漠素有"无何有乡"或"无人烟之地"之称，北部有大内夫得沙漠，而中间的小内夫得沙漠（亦称代赫纳沙漠）像一条狭长的沙带将二者连成一片。狂风吹起的沙子形成连绵不绝的沙丘，红白不一，有的鲜红似火，有的洁白如雪。零星的绿洲点缀着一望无际的荒漠。冬春两季，大雨滂沱，沙漠里绿草如茵，生长着白菖蒲、白头翁等牧草和耐碱抗旱的柽柳等灌木丛。然而，这种美景只是昙花一现，随之而来的是严酷而漫长的旱季。热风袭来，短短几天之内，草木枯槁，满目疮痍，夏日的沙漠变成"火狱"。在浩瀚的沙漠里，只有中部和西部点缀着几片绿洲，地下水在那里形成深泉，草木葱茏。

阿拉伯半岛地处热带和亚热带。这座半岛幅员辽阔，沙漠广布，地势高低不同，加之红海和波斯湾对气候的调节作用，各地气候复杂，差异很大，温差悬殊。夏季，沿海平原炎热湿润，内地低洼地区炎热干燥，山区气候温和。冬季普遍降雪，沿海地区和低洼地区温度适中，山区气温很低。昼夜气温差别显著：白天酷热难当，太阳高悬在晴朗的天空,炙烤着大地;夜间气温骤降,明净的月光洒在大地上,晚风习习,凉爽宜人。阿拉伯半岛大部分地区刮一种叫作萨巴的东北风。这种风能调节气候,令人心旷神怡,常是诗人咏赞的对象。春末夏初,阿拉伯半岛大部分地区刮一种叫作热风的南风。这种风挟着细沙,增高气温,使人胸闷气短。

阿拉伯半岛雨水稀少,各地差异显著。南部夏季为雨季,雨水充沛;北部和中部冬季为雨季,多为局部暴雨。从总体上看,阿拉伯半岛南部雨量充沛,中部雨水罕见,北部雨水稀少。至于鲁卜哈利沙漠,多年滴水不落,两次降雨之间有时竟相隔10年之久。阿拉伯半岛没有名副其实的河流,雨水要么渗入地下,聚积在不透水的地层,在绿洲地区涌出来,或者通过掘井而被汲取出来;要么从各地流入海中,或者渗入沙漠。阿拉伯半岛西南部的也门地区雨量充沛,土地肥沃,物产丰富,有"阿拉伯福地"之称。

阿拉伯半岛的绿洲出产咖啡、乳香、没药、沉香、檀香、棕榈、柽柳、油橄榄、白菖蒲、白头翁、凤仙花、红蓝花、阿拉伯胶树、阿拉伯相思树等植物,谷物有小麦、大麦、稻子、高粱、玉米和谷子,果实类有椰枣、桃、李、梨、杏、葡萄、杧果、橘子、苹果、西瓜、石榴、柠檬、香蕉、巴旦木、无花果等,野生动物有狼、豹子、鬣狗、狐狸、猴子、羚羊、蜥蜴、鳄蜥、蹄兔、刺猬、飞鼠等,飞禽有鹫、鸢、鹰、枭、鸧、云雀、红隼、乌鸦、犀鸟、夜莺、鸽子、沙鸡、缝叶鸟、戴胜鸟等,家畜有骆驼、绵羊、山羊、马、狗、驴、猫等。这些物产有些是阿拉伯半岛的特产,有些是从外部传入的。

阿拉伯马是阿拉伯半岛最珍贵的家畜。公元8世纪,阿拉伯人将阿拉伯马传入欧洲。阿拉伯马以健美、坚忍、伶俐、忠实等特征著称于世，人们常以阿拉伯马为良马的典型。

椰枣和骆驼是阿拉伯人主要的生活资料，是他们日常生活的两大支柱。阿拉伯半岛的特产植物，当以椰枣树为第一。椰枣树是那里最普通、最有价值的植物。椰枣是阿拉伯人的主要食品，仅次于骆驼肉。椰枣树皮可制绳索，树干是良好的建筑材料。椰枣核粉制成饼，可当作骆驼饲料。椰枣泡水发酵成枣醴，是阿拉伯人最喜爱的饮料。拥有"二黑"，即饮用水和椰枣，是每个古阿拉伯人的理想。

骆驼是阿拉伯人的重要财富。在古代，假使没有骆驼，就无法设想沙漠是可以居住的地方。古阿拉伯人的生活无不依靠骆驼。骆驼是"沙漠之舟"，是运输、贸易和作战的主要工具。新娘的嫁妆、酋长的财富等，都是以骆驼为计算单位的。骆驼乳可解渴，骆驼肉可充饥，骆驼皮可做衣服，骆驼毛可织帐篷，骆驼粪可做燃料，骆驼尿可入药。关键时刻，人们可宰骆驼或把棍子插入骆驼的喉咙，取出骆驼胃里的水，应急解渴。阿拉伯半岛的骆驼最耐渴，饮水一次之后，冬季能旅行 26 天，夏季能旅行 6 天。骆驼是古阿拉伯人能够征服四邻的一个因素，因为它们能保证军队的机动性，使游牧民族对被征服民族占优势。

二、古阿拉伯人及其习俗

阿拉伯半岛是阿拉伯人的故乡。古阿拉伯人非常热爱故乡，但他们毕竟是停不下脚步的游牧民。他们属于阿拉伯半岛，但从未在这块土地上扎下根，就像家乡的沙土一样，随风飘荡。每当好运气向他们挥手时，他们就卷起心爱的帐篷，迁徙到肥沃富庶的北方。北方，从一开始就注定是他们的"北极星"。在历史上，巴比伦人、亚述人、迦勒底人、阿拉米人、腓尼基人、希伯来人等古老民族，均是从阿拉伯半岛相继迁徙出去的，他们说的都是闪米特-含米特语系闪米特语族语言，故有阿拉伯半岛是闪米特族的故乡之说。今天，阿拉伯人为现有闪米特族中最强大的民族。

伊斯兰教诞生以前，阿拉伯半岛的居民基本上都是阿拉伯人。广阔无垠的沙漠把阿拉伯半岛的阿拉伯人分为两部分：北部和中部的游牧民，南部的定居民，其中游牧民占绝大多数。游牧的阿拉伯人叫作贝都因人，他们居无定所，逐水草而流动，最能体现阿拉伯人的特征。就语源学来说，"阿拉伯"是一个闪米特族语名词，意思是"沙漠"或"沙漠里的居民"。但古阿拉伯人不是漫无目的地为漂泊而漂泊。古阿拉伯人的生活方式是由他们所处的特殊环境决定的，是人类适应沙漠环境的最好方式。雨季一到，他们便携带家眷，赶着骆驼，到沙漠中肥沃的绿洲放牧；雨季一过，他们又离开沙漠地带。

逐水草而居的阿拉伯人、骆驼和椰枣，是沙漠中一切生物的统治者；再加上沙子，就构成沙漠里的四大主角。对沙漠里的居民来说，沙漠不仅是居住的地方，而且是他们神圣传统的守护者，是他们纯粹的语言和血统的保卫者，是防范外部侵略的第一道防线。沙漠缺水，天气炎热，道路不明，食物匮乏，这4种因素，和平时期是游牧民的劲敌，战争时期却是他们的有力武器。

阿拉伯人的面部特征为：细长脸，鹰鼻，后头骨高高隆起，身板结实有力。他们日常吃的食物是椰枣、面粥或炒面，外加凉水、骆驼乳等。他们吃几颗椰枣，喝一些骆驼乳，就可以在沙漠里奔走一整天。他们的衣服和食物一样匮乏：一件长衬衫，一条带子，一件宽松舒适的上衣，头上戴一条缠头巾，裤子是不经常穿的，鞋袜也是稀罕物。这成为阿拉伯人坚忍耐劳的美德的写照。正因为有这一美德，他们才能在物资稀缺的环境里生存下来。

在阿拉伯人看来，他们是世界上最尊贵的民族。他们对血统纯洁、口齿伶俐、诗歌优美、宝剑锋利、马种优良、宗族高贵等，感到无比自豪。他们酷爱高贵的宗族，往往把自身的宗族追溯到他们的神话传说中的人类始祖阿丹。他们热爱诗歌，善于用诗歌表达情意。诗人激昂慷慨、铿锵有力的诗句，常常激励整个氏族部落，使他们团结起来，共同对敌。诗人的诗句和战士的勇气是克敌制胜不可或缺的重要条件。他们以他们的语言优美而自豪，甚至把世界上的人分为两部分：阿拉伯人和非阿拉伯人。所谓非阿拉伯人，即文盲或麻木不仁的人。各行各业的人都有自身的歌谣，驮夫歌颂自身的旅程，勇士歌颂自身的勇气和荣誉。

因为生活极无保障，阿拉伯人要生存下去，就必须奋力拼搏。他们要有斯巴达克式生活理想。他们把生活赋予他们的点滴乐趣理想化。他们热爱他们拥有的一切：骆驼、良马、利剑、语言、荣誉等。他们的理想是成为这样的人：作战勇敢，是好骑手、好剑手、好弓手或好投射手，是真正的朋友，是善良的主人，是优秀的讲演者，是美好诗句的爱好者，是质朴生活乐趣的欣赏者。

三、古阿拉伯人的信仰

穆斯林把伊斯兰教诞生以前的阿拉伯社会称为"蒙昧时代"。所谓"蒙昧"并不是和"知识"相对立的意思,而是从信仰的角度来划分的。"蒙昧时代"的阿拉伯半岛居民,主要信仰原始宗教,同时也信仰外来宗教。

阿拉伯半岛地形独特,气候多变:绿洲青草成茵,泉水清澈;沙漠飞沙走石,大地干涸。天气瞬息万变,时而狂风肆虐,时而风和日丽。白天烈日炎炎,酷热难当;夜晚明月溶溶,凉爽宜人。

大自然给人们带来灾难和痛苦,同时又给人们带来好处和幸福。人们无法对这些与生活息息相关的自然现象做出正确解释,只能根据自身的经验做出种种幻想和假设,并附加主观意念,从而诞生了多神崇拜的原始宗教信仰。

古阿拉伯人多神崇拜的原始宗教信仰主要有4种表现形式。

首先是大自然崇拜。

水是人和其他生物不可缺少的东西。而阿拉伯半岛雨水稀少且分布不均,尤为珍贵。因此,阿拉伯人称雨水为"救星",视泉水为"神水"。麦加唯一一处水源——渗渗泉被奉为圣泉,即是一例。麦加人自古就苦于无水。他们一直用牲口从城外驮水,花销巨大,而且困难重重。直到伊斯兰教先知穆罕默德的祖父阿卜杜勒·穆塔里布重新找到被埋没很久的渗渗泉,甘泉源源不断地涌出,恩泽四方。重挖渗渗泉时,阿卜杜勒·穆塔里布挖出了两只金羚羊和价值连城的宝剑与铠甲。他用宝剑为克尔白(阿拉伯语音译,意为"立方体房屋",伊斯兰教诞生后专指"真主的房屋",是全世界穆斯林礼拜朝向和朝觐的中心,中国穆斯林称之为"天房")铸造了一扇门,把两只金羚羊铸造在门上。重挖渗渗泉之举在整座阿拉伯半岛引起了广泛回响。麦加人将渗渗泉重新被发现视为一件伟大的事件。

形状奇特、颜色各异的岩石具有很大的神秘性，岩石在生活上的诸多用途及其来历让人难以理解，都使阿拉伯人对岩石产生了崇拜心理，结果岩石被视为具有神力的东西，或者被当作神的住所别季尔加以崇拜。信仰别季尔的人，定期排成队，围着它们旋行，同时抚摸它们，以祈求从中获得力量。别季尔有的固定在一定的地方，有的则随部落流动。在后一种情况下，别季尔在战时还起着部落保护神的作用，上面覆以华盖，放在骆驼身上搬运。在汉志地区，人们崇拜的三个女神中有两个是以石头为象征的：一块方石象征女神拉特，一块黑石象征女神玛纳特。

麦加克尔白墙上镶的黑石，被整座阿拉伯半岛的人视为圣石，凡来朝拜克尔白的人，都要亲吻或抚摸黑石。这块黑石其实是一块陨石，是一块不规则的椭圆形光滑石头，黑中透红，呈酱色，上面有红斑黄纹，相传是真主赐给阿拉伯人的先知易卜拉欣（又译伊卜拉欣）砌在克尔白墙上的。

其次是天体崇拜。

阿拉伯半岛土地辽阔，自然条件有地域上的差别。这种差别也反映在天体崇拜上。不同地域的人崇拜的天体有所差别，即使崇拜对象相同，受重视的程度及它们在整个神灵系统中的地位也不尽相同。农耕地区的居民以农业为主，农作物的生长有赖于阳光照射，崇拜太阳神。游牧地区的人主要崇拜月神。

在太阳和月亮之间，游牧的阿拉伯人更尊重后者。他们认为，太阳以灼热的光芒无情地烤晒着大地，摧残着一切动植物的生命；而月亮是他们生活的支配者，经过酷日暴晒之后，柔和清淡的月光，不仅使夜色迷人，给人带来凉爽，而且使水蒸气凝结成慈爱的露水，滴在牧场上，使牧草沐浴甘露，滋润树木。阿拉伯半岛南部居民也向自身的月神赋予了美名：马因人称之为瓦德（仁爱者），萨巴人称之为艾勒麦盖（赐予健康之神），盖特班人则称月神为阿姆（父亲）。

在广阔无垠的草原，星星给人们指引方向。星星的数量和种类繁多，光泽各异，变化无穷，无比神秘，从而引起人们对它们的遐思和崇拜。阿拉伯半岛居民把星星的变化与社会现实、自然现象等联系起来，形成各种占星术。金星在阿拉伯人心目中享有崇高的地位，被认为执掌农业和土地之神，也被认为商业贸易的保护神。

再次是动植物崇拜。

在很长的历史时期，野生动物和植物是古阿拉伯人维持生存所必不可少的，他们因对它们依赖而产生了崇拜。克尔白周围有许多阿拉伯人崇拜的圣树。在汉志地区，人们崇拜的三位女神当中的第三位——女神乌札，便是麦加东面纳巴泰地区的三棵大树。人们向它们顶礼膜拜，贡献祭品。在内志地区，有一棵圣洁的椰枣树，受到人们的崇拜。那棵椰枣树收到各式各样的礼物，有武器，有衣服，有布条。这些都是挂在树上的。

最后是偶像崇拜。

阿拉伯半岛的居民普遍崇拜偶像，各个氏族部族有各自崇拜的偶像和崇拜仪式。汉志地区尊奉的偶像达360尊之多，置放在克尔白周围，其中最大的偶像为月神胡伯勒。据说，胡伯勒的主像是用红玛瑙石雕塑的，酷似真人，像前设7种神签，占卜者用来判断祸福。克尔白内的黑石体现之神是安拉。到伊斯兰教诞生前夕，安拉已取代胡伯勒的地位，成为主神，成为万物之神。

在阿拉伯半岛，除了原始宗教信仰之外，还盛行信奉一神的外来宗教，主要为犹太教和基督教。犹太教和基督教分别于公元1世纪和公元4世纪传入阿拉伯半岛，流传非常迅速。犹太教教义及经典《旧约》中的传说等，易于被阿拉伯半岛居民接受，特别是犹太人的一神观念、政教合一的神权政体和建立民族国家的强烈意愿，对长期处于部落纠纷、外族入侵的内忧外患之中的阿拉伯半岛居民具有强大的吸引力。因此，许多阿拉伯半岛居民放弃了多神信仰，皈依犹太教。

基督教派别众多，传入阿拉伯半岛的主要是两个大教派——聂斯托利派（景教）和雅各派（一性论教）。基督教传教士在传教中宣传《旧约》《新约》中关于"亡而复活""天堂地狱""上帝创世""救世主""天堂"等的传说故事，吸引了饱经风霜的阿拉伯人。基督教教义的"驯服""仁慈""忍耐"等说教，更适应于阿拉伯半岛贵族阶级奴役人民的政治需要。各教派自认本派为正统，视其他教派为"异端"，同时反对偶像崇拜，客观上促进了阿拉伯半岛多神教的解体，一神教便逐渐取代了多神信仰。

阿拉伯半岛居民受犹太教、基督教一神信仰的影响，反对"蒙昧时代"残留的多神崇拜和一切落后的习俗，反对食用祭祀偶像的供品，反对酗酒、赌博等，开始创立本民族的一神教——太哈努夫，意为"正统""正教"，信众称哈尼夫，故又称哈尼夫运动。哈尼夫运动没有严格的仪式，不从事布道活动，提倡隐修，以求人神合一。哈尼夫不愿皈依犹太教和基督教，而渴望有一种新的一神教。他们认为只有一个神，即古莱什人尊奉的安拉，并笃信"天命""复活""惩罚""报应"等。

四、历史大转折时期

当历史的车轮滚滚驶入公元 6 世纪至公元 7 世纪，阿拉伯半岛进入了新旧交替的历史大转折时期，"蒙昧时代"走到了历史尽头，伊斯兰时代的曙光依稀可见。此时，阿拉伯半岛这个历史大舞台，风云激变，正处于伊斯兰教诞生前的阵痛之中，各种社会矛盾空前激化，内忧外患纷至沓来。

氏族部落之间的矛盾和奴隶主与奴隶之间的矛盾，错综复杂地交织在一起，使阿拉伯半岛陷入极其严重的内忧之中。就总体社会性质而言，当时阿拉伯半岛处在以血缘关系为基础的氏族部落社会。每一个帐幕为一个家庭，同一血缘的家庭聚居一处，构成一个氏族，血缘较近的氏族结成一个部落。帐篷和简陋的家具是私人财产，源泉、牧场和可耕地是氏族部落的公共财产。族长和部落首领掌管对内外事务，由选举产生。只有年高德勋、智勇双全、仗义疏财的人，才能当选族长或部落首领。在和平时期，他们调节内部争端，负责招待来客，周济氏族部落的贫民；在战争时期，他们则一马当先，用生命维护氏族部落的财产和尊严。

氏族部落内部有很强的内聚力。氏族精神要求每个成员对同族人绝对忠诚。个人必须服从本氏族部落的利益，全力为本氏族部落服务，而全体成员又都对某一成员的行为负责。每个氏族部落都认为，本氏族部落至高无上，其他氏族部落则地位低下，可以任意处决、掠夺或践踏。氏族部落成员残害了本氏族部落的人，得不到任何保护；

残害了外族人，或者侵犯了外族人，全族不问是非曲直，都要帮助他们，直至流血牺牲。

依照沙漠里的原始法律，血债必用血偿还，除了报仇，别的惩罚都不生效。因此，血亲复仇成为普遍现象，往往演变为旷日持久的复仇，甚至延续几代人之久。在阿拉伯半岛东北部的一个部落里，一个氏族的首领伤害了另一氏族的白苏斯老太太的一匹母骆驼，老太太的侄儿异常愤怒，伺机用长矛结果了该氏族首领，结果导致了两个氏族之间持续 40 年之久的复仇战争——白苏斯战争，几至同归于尽。还有两个氏族，以 100 匹骆驼做赌注，举行赛马，一方为母马，另一方为公马。比赛时，母马一方耍花招吓唬即将取胜的公马，最后母马先到达终点，结果引发两氏族之间的复仇战争。这场战争断断续续打了 40 余年。伊斯兰教诞生之前，这种血亲复仇战争比比皆是。

氏族部落之间，还常常因争夺水源和牧场，抢劫牲畜和妇孺，爆发战争。弱小的氏族部落往往向强大的氏族部落敬送礼物，与之结成联盟，以期得到保护。但是，这种局面不会持续太久，同盟的氏族部落，随时都可能变成互相复仇的敌人。

氏族部落之间的矛盾和战争延绵不断的同时，奴隶和奴隶主之间的阶级矛盾也空前加剧。阿拉伯半岛西南部的也门地区，早已进入奴隶制社会，当时被波斯占领。广大游牧地区正处于原始社会解体、阶级社会形成阶段。在阿拉伯半岛西北部的汉志地区，麦加、叶斯里卜（今麦地那）、塔伊夫等商业城市，奴隶制经济占统治地位。奴隶主不仅霸占肥沃的绿洲和草地，拥有大量牲畜和巨额财富，而且经营商业，放高利贷，剥削穷苦贫民，成为商业贵族。许多大奴隶主往往蓄奴上千，家财累万。

奴隶和劳苦大众处于水深火热之中。奴隶的主要来源为战争俘虏，也有从阿拉伯半岛外部贩运来的黑奴和白奴。他们是奴隶主和商业贵族的私有财产，可以随意买卖，乌卡兹等集市重镇成为贩卖奴隶的市场。奴隶为奴隶主放牧牲畜，耕种土地，挖掘沟渠，制作手工艺品，从事繁重的家务劳动。他们终年辛劳，不得温饱，常遭奴隶主的鞭笞等酷刑，甚至被奴隶主处决。女奴的处境更为悲惨，奴隶主可以随意侮辱她们。当时，阶级分化极为严重，穷苦农民、牧民濒临绝境，衣不蔽体，食不果腹，颠连无告。奴隶主和广大劳苦民众的境况形成了鲜明的对比。

氏族部落从战争中得来的战利品，大部分被奴隶主据为己有。氏族部落之间的矛盾实质上是奴隶主之间争夺财富的矛盾。这两种矛盾错综复杂地交织在一起，使阿拉伯半岛社会动荡不定，战争连绵不绝，兵连祸结，迄无宁日。战争也极大破坏了生产力，严重影响了当地民众的正常生活和阿拉伯半岛内外的商品交换，使社会生产发展陷入停滞，阿拉伯社会长期处于分裂状态。而这种长期分裂状态，又给强邻入侵提供了机会，导致民族矛盾加剧，造成阿拉伯半岛陷入严重的民族危机。

阿拉伯半岛地处交通要冲，战略位置十分重要。阿拉伯半岛西南部的也门，自古就是东西方交通的枢纽。东非、印度、中国等地的商品，从也门经阿拉伯半岛红海沿岸，北运至巴勒斯坦和叙利亚的各座港口，出售到地中海沿岸各国。在古代东西方贸易中，阿拉伯半岛南部盛产的乳香等商品，畅销各地。

阿拉伯半岛的战略价值和经济物产，必然引起强邻的垂涎和争夺。早在公元前1世纪，罗马帝国就从北面攻入汉志和也门，企图征服阿拉伯半岛红海沿岸，垄断东西方贸易，以打击波斯帝国。公元 2 世纪至公元 6 世纪，埃塞俄比亚也先后与罗马帝国和拜占庭帝国结成同盟，经常掠夺、占领也门。拜占庭帝国企图通过埃塞俄比亚，把阿拉伯半岛置于自身的影响之下，利用他们来反对波斯。当时，埃塞俄比亚和拜占庭均为基督教国家。因此，两国在保护基督徒的旗帜下，联合起来。公元 525 年，在拜占庭帝国的支持下，埃塞俄比亚出兵 7 万，渡过红海，占领了也门。波斯萨珊王朝也早想吞并也门，挫败拜占庭的扩张势头。公元 527 年，波斯从南面出征阿拉伯半岛，赶走了埃塞俄比亚人，成为也门的统治者。

长达几个世纪连绵不断、旷日持久的灾难性侵略战争，给阿拉伯人带来了深重灾难。阿拉伯半岛西南部遭到严重破坏，土地荒芜，人烟稀少，灌溉系统废弛，城市一片萧条，商业急剧衰落，南北货运锐减。波斯占领也门期间，大宗来自印度等地的商品，改经波斯湾，上溯两河流域至小亚细亚和地中海，而不再走由也门经阿拉伯半岛西部的红海沿岸，北至叙利亚的路线。传统商路的改变，加深了阿拉伯半岛社会固有的经济危机和社会矛盾。奴隶主贵族阶级，以加重对奴隶、牧民、农民和手工业者的压榨和剥削来转嫁因经济危机蒙受的损失；商业资本流向农村和牧区，用作重利盘剥的本金，利息高达本金一倍以上，因高利贷而破产者，比比皆是；许多依靠过境贸易生活的部落平民，更加贫困，驮夫、脚夫和以护送商队为业的镖师，无以为生。在这样的处境下，深受苦难的广大阿拉伯劳动人民，忍无可忍，纷纷揭竿而起，阿拉伯半岛各地不断爆发奴隶起义。

当时，阿拉伯社会各种矛盾急剧加深，民族矛盾尤为突出。各种矛盾不断激化，孕育着一场重大的社会变革。面临外敌践踏，阿拉伯人要求联合起来，维护民族生存。另外，为了加强对劳动人民的统治，巩固自身的政治地位，也为了夺取土地，控制商路，扩大自身权势，得到更多财富，奴隶主贵族迫切需要建立一个强大的统一国家。普通农牧民则希望打破氏族部落的分裂局面，获得牧场和沃土，摆脱贫困。奴隶苦于被奴役，疲于战乱，也渴望变革，获得出路。因此，实现阿拉伯半岛政治上的统一，已成为阿拉伯氏族部落的共同愿望，成为历史进程的客观要求。这种要求，反映在意识形态上是一种新的一神教必将取代多神教。伊斯兰教就在这样的社会历史背景下应运而生，成为当时阿拉伯社会的政治经济变革和建立统一的民族国家的要求在意识形态上的反映。

五、麦加与伊斯兰教创始人穆罕默德

阿拉伯半岛各种社会基本矛盾的焦点集中体现在麦加。麦加位于阿拉伯半岛西部的汉志地区。那里是一座狭小山谷，周围环绕着山丘，干旱少雨，不宜耕作。

麦加远非富庶之地，但自古以来就在阿拉伯半岛占有独特的地位，是阿拉伯人的政治中心、经济中心、宗教中心和文化中心。麦加是红海古道上的一座商业重镇，南北交通的咽喉，从也门到叙利亚内陆的贸易的主要集结地，过往商旅必须停歇之地。

麦加市内有著名的克尔白和清澈的渗渗泉。克尔白内有各氏族部落崇拜的偶像和整座阿拉伯半岛视为圣物的黑石，是古阿拉伯人的宗教崇拜中心。古阿拉伯人非常尊崇克尔白，每年封斋月（又称斋月，意为"禁月"),来麦加朝拜克尔白、祭祀偶像的人,络绎不绝。朝觐期间,人们在那里举办诗歌大赛,交换自身所需的物品,进行广泛的贸易。麦加还吸引了一些外国商人。他们不仅来做生意,而且把古希腊、古罗马和古波斯的思想文化带到了阿拉伯半岛。

阿拉伯半岛历史上流传着许多关于克尔白、渗渗泉的动人故事。克尔白原为无顶正方体四堵石墙,墙上嵌有一块黑石,传说它是阿拉伯神话传说中的人类祖先阿丹顺天意修建的,后被洪水冲毁,真主又命令易卜拉欣重建。

克尔白东面正对着黑石,有一个四根柱子支撑着圆顶的小阁子,里面是易卜拉欣的伫立处,即当年易卜拉欣建造克尔白时的一块踏脚

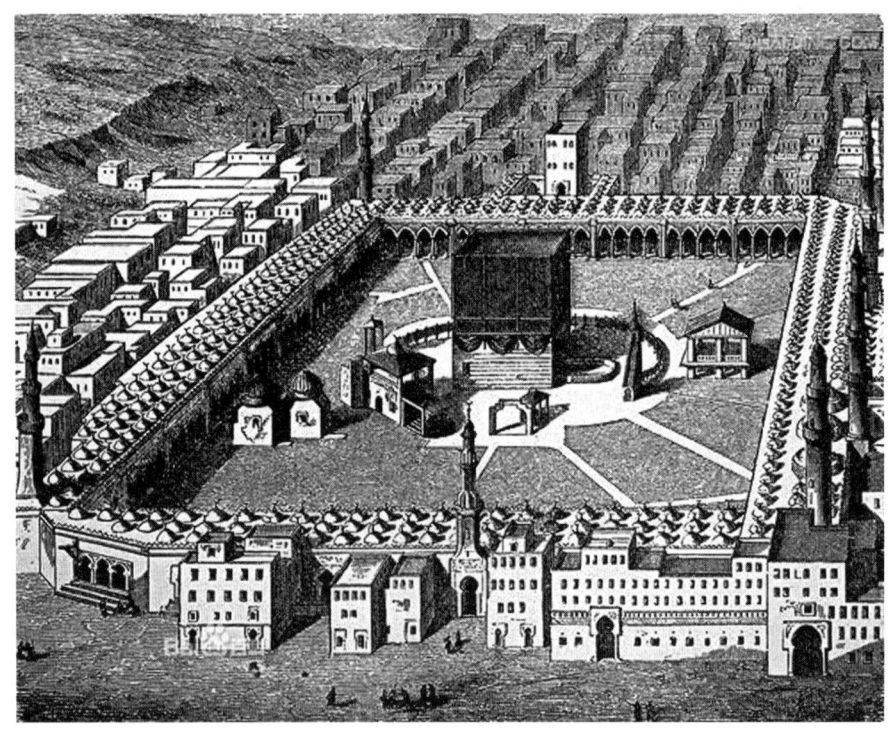

古代麦加鸟瞰图

石。克尔白南边有一眼古井，即渗渗泉，是麦加的唯一水源。相传，易卜拉欣和妻子哈哲尔携带儿子伊斯玛仪初来麦加时，伊斯玛仪因口渴而啼哭，足蹬石块，泉水从石块下涌出来。后来，由于战乱，渗渗泉被风沙和金饰宝物填平埋没，直到公元6世纪被穆罕默德的祖父阿卜杜勒·穆塔里布重新发现。古阿拉伯人将守护克尔白视为至高无上的圣职，也是掌握权力的具体标志。

麦加居民主要是古莱什部落。古莱什部落原为汉志地区一个游牧部落，以出租骆驼和护送商队为生。公元440年，他们占领并定居麦加，成为克尔白的守卫者。古莱什人以经商闻名于世。根据《阿拉伯大辞书》，"古莱什"一词含有"赚钱""聚财"的意思。人们称他们为古莱什部落是因为他们从事商业，而不从事畜牧业和农业。古莱什人善于经营商业，使麦加成为红海商道上的重要商业集散地，古莱什人每年进行两次大的贸易活动：冬往也门，夏赴叙利亚。骆驼商队运输的货物，有供地中海沿岸国家的宫廷、修道院、教堂使用的来自也门、阿曼的各种香料，有来自中国、印度的丝绸、皮革、武器和金银器，有来自叙利亚的小麦、橄榄油、粮食、木材、生丝和手工艺品，也有来自埃塞俄比亚的香料和埃及科普特的织物。

伊斯兰教诞生前的麦加，正处在氏族社会迅速瓦解、阶级社会加速形成的剧烈变动之中。随着商业的发展，氏族之间，以及氏族内部，贫富分化不断加剧。一方面，社会上出现了富商巨贾、高利贷主和奴隶主；另一方面，广大氏族成员、部落平民日渐贫困，有的甚至沦为仆役或奴隶。

古莱什部落逐渐分化为12个家族，其中倭马亚家族是最富有和最有势力的家族。倭马亚王朝第一代哈里发穆阿维叶的父亲艾布·素福扬,是麦加的富商巨贾,在麦加长老会中地位显赫,成为麦加豪门贵族之首。

古莱什部落的奴隶主贵族,享有守护克尔白、主持朝觐事宜、征收麦加集市税、管理渗渗泉等特权,从中获得许多利益。此外,他们还经营大规模的商队贸易,侵吞弱小者的财产,买卖奴隶,放高利贷,向附近部落征收重税。

奴隶主挥金如土,而奴隶却过着牛马不如的生活。贫苦人民艰难度日:手工业者破产;商队的苦力常年跋涉,尚不能一饱;乞丐沿街乞讨;穷无居室者,就睡在露天里。

麦加同其他地区之间的矛盾同样十分严重。麦加的氏族部落与叶斯里卜的氏族部落互为仇敌,战火长期不息。民族矛盾在麦加也很突出。麦加因其特殊地位,先后受到被埃塞俄比亚和波斯毁灭的威胁。外敌入侵阿拉伯半岛时期,麦加在经济方面蒙受的灾害最深。

麦加是阿拉伯半岛的宗教中心、经济中心和文化中心,集中反映了阿拉伯社会的基本矛盾,成为阿拉伯半岛历史大转折时期各种社会基本矛盾的焦点,成为伊斯兰教的策源地。

伊斯兰时代的来临,与伊斯兰世界的伟大先知穆罕默德是密不可分的。

公元570年(一说公元571年),麦加古莱什部落的哈希姆家族喜气洋洋地迎来了一个男孩儿的降生,取名穆罕默德,意为"受到高度赞扬的人"或"声望很高的人"。

穆罕默德出生之前,哈希姆家族已经没落,他父亲阿卜杜拉是小商人。他父亲阿卜杜拉在外出经商途中逝世。穆罕默德出生后,和母亲相依为命。6岁那年,穆罕默德的母亲也去世了,他成为孤儿,开始由 70 多岁的祖父阿卜杜勒·穆塔里布抚养。

穆罕默德的祖父阿卜杜勒·穆塔里布是当地一个有名望的人物，是克尔白的管理人，因重新挖掘渗渗泉而受人尊敬。但是，年迈善良的祖父两年后也因病去世。穆罕默德此后由叔叔艾布·塔里布抚养，直到他长大成人。

25 岁那年，穆罕默德和麦加城的富孀赫蒂彻结婚。二人婚后感情和睦，育有 6 个子女，4 个女儿，两个儿子。不幸的是，只有小女儿法蒂玛（又译法图麦）殁于其父之后，其他子女都先他而去。

早在创立伊斯兰教之前，穆罕默德就在麦加城享有很高的声望。35 岁那年，克尔白年久失修，需要修缮。麦加的主要部族分批分工协作，但工作进行到安放尊贵的黑石时，各方都想独享这份荣誉而发生矛盾。他们互不相让，僵持了四五天。后来，各方商定由第一个进入克尔白大门的人来裁决由哪个部落安放黑石，而这一天第一个走进克尔白大门的人正是穆罕默德，各方一见到他就欢呼起来。穆罕默德脱下外衣，铺在地上，把黑石放在上面，再请各方派出一位代表，各执衣服一角把黑石放至原位，再由穆罕默德摆正位置，各方均表示满意。

穆罕默德为人思想端正，心地善良，谨言慎行。他经常思考人生，观察社会，参悟宇宙。他和赫蒂彻结婚后，经常到麦加城外的希拉山的一个山洞里静思参悟。他带着干粮，一去就是十天半个月，有时长达一个月，然后回到家里，为下一次去山洞静思参悟做准备。穆罕默德在希拉山的山洞里独自度过了无数个日日夜夜。

根据相关记载，公元 610 年，穆罕默德第一次接受了真主的启示。自此，穆罕默德创立了伊斯兰教，将麦加的主神安拉奉为唯一的神,并开始在亲朋好友中开展传教活动。他的思想和主张都以真主安拉的意志出现,用安拉降示"启示"的方式颁布。

穆罕默德早期在麦加的传教活动,完全是在秘密状态下进行的,信众寥若晨星,传教的主要对象是他的至亲好友,最早皈依伊斯兰教的是他的妻子赫蒂彻,接着是他的堂弟阿里和他的义子栽德,然后是他的挚友艾布·拜克尔、奥斯曼、祖拜尔、阿卜杜·拉赫曼等人。后来,有一些商人也皈依了伊斯兰教。

公元 613 年,穆罕默德开始在麦加公开传播伊斯兰教。他选择把一个穆斯林的宅院作为集会场所,信众人数不断增多。穆罕默德的传教活动颠覆了麦加人以往对宗教、社会等的认知,改变了当地的传统,影响了他们的思想,进而触动了当时信奉多神教的麦加人的利益。他们开始疯狂迫害穆罕默德和皈依伊斯兰教的人,代表人物是马克苏姆家族的艾布·贾赫勒和倭马亚家族的艾布·素福扬。

麦加贵族还引诱时任哈希姆家族族长的艾布·塔里布,要他交出穆罕默德。遭到拒绝后,他们又联合古莱什部落所有氏族,对哈希姆家族进行驱逐和隔离。艾布·塔里布只好率领哈希姆家族迁至麦加城的一个偏僻角落。

当时,穆罕默德和他的追随者的实力非常虚弱。面对大规模迫害,有些穆斯林认为这是真主的考验,有些穆斯林则焦虑不已,有些穆斯林则选择了妥协退让,这种情况持续了很长时间。而就在穆斯林彷徨无措的时候,穆罕默德决定让一部分穆斯林迁至埃塞俄比亚。公元 615 年,第一批移民前往埃塞俄比亚,其中包括穆罕默德的女儿茹克叶和她的丈夫奥斯曼。公元 617 年,第二批移民到达埃塞俄比亚,其中包括艾布·素福扬的女儿媪姆·哈比拜等。埃塞俄比亚收留了这些穆斯林，并庇护了他们。穆罕默德本人则留在麦加继续传教。

公元 618 年，麦加显贵巨贾奥马尔皈依伊斯兰教，极大鼓舞了穆罕默德。奥马尔身强力壮，思想成熟，意志坚定，有豪侠气概，还有杰出的领导才干。他起初极端仇视伊斯兰教。他皈依伊斯兰教在社会上产生了巨大影响。穆罕默德接受了奥马尔的建议，公开在克尔白做礼拜。

公元 619 年，穆罕默德接连痛失两个至亲：一个是抚养他长大成人并尽全力支持他传教的叔叔艾布·塔里布，一个是和他共同生活 25 年的妻子赫蒂彻。穆罕默德并未一蹶不振。但继任的哈希姆家族族长拒绝庇护穆罕默德。穆罕默德和穆斯林面临严重威胁，无法继续在麦加城立足，唯一的抉择是离开麦加。于是，穆罕默德动身到麦加附近的塔伊夫城，调查在那里建立居留地的可能性。但他很快就遭遇失败，重返麦加。

在这危难时刻，麦地那拯救了穆罕默德和伊斯兰教。麦地那原名叶斯里卜，位于麦加以北 450 千米处，坐落在一片富饶肥沃的山谷绿洲。那里居住着两个阿拉伯部落和三个犹太部落。当时，这两个阿拉伯部落之间长年争战不休，亟需一个调停人来调解他们之间的矛盾。

公元 621 年，前来麦加朝觐克尔白的 12 个麦地那阿拉伯人前来拜访穆罕默德。他们和穆罕默德相约在阿克巴会谈。会谈期间，这些麦地那阿拉伯人邀请穆罕默德到麦地那传播伊斯兰教，调解两个阿拉伯部落之间的矛盾。

根据伊斯兰教传说，公元 621 年的一天晚上，穆罕默德由大天使哲布勒伊莱陪同，乘坐长着美女相貌、翅膀和孔雀尾巴的马形神兽布拉克，顷刻之间就从麦加克尔白到达耶路撒冷，踏上一块岩石，登霄遨游七重天，接受了神启，黎明时分重返麦加。这一传说在穆斯林中广为流传。从此，穆斯林将耶路撒冷视为伊斯兰教的圣城，地位仅次于麦加和麦地那。

公元 622 年，麦地那的阿拉伯人再次派代表正式邀请穆罕默德率领穆斯林迁居麦地那，穆罕默德欣然应允。公元 622 年 9 月 24 日，穆罕默德和艾布·拜克尔乘坐预先备好的骆驼前往叶斯里卜。途中，他们和前来接应他们的向导在叶斯里卜城外的库巴村小住了几天，并修建了伊斯兰历史上最古老的清真寺——库巴清真寺。经过艰苦跋涉，他们最终来到了麦地那，受到了当地阿拉伯人的热烈欢迎。该城从此由叶斯里卜改名为麦地那。

这就是伊斯兰历史上著名的"徙志"。后来，公元 622 年被定为伊斯兰教教历元年。"徙志"是麦加时期的终结，麦地那时期的开始。事实证明，这是伊斯兰历史上的一个转折点。

在麦加，穆罕默德和穆斯林处于受迫害的少数派地位，他们的传教活动不但没能改变社会，甚至连自身生存都受到严重威胁；在麦地那，他们可以自由公开传教，穆罕默德成为一个有组织的社会公认的政治领袖、宗教导师和军事统帅。来自麦加的穆斯林称为"迁士"，麦地那的穆斯林称为"辅士"。

从麦加迁往麦地那是伊斯兰教发展史上的重要里程碑。穆罕默德在麦地那修建了麦地那清真寺（又称先知寺），召集长期征战不已的两个阿拉伯部落制定他们共同遵守的公约，组成以伊斯兰教为纽带的联盟。此后，穆罕默德将每天做 5 次礼拜——晨礼、晌礼、晡礼、昏礼、宵礼，每周五聚礼日在清真寺举行宗教仪式，以及斋戒、天课、朝觐等功修，逐步传给穆斯林。

在麦加站稳脚跟后，穆罕默德组织穆斯林大军，采取以攻为守的战略，为最终征服麦加、统一阿拉伯半岛扫清了道路。

公元 624 年至公元 628 年，穆罕默德率领穆斯林先后向麦加发动了拜德尔战役、吾侯德战役、壕沟战役和海巴尔战役，巩固了他在麦地那建立的政教合一的伊斯兰教政权。

公元 629 年，穆罕默德带领 1000 多名穆斯林前往麦加朝觐，给麦加人留下了深刻印象。不少麦加人从此皈依伊斯兰教，其中包括兼有权威和才干的哈立德和阿穆尔。他们二人后来成为伊斯兰远征军的杰出统帅。长期与穆斯林为敌的艾布·素福扬也开始寻求与麦地那谈判。同时，穆罕默德通过外交、军事等途径与周边地区建立了和平外交关系。

公元 630 年 1 月，穆罕默德亲率一支万人大军，向麦加进发，麦加城不战而降。

降服麦加后，穆罕默德和麦加贵族达成和解。在那里，伊斯兰教和古老的阿拉伯传统巧妙结合，克尔白成为伊斯兰教清真寺，此即麦加大清真寺（又称禁寺），黑石成为全体穆斯林朝拜的对象；麦加得以维持宗教圣地的地位，麦加贵族可以继续利用优越的地理位置获取巨额收入。不同的是，所有麦加人都皈依伊斯兰教，承认穆罕默德作为安拉使者和麦加领袖的地位，组成一个以伊斯兰教为纽带的统一社会。

随着穆罕默德的威望不断提高，穆斯林势力日益壮大，伊斯兰教在阿拉伯半岛广泛传播，阿拉伯人纷纷皈依伊斯兰教。公元 631 年，阿拉伯半岛各地代表团纷纷来到麦地那，表示愿意皈依伊斯兰教。至此，伊斯兰教已在阿拉伯半岛占统治地位，阿拉伯半岛基本实现统一，麦地那由伊斯兰教大本营演变为这个统一国家的首都。

公元632年6月8日，穆罕默德在病榻上归真。穆斯林为他举办了隆重的伊斯兰葬礼。

穆罕默德身后留下的是一个充满活力的世界性宗教，一个团结一致、组织严密的民族，一个政教合一、统一善战的国家，一项未竟的事业——通过远征将伊斯兰教传播到阿拉伯半岛之外。后继者接过他点燃的火种，循着他的足迹，高举伊斯兰教的旗帜，在"吉哈德"的呐喊声中走出阿拉伯半岛，踏上建立庞大的阿拉伯帝国的征程。

可以说，阿拉伯半岛是阿拉伯帝国的摇篮和源头，穆罕默德是阿拉伯帝国的奠基者，伊斯兰教的兴起和阿拉伯半岛统一国家的建立则是阿拉伯帝国的孕育和奠基。

第二章
四大哈里发时期

一、争夺哈里发之位

穆罕默德归真后，麦地那爆发了哈里发之争。"哈里发"是阿拉伯文音译，意思是"代理人""继承人"。穆罕默德生前集安拉使者、君主、宗教领袖、最高立法者、最高裁判者、军队统帅等职务于一身。穆罕默德归真后，谁来接替他的这些职务，做他的继承人，便被提上了议事日程。

穆罕默德生前没有留下男嗣。他曾经有过儿子，但他们幼年就夭折了。他的女儿，除法蒂玛外，也都先他而逝。

当时，阿拉伯人中流行的是部落继承法。根据部落继承法，阿拉伯各部落的首领或族长不完全是世袭的，而是依照资历和能力的原则推举产生的。麦地那的阿拉伯人与其他地区的阿拉伯人没有什么区别，他们不会违反这种惯例。世袭继承的观念对当时的阿拉伯人是陌生的。即使穆罕默德的儿子不先他而去，也不一定能成为他的继承人，继承人问题仍是一个棘手问题。

穆罕默德去世时，没有指定继承人，也没有留下如何推选继承人的遗嘱。何况，伊斯兰世界安拉使者和"封印先知"的地位，也不容他在生前就指定代理人或继承人。《古兰经》除了一般性地教导人们应当通过相互同意的方式处理他们之间的事务以外,并没有规定如何选择某人领导穆斯林。这样一来,继承问题就成为穆斯林争执异常激烈的一个政治难题。

穆罕默德逝世的噩耗传出后,穆斯林受到了沉重打击。他们陷入了恐慌,甚至失去了常态。穆罕默德没有指定继承人,以后怎么办?在不知继承人是谁的情况下,穆罕默德在世时,他们不敢表露的各种思想这时都活跃起来,原先因穆罕默德的威望而抑压下去的一切政治欲望这时都骤然燃烧起来。穆斯林围绕继承权问题展开了明争暗斗,形成了四派不同的意见和政治势力。

第一派为迁士派,即古莱什部落的哈希姆贵族集团。他们认为,他们是穆罕默德的同族,又是最先承认并维护穆罕默德的使命的人;他们还最早皈依了伊斯兰教,历经艰难困苦和迫害,仍坚忍不拔,对穆罕默德的信仰始终不渝,同穆罕默德一起迁徙,并且是穆罕默德最亲密的伙伴。所以,他们最有资格成为穆罕默德的继承人,哈里发应从他们中选出。

第二派为辅士派,即麦地那的贵族集团。他们宣称,穆罕默德在麦加布道13年,但信奉者寥寥无几,是他们迎来穆罕默德,保护穆罕默德,辅助穆罕默德,使伊斯兰教得以迅速发展和传播。没有他们给穆罕默德和初生的伊斯兰教提供避难之所和新的家园,没有他们的支持和帮助,就不会有当时的伊斯兰教。他们之中的许多人拥有资产和威望,他们的权力要求,不该受到怠慢。因此,他们主张穆罕默德的继承人应从他们中选出。

第三派为合法派,即阿里集团。他们反对选举,坚持"君权神授"。他们说，安拉和先知穆罕默德，不可能让穆斯林社团的问题由选民一时的兴致来决定，必须指派特定的人物，来做穆罕默德的继承人。他们提出，穆罕默德的家人才是合法继承人。当时，哈希姆家族中关系与穆罕默德最近的有两个人，即阿里和穆罕默德的叔叔阿拔斯。阿拔斯皈依伊斯兰教较晚，白德尔战役期间还是伊斯兰教的反对者；而阿里既是穆罕默德的堂弟，又是他仅存的女儿法蒂玛的丈夫，还是最早信奉伊斯兰教的两三名信众之一。因此，他们选定阿里为唯一的合法继承人，说真主早已定下了继承人，而且已经通过先知穆罕默德降谕下来。

第四派为倭马亚派，即麦加古莱什部落的倭马亚贵族集团。他们在伊斯兰教诞生以前，执掌麦加的政治、经济和军事大权，代表人物为艾布·素福扬。他们长期和穆罕默德对立，信奉伊斯兰教后丧失了领导地位，心怀不满。他们在穆斯林社团中仍有很大势力，在经济和政治上还具有相当大的影响，拥有比较丰富的管理经验，他们的作用不可低估。后来，第三任哈里发奥斯曼执政时期的情况和倭马亚王朝的建立，就证明了这一点。不过，他们没有在穆罕默德逝世后立即提出他们的继承权问题，而是后来才争夺哈里发之位的。

穆罕默德刚归真，麦地那的辅士，不管穆罕默德的葬礼举行事宜，便聚集在赛义德家族会议厅，召开"赛基法会议"（阿拉伯语"赛基法"的意思是"草棚"），决定推选德高望重的阿萨德·乌巴达族长为穆罕默德的继承人。迁士派艾布·拜克尔闻讯后，同奥马尔、艾布·欧拜德等人赶到会场，提出应从麦加人中推选哈里发。双方争执不下，发生了激烈争论，险动干戈。最后，艾布·拜克尔以《古兰经》相关经文说服了麦地那人。艾布·拜克尔本人当选为哈里发，赛基法会议宣告结束。迁士派和辅士派后来结合成"圣门弟子团"。

当时，阿里及其家人守护在穆罕默德的遗体旁，忙于办丧事，没有参加这次会议。他们得知赛基法会议已推选艾布·拜克尔为哈里发的消息后，很不高兴。但要改变赛基法会议的决定已不大可能。过了一段时间，阿里只好正式承认艾布·拜克尔的哈里发地位。

这场争夺哈里发权力的斗争，虽很快以迁士派获胜结束，但是它对此后的历史却产生了深远影响。它开了穆斯林党派倾轧之端，肇伊斯兰教派纷争之始。

艾布·拜克尔是伊斯兰史上的第一任哈里发，随后是奥马尔、奥斯曼和阿里，历史上称这个时期为"四大哈里发时期"。在四大哈里发时期，穆罕默德生活的灯塔，不断放出光芒，照亮了这4任哈里发的思想和行为。这4任哈里发，都是穆罕默德的亲密伙伴，又都是他的亲戚。他们都住在穆罕默德创立政权的所在地麦地那，只有最后一任哈里发阿里选择伊拉克的库法做他的首都。他们忠实地继承了穆罕默德的事业。

哈里发是新建立的国家的最高统治者与最高指挥官，同时也是穆斯林的宗教首领。但是，正如我们前面已经提到的，伊斯兰教认为，穆罕默德的先知地位和安拉使者的地位是不能继承的；他在世时可以接受安拉的旨意，而哈里发则不能接受真主降谕的训诫，只能根据《古兰经》《圣训》，以及自己的意志进行统治。也就是说，所谓哈里发或继承人，是指继承穆罕默德担任君主、宗教领袖、最高立法者、最高裁判者和军队统帅的职务，而不是继承穆罕默德的安拉使者和先知的地位。可见，四大哈里发较之伊斯兰教先知穆罕默德，少了神学色彩，更具世俗色彩。因此，四大哈里发统治时期向阿拉伯帝国又迈进了一步,是阿拉伯帝国的开端和序曲。

正统派穆斯林尊四大哈里发为正统哈里发,称为逊尼派;而什叶派则认为只有阿里及其后裔为合法继承人,只尊阿里为正统哈里发。事实上,后来的倭马亚王朝和阿拔斯王朝,后倭马亚王朝(又称西班牙倭马亚王朝),什叶派在埃及建立的法蒂玛王朝,以及奥斯曼土耳其帝国,最高统治者都自称哈里发。直到 1924 年,土耳其共和国才正式废除哈里发制度,哈里发也就成为该国的历史遗产。

二、平定部落叛乱

第一任哈里发艾布·拜克尔出生在麦加古莱什部落中势力较小的泰姆家族,是一位贵族商人,他只比穆罕默德小三岁。他拥有惊人的天赋和毅力,更对穆罕默德的事业十分忠诚,得到了穆罕默德的充分信任。他与穆罕默德形影不离,是穆罕默德的得力助手。他炽热地效忠于穆罕默德和伊斯兰教,在穆斯林中享有很高的威望,获得了"逊迪格"(虔信者)的称号。

穆罕默德创立伊斯兰教前,艾布·拜克尔已是穆罕默德的挚友,后来又是几位最早皈依伊斯兰教的穆斯林之一。公元 622 年,为了躲避麦加古莱什贵族的迫害,穆罕默德出走麦加,是他保护了穆罕默德的安全,陪伴穆罕默德迁往麦地那;到麦地那后,穆罕默德又娶艾布·拜克尔的女儿阿伊莎为妻。公元 631 年,穆罕默德指派他率领第一批穆斯林赴麦加朝觐。穆罕默德病重时,又委托他领导信众礼拜并主持穆斯林集会。穆斯林认为,委任领拜一事,说明穆罕默德生前就选定了艾布·拜克尔为其继承人。

艾布·拜克尔得到了广大穆斯林的信任，穆罕默德逝世第二天，甚至穆罕默德还没有安葬时，清真寺内集会的公民们就向他宣誓效忠，把他作为穆罕默德的继任者。确切地说，艾布·拜克尔并不是选出来的，他是被一批内部的人选出来作为既成事实推荐给穆斯林的。由于当时尚未建立起选举制度，推选艾布·拜克尔时使用的非正式方法，就使后来穆斯林在挑选哈里发时遇到类似的困难。艾布·拜克尔不仅得到了穆斯林大众的信任，也成功地团结了这个在社会中身居要位的有才能的人。有人认为，在哈里发艾布·拜克尔时代，进行统治的是政治三巨头：艾布·拜克尔、奥马尔和艾布·欧拜德。

艾布·拜克尔上任后，面临的第一项任务，也是最重要、最紧急的任务，就是平定穆罕默德逝世后的叛乱和统一阿拉伯半岛，保持已经建立起来的中央集权制。

穆罕默德在世时，阿拉伯半岛各地曾派代表团到麦地那表示归顺，阿拉伯半岛统一国家初步建立，但由于交通不便，时间又短，这个统一国家还不稳固，非常脆弱，从属关系尚未巩固。长久以来，阿拉伯人只忠于他们的氏族和部落，虽然伊斯兰教打破了阿拉伯人狭隘的氏族意识，但忠于旧有氏族部落的潜流依然存在，他们还不习惯于集权制和规章纪律的约束，具有倾向于独立行动的自然习性。在他们看来，他们的部落与穆罕默德缔结的政治协定，穆罕默德归真后就自然宣告无效。这些部落还认为，他们没有参加艾布·拜克尔的选举活动，当然也就不受他的统治，自然就断绝了与麦地那的条约关系，恢复了自身独立自主的地位。

因此，穆罕默德归真的噩耗一传开，阿拉伯半岛中部、北部和南部的许多地方纷纷发动叛乱，否认麦地那在宗教、政治和财政上的控制权。这些部落看到他们摆脱麦地那统治、争取自由的时刻已经到来，有人自称先知，假借"安拉"之名宣布各种启示，与麦地那分庭抗礼；也有些地方表示愿意遵守教律，但拒交天课和税收。一时之间，叛乱四起，暴动不绝，阿拉伯半岛的统一和中央集权制受到了严重威胁。

面对这种情况，艾布·拜克尔决心采取果断措施，一面与那些动摇不定的部落重新谈判，订立新的条约；一面对拒不投降的叛乱者进行讨伐，坚决镇压。

叛乱首先由麦地那附近各部落进攻麦地那开始。艾布·拜克尔一上任，即执行穆罕默德的临终计划——委任栽德之子伍萨迈率最精锐的部队北上，一雪穆尔塔败于拜占庭之耻。麦地那附近的两个部落——艾赛德和盖特方，乘麦地那大军北上，都城没有防护之机，就近向麦地那发起进攻。然而，艾布·拜克尔紧守城池，直到伍萨迈出征40余天凯旋。

艾布·拜克尔立即将平定叛乱的指挥权交给哈立德，分兵11路，同时出发讨伐叛乱者，对各地叛乱者进行全力镇压。哈立德不愧为一位伟大的战略家和将军，久经考验的"安拉之剑"。他在一场闪电式讨伐中横扫了阿拉伯半岛，短短6个月内就平定了阿拉伯半岛中部的各部落的叛乱。他首先在布萨克泉附近，不费吹灰之力就把进攻麦地那的两个部落打得落花流水，俯首称臣。

哈立德遇到的最激烈的战斗是平定叶麻麦地区的哈尼法部族叛乱。他们原来信奉基督教，他们的先知穆赛里姆以基督教思想为基础，创立了新宗教，他们信奉的神为拉赫曼。早在穆罕默德在世时，穆赛里姆就要求麦地那承认他与穆罕默德享有同等的地位。穆赛里姆特别强调苦行主义。他主张封斋与禁酒,告诫信众要节欲,夫妻房事只能到生下一个男嗣为止。他的说教是用一个部落的人耕田时所用的语言表达出来的。他谈到了黑羊白乳、磨粉烧饭之事,以及栖息在水田耕地之间的青蛙,也谈到了天堂乐土和将要来自天国的人。穆赛里姆其貌不扬,是一位出色的演说家和组织家。他很快便聚集了大批追随者,并使他们怀有满腔热忱,甚至很多人在他去世多年后还不肯放弃对他的信奉。

穆赛里姆为捍卫自己的宗教思想和世俗权力,同泰米姆族的女先知赛查哈结成联盟。泰米姆人是一种地道的贝都因游牧民族,文化水平比较低,他们特别把太阳当作神来崇拜。赛查哈的母族住在美索不达米亚一带,普遍信奉基督教。穆赛里姆统率两个结盟部落的4万余信众,抗击麦地那穆斯林军队,曾打败了伊克里马率领的穆斯林军队,直到哈立德率领大军到来,才把他打败。哈立德包围了泰米姆族的女先知赛查哈的追随者马立克率领的一支队伍。尽管他们已经投降,哈立德还是一个活口未留,据说这是哈立德垂涎马立克的美貌妻子的缘故。

哈立德与穆赛里姆的决战是在阿克拉巴进行的。这是阿拉伯半岛所进行的战争中空前激烈的一次,也是哈立德平定叛乱中最为惨烈和具有决定性意义的一次战争。为了激发部下互相争功,哈立德下令迁士、辅士和贝都因人分别各自作战。穆赛里姆借人多势众,发动猛冲,以期以多取胜,但穆斯林在最初的败退之后,拼命相搏,稳住了阵脚,然后转守为攻,迫使敌人退到一座大果园里踞守,指望在坚固的果园墙壁掩护下抵挡穆斯林的正面进攻。但恰恰也就是这一着棋使他们满盘皆输,一败涂地。等穆斯林攻入这座果园之后,双方展开了一场异常惨烈的战斗,敌人无一幸免,穆赛里姆本人也阵亡。穆斯林也付出了惨重代价,仅迁士和辅士就有700人阵亡,其中有很多人是穆罕默德的圣门弟子和精通启示的人,能背诵全部《古兰经》,他们的牺牲使《古兰经》的传播受到阻碍。

这场代价很高的胜仗,不仅决定了哈尼法人的命运,而且大体上也决定了阿拉伯人的命运。这次战争之后,阿拉伯半岛再没有遇到大的反抗,再没有别的阿拉伯部落敢于发动叛乱。各地剩下的一些支持穆赛里姆的人都躲在要塞里,后来投降,才得以保全性命。一切反抗力量在这一次战斗中都被打得一蹶不振。为表彰哈立德的赫赫战功,艾布·拜克尔授予他"安拉之剑"的光荣称号。

阿克拉巴战役一结束,哈立德即乘胜北上,直至波斯边境前哨重地,继续平息叛乱。波斯湾沿岸的巴莱恩地区,在穆罕默德逝世前不久刚刚被征服,由穆罕默德亲自任命的总督阿拉统治。穆罕默德逝世后,希拉王朝的一个后裔就在巴莱恩的首府哈贾尔举旗反叛,企图摆脱麦地那的羁绊。总督阿拉坚持据守在哈贾尔北面的一个要塞里,一直等到哈立德前来将他营救出来。哈立德攻克该要塞后,又前往哈贾尔督战,很快就把叛乱平定下去。

与此同时,其他各路穆斯林军队,在巴林、阿曼、哈德拉毛、也门等地,也平定了小股叛乱。到公元633年夏季,阿拉伯半岛各处的叛乱已基本被平定。现在,阿拉伯半岛借着哈立德的宝剑被统一在艾布·拜克尔的旗帜下。艾布·拜克尔在采取军事行动征服叛乱者时坚决果断,但他对战败者的态度是宽容的,这有利于整个穆斯林的事业。

在不到一年的时间内，艾布·拜克尔便以秋风扫落叶之势，平定并统一了阿拉伯半岛，接着就开始对阿拉伯半岛以外邻近地区进行军事征服。正如希提所说：阿拉伯人必先征服自己，然后才能征服世界。穆罕默德归真后，才几个月的工夫，这些内战就把阿拉伯人改变成一个武装阵营，这种内战所激起的精力，必须找到新的出路。从有组织的战役中新近获得的技术，必须用到别的地方去。许多部落现在已经集合在名义上的共同社会里。①

三、初征叙利亚告捷

公元7世纪初，西亚存在两个相互对立的大国：东部的波斯和西部的拜占庭。这两个大国为争夺中东霸权，进行了长达几个世纪的战争。公元6世纪，双方反复争夺战略要冲亚美尼亚和缀毂东西方海上贸易的也门。公元7世纪初，霍斯劳二世统治时期，波斯占领了拜占庭帝国的安条克、大马士革、耶路撒冷和亚历山大。不久，拜占庭帝国皇帝希拉克略转入反攻。公元627年，尼尼微一战，拜占庭彻底击败波斯，把霍斯劳二世征服的地方重新夺回，并乘胜追击，兵临波斯都城。公元628年，波斯王储喀瓦德发动宫廷政变，僭登王位，派人向拜占庭帝国求和。此后，波斯一落千丈，江河日下。波斯与拜占庭两虎相斗，互争雄长，导致双方元气大伤，国力消耗殆尽，为伊斯兰扩张提供了机会。

---

① 希提.阿拉伯通史：上册[M].马坚，译.2版.北京：商务印书馆，1990：166.

阿拉伯人首先举目东望,将矛头对准日薄西山、苟延残喘的波斯。"安拉之剑"哈立德在征服叛乱之后,于公元633年率领500多名老兵,向波斯开战,袭击波斯辖区伊拉克边境的前哨重镇希拉城。哈立德的行动得到了波斯边境的舍伊班族的支持与合作。波斯在希拉城的守军统将战败于乌勒斯,希拉城轻而易举地落入穆斯林之手。这座城市及其信奉基督教的阿拉伯小国是伊斯兰在阿拉伯半岛之外所获得的第一个地盘,也是从波斯的苹果树上落下来的第一个苹果。在伊拉克边境袭击的成功,本身虽然是一件小事,但从编年史来看,这是穆斯林大规模扩张的开端。

随后,阿拉伯人举首西望,将目光转向拜占庭帝国统治下的叙利亚。叙利亚既是商队贸易的汇合处、东西交通的枢纽,又是富庶的膏腴之地。对麦加和麦地那人来说,叙利亚比伊拉克更具吸引力:到叙利亚的交通比较方便,过去他们的商队常去这里。这里的自然条件也很优越,物产丰富,是一片到处都是牛奶和蜂蜜的沃土,犹如天堂一般。有一句古话这样说:"要幸福,到沙姆(叙利亚)。"当时,拜占庭帝国皇帝希拉克略刚刚打败波斯,被视为整个基督教世界的救援者和拜占庭帝国统一的光复者。大约就在他正在耶路撒冷重新安置刚从波斯人手中夺回来的十字架的时候,他收到了阿拉伯军队前来进攻的消息。

公元633年秋,讨伐叛乱者的战役结束后,艾布·拜克尔便开始了对叙利亚的有计划的征服行动。他派出三支部队,每支3000人,后增至7500人,大部分为轻骑兵,分别由阿慕尔、叶齐德和苏拉比统率;随后又派艾布·欧拜德率领增援部队,形成声势浩大的远征军。阿慕尔在联合行动中担任总司令。叶齐德委派他的弟弟穆阿维叶做旗手，此人后来成为倭马亚王朝著名的开基创业者。叶齐德的部队首先与拜占庭军队遭遇，打败了拜占庭驻巴勒斯坦总督赛基阿斯，并乘胜追击，于公元634年2月在加沙附近歼灭赛基阿斯残部。但其他几支部队出师不利。由于拜占庭军队占有地理上的优势，穆斯林军队受阻，难以前进，并不断遭到袭击。拜占庭皇帝希拉克略组织反击，派遣他的弟弟西奥多拉斯统率大军迎战。

面对叙利亚这种形势，艾布·拜克尔命令正在伊拉克作战的哈立德驰援。哈立德率领500多名骆驼骑兵，于公元634年3月从希拉城出发，以惊人的速度穿越沙漠，不顾饥渴交加与酷热侵袭，进行了一次著名的沙漠冒险急行军。担任向导的是泰伊族人拉斐尔。军队的饮用水是用皮袋运输的，马的饮用水是保存在骆驼的胃里，沿途宰骆驼供膳，用骆驼胃里的水饮马。军队骑骆驼，作战用的少数马匹，与骆驼并排前进。到了一个地方，沙砾反射的光线格外强烈，以致拉斐尔眼花缭乱，看不到所期望的源泉的痕迹。他派遣许多人去寻找鼠李树。他们在树旁掘地，挖到潮湿的沙层，有水慢慢渗出，疲乏至极的军队得到了解救。

哈立德仅仅经过18天的急行军，就穿过大沙漠，神兵天降般地突然出现在大马士革附近，直接包抄到拜占庭军队的后方。哈立德以仅500余骑的兵力，进行了几次游击式远征，在马兹拉希特草原打败了援助拜占庭的迦萨尼王朝的军队。哈立德由此继续向迦萨尼王朝都会布斯拉（大马士革旧城）前进，并攻克布斯拉。公元634年7月，哈立德与其他阿拉伯军队会师于布斯拉，哈立德被任命为联军的最高统帅。7月30日，在具有历史意义的阿奇那丹战役中，阿拉伯联军打败了拜占庭的军队，取得了浴血的胜利，打开了巴勒斯坦的门户。当这个胜利的消息传到麦地那时,艾布·拜克尔已生命垂危。他临终前,指定奥马尔为继承人。艾布·拜克尔于公元634年8月22日逝世,共执政两年零三个月,葬在穆罕默德墓旁。

艾布·拜克尔是阿拉伯半岛的征服者和绥靖者,他过的是族长式简朴生活。在他简短的任期的头6个月中,他在麦地那郊区和妻子住在一所简陋的房子里,每天到首都麦地那去办公,早出晚归,习以为常。他没有什么薪俸,因为在那个时候,国家几乎没有收入。国家的一切事务,都是由他在麦地那清真寺的庭院里办理的。他个人的品质,他对穆罕默德坚定不渝的信念,都使他成为新生的伊斯兰世界中吸引力最大的人物。

艾布·拜克尔是一个皮肤光滑、面貌清瘦的人,他喜欢染胡子,爱低着头走路。他是一个强有力的人物,拥有天赋和毅力,决策果断,坚定地实现既定目标。他仅执政两年,但在这短暂的两年时间内,他颇有作为。他把阿拉伯半岛重新置于伊斯兰教的牢固统治之下,使阿拉伯半岛复归统一,并在北部开始了穆斯林征服,拉开了伊斯兰远征的帷幕。他的成就在于:他生前巩固了穆罕默德赢得的一切,确定了未来政策的轮廓。他的终生目标就是献身于伊斯兰事业。

四、雅穆克战役

第二任哈里发奥马尔,出身于古莱什部落一个非显要家族——阿迪家族。伊斯兰教创立初期,他持反对态度,直至穆罕默德迁往麦地那之前4年才入教。其女哈福赛嫁给穆罕默德为妻。他继任哈里发时，时年43岁。

奥马尔精力充沛，才华出众，拥有刚烈的个性和钢铁般的意志，是穆斯林所期望的一位领导人。他执政十年期间，以旺盛的精力推行"伊斯兰远征"计划，对伊斯兰教的广泛传播，做出了卓越的贡献。同时，他颁布了许多宗教法令，完善了伊斯兰教，巩固和加强了穆罕默德创建的神权国家，被穆斯林视为伊斯兰教的第二个创立者。

奥马尔执政后，首先高举伊斯兰"吉哈德"的宗教旗帜，进行艾布·拜克尔时期开始的"伊斯兰远征"。在叙利亚，哈立德开始了有计划的军事征服行动。哈立德在阿奇那丹打败了阿莱申率领的拜占庭军队。阿莱申仓皇逃往耶路撒冷，他的将领将溃散逃窜的队伍重新集合在约旦河对岸，并在贝桑挖堤决口，放水冲毁渡口，阻止哈立德渡河。然而，哈立德还是渡过了约旦河。公元635年1月，哈立德发动进攻，攻陷了贝桑东南外约旦西部山坡上的斐哈勒（希腊人称为佩拉）。同年2月，他击溃苏法尔草原上的敌人，扫清了通往大马士革这座历史名城的障碍。

公元635年3月，哈立德兵临叙利亚首府大马士革，站在这座历史名城的城门前，包围了这座古城。这座名城，在传说中被称为世界上最古老的城市。据说，基督教圣徒圣保禄在逃离之夜就是坐在一个筐里，被人从这座古城的城墙上缒下去的。公元635年9月，经过6个月的围攻，大马士革沦陷投降。投降的条约明文规定：

奉至仁至慈的真主之名，
哈立德·伊本·韦立德答应大马士革居民：倘若他进了城，他答应保护他们的生命、财产和教堂。他们的城墙不被拆除，任何穆斯林不驻扎在他们的房屋里。我们给予他们真主的契约，以及先知、哈里发和信士们的保护。只要他们缴纳人丁税，他们就会享受福利。①

这个条约成为以后其他城市签订降约的范例，作为重要的文献被载入史册。此后，巴勒贝克、赫姆斯、哈马和其他城镇，相继被攻克，拉里萨的人民，带着腰鼓队和歌咏队，出城欢迎哈立德，在他面前行跪拜礼，阿拉伯人在此次征服的道路上没有遇到强烈的抵抗。

但是，拜占庭皇帝希拉克略是不会轻易把叙利亚让给阿拉伯人的，于是他调集了约5万人的部队，令其弟弟西奥多拉斯统率，准备与穆斯林决战。哈立德不愧为一位智勇双全的统帅，他决定暂时放弃赫姆斯、大马士革及其他具有战略价值的城市，退居约旦河东面的支流雅穆克河谷，以逸待劳。

在这里，经过几个月小规模的战斗之后，哈立德于公元636年8月20日与拜占庭军队展开了一场具有历史意义的决战。

这天天气炎热，狂风肆虐。从世界上极其酷热的阿拉伯半岛吹来的热风，卷着沙土，满天飞扬。这正是沙漠里培育的阿拉伯人大显身手的时刻。拜占庭人则不习惯这种气候环境，但他们毕竟是训练有素的军队，拼命战斗。根据阿拉伯史学家瓦吉迪的记述，拜占庭的骑士们用铁索把自己连在一起，以坚固的方阵对付阿拉伯人的冲击。阿拉伯人愈战愈勇。在游牧人排山倒海般的猛攻前面，虽然有神父的颂赞

---

① 希提. 阿拉伯通史［M］. 马坚，译. 北京：商务印书馆，1979.

和祈祷在旁助威,虽有许多十字架在旁壮胆,但拜占庭军队的种种努力还是付诸东流。哈立德以2.5万人战胜了数量上占优势的拜占庭军队。没有在战场上丧命的拜占庭的正规军,以及他们的亚美尼亚和阿拉伯的雇佣军的残兵败将,都被无情地驱逐到陡峻的河床和鲁卡德河谷里了。有少数企图渡河逃跑的将士,也在对岸差不多全被歼灭了。西奥多拉斯本人阵亡,拜占庭帝国的皇军变成了只顾逃难,惊恐万状的乌合之众。这就是世界历史上著名的雅穆克战役。雅穆克战役是阿拉伯历史上的一个里程碑,是穆斯林历史上的一个划时代的事件,后来的巴勒斯坦解放军的三支部队中有一个雅穆克旅,就是为纪念这次战役命名的。这场战役在阿拉伯世界铸下了深深的印记,它决定了叙利亚的命运,拜占庭人在叙利亚的势力从此一去不复返。此后,阿拉伯人势如破竹,立即进入叙利亚和巴勒斯坦的其余地方,被承认为一支崛起的力量。

雅穆克战役后,阿拉伯人乘胜收复暂时放弃的各座城市,继续向北推进,直达叙利亚的自然边界陶鲁斯山,一路所向披靡,没有碰到重大抵抗。据说,赫姆斯的民众曾说出这样的话:"我们喜欢你们的统治和公道,远远超过长期统治我们的那个政府的压迫和暴虐。"① 这句话充分表现了叙利亚土著的情感。

南方的耶路撒冷和恺撒里亚是真正希腊化的城市。这两座城市的居民紧闭城门,顽强抵抗。公元638年,耶路撒冷投降,奥马尔亲自批准了比较宽厚的投降条件。他准许基督徒可以保全生命财产,保留他们的教会,享受信仰自由,不过照例需要纳贡;而对于犹太人,他

---

① 希提. 阿拉伯通史:上册[M]. 马坚,译. 2版. 北京:商务印书馆,1990:177.

则禁止其他人和他们住在一起。接着,奥马尔进入耶路撒冷,在那座荒芜的庙宇广场上把那块神圣的岩石——犹太教徒、基督徒和穆斯林均认为它是大地的中心——加以清洁,清除了圣殿的乱石,亲自为清真寺奠基,并确立了礼拜仪式。

耶路撒冷的大主教索弗拉那斯(被称为"善于甜言蜜语的护教者"),引导年迈的哈里发巡视圣地。哈里发奥马尔衣衫褴褛,大主教深受感动。巴勒斯坦最后一座要塞——恺撒里亚曾接到从海路来的援助,那是阿拉伯人无法拦阻的,但是经过7年断断续续的袭击和围攻,再加上内应,它于公元640年屈服了。

至此,整个叙利亚,从北到南,全部被征服。最富饶的行省,永远脱离拜占庭帝国了。

雅穆克战役之后,奥马尔任命艾布·欧拜德为叙利亚总督和哈里发的副摄政者,以行政长官代替哈立德治理叙利亚。艾布·欧拜德是一位最受尊重的圣门弟子,又是麦地那神权政治的一员,一向担任叙利亚前线的临时指挥官。奥马尔本人也在耶路撒冷被攻克前,怀着胜利者的骄傲,在圣门弟子的簇拥下,来到雅穆克战场北面的查比叶,举行庆祝征服胜利仪式,确定被征服者的地位,并同叙利亚新总督艾布·欧拜德商谈和制定管理新征服领土的条例。

不料,公元639年,叙利亚瘟疫流行,艾布·欧拜德染病身亡于阿穆瓦斯。他的部队病殁于传染病者,据说多达两万人。叶齐德继任他的职位。同年,叶齐德亦病殁于瘟疫。叶齐德身亡后,叙利亚的大权落到了他的精明强干的弟弟穆阿维叶之手。

这时,叙利亚被划分为4个军区,相当于罗马和拜占庭征服叙利亚时所建立的4个行省。这4个军区是大马士革区、赫姆斯区、乌尔敦区（相当于今约旦）和腓力斯丁区（相当于今巴勒斯坦）。叙利亚的轻易征服，不仅提高了穆斯林在外国统治者和世界各国民众心目中的威信，也使穆斯林对自身的力量充满了信心。叙利亚成了穆斯林军队实行进一步征服的战略基地，他们从这里出发，东征西讨，统治重心已从阿拉伯内地转向肥沃新月。

五、征服埃及

埃及邻近叙利亚和汉志，地处亚非两洲的交接点，具有重要的战略地位。它的首府亚历山大是仅次于君士坦丁堡的大城市，乃是拜占庭的海军基地，也是通往北非走廊的门户。

埃及地处尼罗河下游，土地肥沃，盛产谷物，一向是君士坦丁堡的粮食供应地，有"拜占庭粮仓"之称。出于这些原因，在阿拉伯人向外扩张的初期，他们早已垂涎于尼罗河流域了。在征服叙利亚之后，埃及便成为穆斯林非常向往的地方。

对埃及的征服，是从公元639年开始的。这不是偶然袭击，而是一次有目的的军事行动。进军的统帅是时年45岁的精明强悍、英勇善战、足智多谋、易怒善变的阿慕尔·伊本·阿绥。他过去曾多次带领商队到过埃及，熟悉那里的情况。他因征服约旦河左岸的巴勒斯坦而树立了威望，后来他又替心腹之交穆阿维叶夺取了哈里发之位。

阿慕尔率4000名骑兵，循着历史上有名的沿海路线进入埃及后，于公元640年1月攻占了离现在的塞得港不远的埃及东大门、重镇法尔玛，把所有的堡垒完全夷为平地。接着，他们又攻克了开罗东北部的比勒贝斯城，其他城市也相继陷落，从而打通了通往尼罗河畔设防坚固的要塞巴比伦城堡（今开罗附近）的道路。拜占庭派驻亚历山大港的主教和总督居鲁士，偕同总司令奥古斯塔里斯·西奥多拉斯，统率大军，赶到巴比伦城堡，组织抵抗。面对强大的敌人，阿慕尔没有马上发动进攻，而是在巴比伦城堡外驻扎下来，等待援军的到来。不久，穆罕默德先知的著名弟子祖拜尔·伊本·阿瓦姆，率6000名援军赶到，阿拉伯军队的人数增至一万余人。

但要塞守军的总数有2.5万人，防守严密，加上阿拉伯军缺少攻城工具，一时难以攻下。在此期间，阿慕尔分出一部分兵力，攻打艾因·夏姆斯城（今开罗）。这座城市是古埃及的赫里奥波里斯。现在开罗的艾因·夏姆斯大学就是以开罗的故称艾因·夏姆斯命名的。

公元640年7月，阿拉伯军彻底击溃该城守军。这也是对巴比伦城堡的间接打击。实际上，当地人已军心动摇，知道他们的日子已屈指可数。西奥多拉斯逃回亚历山大，居鲁士被困在巴比伦城堡。

狡猾的居鲁士秘密活动，企图收买围城的穆斯林将士，可惜一无所获，最后不得不请求派代表团到法罗斯岛商谈媾和条件。穆斯林给居鲁士派出的谈判代表留下了深刻的印象：他们之中的任何一个人，宁愿亡，不愿生；宁愿谦恭，不愿显赫。今生对他们全都没有吸引力。他们席地而坐，曲身而食。他们的领导者也同他人一样：分不清地位高的人和地位低的人，谁是主人，谁是奴隶。

阿慕尔给居鲁士三种选择：如果居鲁士愿意皈依伊斯兰教，那他和他的人民将和穆斯林一样。如果他不愿意那样做，穆斯林决不强迫他，他可以投降并纳贡；他决不会受到伤害，穆斯林会友好地对待他们。如果他拒不投降，那就让双方展开战斗，一决胜负。

这些条件后来通常被视为穆斯林征服世界的普遍公式：伊斯兰教—纳贡—宝剑，即：要么皈依伊斯兰教，要么缴纳贡税，要么武力解决。

居鲁士同意缴纳贡税，并奔赴亚历山大报告西奥多拉斯。西奥多拉斯立即派人把媾和条款送给拜占庭皇帝。但拜占庭皇帝希拉克略不予批准，并对居鲁士加以卖国的罪名，施以流放。巴比伦城堡被围困7个月后，阿拉伯人设法填平一段城壕，用梯子登上城墙，一举打败守军，于公元641年4月6日攻克这座城堡。阿拉伯军蜂拥入城，穆斯林的战斗口号——"安拉最伟大"的胜利喊声，响彻巴比伦城堡内的所有大厅。

尼罗河三角洲东部边界被攻下后，阿慕尔的铁钳开始向顶点夹紧，阿拉伯的铁骑朝亚历山大挺进。亚历山大是一座美丽的海港城市，当时是埃及的首府。那里城堡坚固，固若金汤，筑有许多碉堡。巍峨的教堂和其他建筑物把这座城市点缀一新。据说，这座城市有4000栋别墅，4000个澡堂，400个皇家娱乐场所。它的图书馆为所有文明民族所羡慕，它的港口简直可以说是世界奇观。巍峨的塞拉庇姆宫，耸立在一边。这座宫殿曾做过睡梦之神塞拉庇斯的神庙，其中一部分做过亚历山大的图书馆。美丽的圣马可大教堂，耸立在另一边。这座大礼堂原来是恺撒神殿，是女法老克娄巴特拉七世为纪念恺撒而创建的，随后由奥古斯都屋大维加以完成。西边稍远的地方，耸立着两根阿斯旺红花岗岩的方尖碑。这两根方尖碑，据说是克娄巴特拉七世建立的，实际上是图特摩斯三世所建立的。这两根方尖碑现在分别点缀着伦敦泰晤士河的堤防和纽约的中央公园。远远的后方耸立着灯塔，白天在阳光下闪闪发光，黑夜里放出光芒，至今被称为世界古代七大奇迹之一。这种景致给沙漠里的阿拉伯人的印象，无疑同现代摩天大楼的空中轮廓给来自乡村的人的印象，没有什么两样。

这座城市驻有训练有素的5万守军，港口还停泊着拜占庭的海军舰船。阿拉伯人没有船只，缺乏进攻性武器，又远离后方基地，因此屡攻不下，每次进攻都被击退。阿慕尔不得不留下一个分遣队，继续攻城，他自己则率部撤回巴比伦城堡。后来，拜占庭皇帝希拉克略去世，他11岁的幼子君士坦斯二世继位，居鲁士重新得宠，返回亚历山大，受命与阿慕尔谈判缔约。这位主教希望埃及脱离与拜占庭帝国的宗主关系，效忠阿拉伯人。

公元641年11月8日，双方签订亚历山大条约。拜占庭人同意每个成年人向穆斯林缴纳两第纳尔（拜占庭帝国当时通用的银币，一枚约重3.37克）的人头税和一定数量的谷物税，并且同意不让拜占庭的军队重返埃及，或者企图收复失地。作为交换条件，穆斯林也答应基督徒保留他们的教会，管理自己的事务，而不加以干涉。幼弱的君士坦斯批准了这个条约，拜占庭帝国的富饶行省埃及就这样落入阿拉伯人手里。公元642年9月，拜占庭的军队从亚历山大撤退，阿拉伯人随即进占了这座城市。

亚历山大是迄那时为止阿拉伯军队攻占的最大的一座城市，它也是一座伟大的文化中心和与欧洲进行海上贸易的著名商埠。哈里发曾用面饼和椰枣款待他的大将派来的信使，并在麦地那清真寺举行了简单而隆重的感恩礼拜仪式。

依照奥马尔的政策，阿慕尔在巴比伦城堡外的营地变成了新的都会，叫作弗斯塔德，相当于叙利亚的查比叶、伊拉克的巴士拉和库法这三大营地。阿慕尔在弗斯塔德军营建立了一座简朴的清真寺，作为穆斯林占领尼罗河流域的第一个纪念物。这是在埃及建立的第一座清真寺。直到现在，这座清真寺仍然叫作阿慕尔清真寺。在倭马亚王朝，这座清真寺经过重修，有几个宣礼塔，有台阶可登，作为宣礼员召唤信众前来做礼拜的地方。这是清真寺宣礼塔的最古老的形式，其后演变成各色各样的形状。

弗斯塔德自此一直是埃及的首府。直到公元969年，法蒂玛王朝建造他们的新首都开罗，此后人们把弗斯塔德叫作旧开罗。开发尼罗河谷地肥沃的土地，成为阿拉伯帝国统治者的目标。为了开辟由埃及到阿拉伯半岛的近道，加强对埃及的统治，满足麦地那统治者享受生活的需要，阿慕尔疏浚了古代的法老运河，把巴比伦城堡北边的尼罗河与红海西岸的古勒祖姆（今苏伊士城）连接了起来。

埃及陷落后，拜占庭在埃及以西的行省，顿失屏障。为了巩固对埃及的占领，保卫后方的安全，攻占亚历山大后，阿慕尔于公元642年至公元643年兵分两路继续西进。阿慕尔本人统率北路军骑兵，沿海岸古道，神速直奔彭塔波利斯（今利比亚昔兰尼加一带）北部；奥格白·伊本·纳菲尔统率南路军，由法尤姆沿古商队的绿洲之路，向彭塔波利斯南部和费赞进兵。阿慕尔军很快占领巴尔卡，包括莱瓦塔在内的黎波里柏柏尔人纷纷投降。

六、征服波斯

铜山西崩，洛钟东应。正当西边的拜占庭帝国，在阿拉伯人的进攻面前，节节败退，惶惶不可终日之际，东面的波斯萨珊王朝也遭到阿拉伯人的沉重打击，岌岌可危。

早在艾布·拜克尔时期，哈立德和舍伊班族族长穆桑纳·伊本·哈里赛的联军就已占领幼发拉底河畔的希拉城，拔除了波斯西部边境的屏障。公元634年，哈立德奉命由希拉西进叙利亚时，把伊拉克前线的指挥权交给了他的盟友穆桑纳。同一年11月，波斯趁哈立德增援叙利亚之机，组织了一次反攻，在希拉附近的幼发拉底河桥头战役中几乎全歼阿拉伯部队。但阿拉伯人毫不气馁，很快又组织新的进攻，他们于第二年10月在幼发拉底河岸边的布韦卜（意为"小门"）打败了波斯军队。

这时，奥马尔认识到，尽管萨珊王朝国势衰微，但它仍然拥有一支庞大而战斗力强的军队。要控制伊拉克和保障它的边境，就必须歼灭这支军队，摧毁萨珊王朝；否则，不但希拉城难保，而且后患无穷。因此，奥马尔选派赛尔德·伊本·艾比·瓦戛斯为总司令，统率6000人马，出征伊拉克。赛尔德是穆罕默德最年长、最忠实的圣门弟子，位列白德尔战役后先知曾以天堂相应许的十大弟子。赛尔德统率的大军，在希拉附近的卡迪西亚，与波斯帝国首相鲁斯特姆指挥的军队相遇，双方展开了一场决战。

公元637年5月31日，天气酷热，狂风大作，飞沙走石，尘埃蔽天，情景与雅穆克战役之日相似。阿拉伯人利用这种对自己极为有利的气候条件，发动进攻，应用同一战术，收到了与雅穆克战役相同的效果。波斯军队被打得落花流水，统帅鲁斯特姆阵亡，军队惊慌逃亡，溃不成军，底格里斯河以西大片肥沃的土地展现在阿拉伯人的面前。这场战役后，赛尔德在卡迪西亚附近的库法建立军营，后来发展成为城市，它在穆斯林历史上享有盛名，是有名的学术圣地。赛尔德还在库法城中央修建了一座朴素的清真寺。

赛尔德带领士气高昂的阿拉伯军队，继续向前猛攻，直逼波斯帝国首都泰西封。他以罕有的锐气和能力，率领全军，安全渡过正值春洪暴发、河水上涨的底格里斯河，被穆斯林编年史家叹为奇迹。据说，叙利亚沙漠的许多阿拉伯部落参加了穆斯林对泰西封的围攻。公元637年6月，泰西封的卫戍部队跟着皇帝弃城而逃，萨珊王朝的首都落入阿拉伯人的手中。阿拉伯编年史家对赛尔德所部军队从波斯首都取得的战利品和宝藏，大肆渲染，据说总计价值90亿第纳尔。这时，他又新建成了巴士拉军营，后来也发展成为颇具盛名的城市。

占领亚洲中部最大的首都之后，原处荒凉的阿拉伯半岛的居民就直接与当时现代化生活中的奢侈品和舒适设备相接触。波斯皇宫里宽大的接见厅、优美的拱门、豪华的陈设和装饰，在后来的阿拉伯诗歌里都受到赞美。所有这些东西，现在都归赛尔德处理。还有无法计数的金银币和难以置信的奇珍异宝，例如背上骑着一个金骑士的真骆驼大小的银铸骆驼，或者身披马饰、口镶宝石牙齿和项悬红玉的金马，都成为当时众人争求的珍品。阿拉伯编年史里夹杂着许多有趣而有启发性的逸事，从这些逸事可以看出两种民族文化的不同之处。阿拉伯人从来没有见过樟脑，所以把樟脑当作食盐，用于烹调。阿拉伯人不大熟悉黄金，有许多人拿着黄金去和别人交换白银。在分配战利品时，有一个阿拉伯战士分得一个波斯贵族的女儿。那位美貌少女用1000第纳尔向他赎身，有人问他为什么不多要些赎金，他说他从来没有想到还有比1000更大的数目。军队从泰西封的宫殿中把举行盛大宴会用的毯子送到奥马尔那里，毯子长约32米，宽约27米，上面织着一幅风景画。画面上的地面是黄金做的，草地是用绿宝石嵌成的，水流是用珍珠串起来的，树、花和果实则用钻石、红玉和其他的宝石来表示。有人建议把这条毯子保留起来作为胜利纪念品，但当许多人都指出尘世的物品只是暂时的东西时，这条毯子就被分割成了好多片。

波斯国王耶兹底格德三世和他的宫廷人员逃亡到了北方。波斯人虽然向北败退，但仍不甘心失败，他们又纠集一些残兵败将，企图卷土重来，结果又于公元637年年底被阿拉伯军在伊朗高原边缘的贾鲁拉击败了。阿拉伯人继续向北挺进。公元640年，阿拉伯帝国从巴士拉和库法派出的军队占领了胡泽斯坦。公元641年，古城尼尼微附近的毛绥里，被从叙利亚北部发动远征的伊雅德·伊本·安木攻克。来自叙利亚和伊拉克的两支部队在美索不达米亚北部会师，从而完成了对肥沃新月地带的征服。巴林同巴士拉和库法一起构成对波斯本部进行军事行动的第三个军事基地。

耶兹底格德三世撤退到波斯本部后，重整军备，以图最后顽抗。但是还没有等到他能够威胁阿拉伯人新得到的居留地之前，奥马尔就派出一支军队向他进攻。这支军队是从边疆所有的军队里抽调出来的，由努尔曼·穆卡林担任指挥。在古城埃克巴塔那以南的尼哈温德，穆斯林军队与波斯军队爆发了大战，这也是双方最后一次大战。战斗持续了好几天，双方打得难解难分。最后，波斯军队遭到惨败，伤亡10万人以上，耶兹底格德三世逃往中亚的伊斯法罕。经过这次战败之后，波斯帝国的中心就谈不上有什么统一的抵抗了。溃败的军队退守到一些设防城市，各自抵抗节节进逼的阿拉伯军队。

公元643年，阿拉伯军攻陷伊斯法罕，耶兹底格德三世不得不退到伊斯特克尔,在这里被围困了一个时期后,继续逃亡。国王在逃亡途中经过波斯和土耳其草原的交界地区呼罗珊时,到处都受到殷勤接待,但是他要求给予援助,把战争进行下去的事却没有人理睬。1000年以前,阿契美尼斯王朝末王大流士三世在这些地方所经历的命运,在他身上重演了。阿拉伯军队的铁蹄席卷波斯全境。东北边境上的大省呼罗珊被征服后,通往阿姆河的道路就打开了。不久,阿拉伯人往南又征服了俾路支海岸地区的莫克兰,接近了印度的边境。

库法营地取代了泰西封,变成新征服地区的首府。赛尔德仍然依照泰西封的皇宫的式样,在这里建造一所住宅。旧都的城门被移来安置在新城的城墙上,这是象征性的惯例,曾在阿拉伯东部屡次照行。他起初用芦苇盖起一些兵营,供士兵和他们的家属住宿,后来把那些茅屋改成用土坯砌成的房子,库法立即发展成为一个重要的省会。库法与其姊妹城巴士拉一道发展,最终成为阿拉伯帝国在美索不达米亚的政治和文化中心,直到阿拔斯王朝的哈里发曼苏尔建造了世界著名的都城巴格达为止。

七、奥马尔的文韬武略

在奥马尔统治的 10 年内,阿拉伯人以疾风扫落叶之势,征服伊朗高原至北非的黎波里的广大土地。究其原因,主要有以下几点:

其一,拜占庭帝国和波斯经过数个世纪的相互冲突,已经精疲力竭,国势衰微,风雨飘摇,易沦为阿拉伯勇士的目标。同时,平民百姓渴望摆脱残酷的经济掠夺、政治压迫和宗教迫害,他们对统治者恨之入骨，把阿拉伯人视若救星。叙利亚的舍伊萨尔的居民出城迎接哈里发，埃及的土著科普特人对阿慕尔采取不抵抗态度，伊拉克的阿拉米农民热烈欢迎阿拉伯军。国弱民怨是拜占庭和波斯萨珊王朝遭到失败的根本原因。

互相敌对的庭占廷人和萨珊人，在好几个世代中进行复仇战争，元气大伤。出于战争的需要而强征苛捐杂税，使人民贫困到无以为生，从而大大损伤了他们的忠诚感。在叙利亚和美索不达米亚，特别是在边疆地区，阿拉伯半岛各部族早已归化。由于基督教会宗派的存在，叙利亚和埃及建立了一性论派教会，伊拉克和波斯建立了聂斯托利教会，这两个教派都遭受东正教会的迫害。所有这些，都为阿拉伯军队神速的进展铺平了道路。

其二，阿拉伯人崛起于沙漠，组织严密，士气旺盛，战术灵活，风驰电掣。他们在"吉哈德"的号召下，勇敢作战，不怕牺牲。在分享战利品的激励下，他们奋不顾身，赴汤蹈火。故他们能克敌制胜，所向披靡。穆斯林军队，其力量不在于武器精良，也不在于组织性优越，而在于士气旺盛，这无疑是伊斯兰教的贡献；也在于军队的耐久力，那是沙漠生活培养出来的；还在于显著的机动性，那主要是因为他们靠骆驼运输。穆斯林军队所向披靡，是基于这样的事实：拥有新的热情的年轻一代，接过老一辈手中的事业，使之永葆青春活力。

其三，阿拉伯人在开始进攻之前，通常向敌方提出三种选择：（1）皈依伊斯兰教，享受穆斯林的待遇，免除包括人丁税在内的一切贡税，并可获得福利。（2）立约投降，求得伊斯兰教的保护。这样的居民称为顺民，他们有信仰宗教的自由，不服兵役。他们必须缴纳包括人丁税在内的一切贡税,但比旧政权向他们强征的要轻。(3)抵抗则处以极刑,战俘或处以极刑,或沦为奴隶,或以现金赎身。阿拉伯人的对敌政策,对瓦解敌人起了很大作用。

其四,奥马尔征服一个地区后,保留原来的行政机构,留用旧政权的官吏。他把打击的重点放在拜占庭和波斯萨珊王朝的达官贵人身上,没收逃亡皇室贵族、官吏或地主的土地,分给隶农耕种。在缴纳贡税的情况下,老百姓可仍操旧业,耕种自己的土地。这样既稳定了占领区,又大大减少了未占地区的对抗情绪。阿拉伯人原封不动地保留他们所征服的社会的基础结构和行政系统,没有把他们的习惯或信仰强加给不愿接受的人。他们占领被征服地区,但不破坏;他们征服,但不压服。因此,他们的统治是能够忍受的,甚至受到欢迎,没有遇到抵抗。

奥马尔的军事扩张有着重要的影响:首先,它为伊斯兰教的传播和扩散创造了条件。伊斯兰教正是以奥马尔征服的尼罗河三角洲和两河流域下游为基地,发展成为世界性宗教的。其次,它为阿拉伯帝国的发端和崛起,奏响了号角。阿拉伯帝国正是以肥沃新月地带为核心,扩展成为世界性大帝国的。再次,它为阿拉伯-伊斯兰文化的形成和发展,提供了前提。阿拉伯-伊斯兰文化正是以肥沃新月、波斯和埃及的古老文化为基础,形成和发展为独具特色的灿烂文化的。阿拉伯-伊斯兰文化,无论渊源,还是基本结构,都不是阿拉伯半岛的。纯粹的阿拉伯半岛的贡献,是在语言和宗教方面,即阿拉伯语和伊斯兰教。阿拉伯-伊斯兰文化基本上是希腊化的阿拉米文化和波斯文化,是在哈里发政权保护下发展起来,是借阿拉伯语表达出来的。从另一种意义上来说,这种文化是肥沃新月地区的古代闪米特族文化逻辑的继续，是亚述人、巴比伦人、腓尼基人、阿拉米人和希伯来人所创始和发展起来的。在这种文化里，西亚地区的地中海文化的统一性，已登峰造极。

奥马尔不仅是英明的统帅，而且是杰出的政治家。他在军事上取得巨大胜利的同时，不断根据形势的发展，制定切合实际的政策，建立必要的制度，来牢固确立对阿拉伯半岛和被征服地区的统治。军事征服是政治扩张的手段，政权稳固为军事胜利创造了必要条件。

奥马尔首先着手完成阿拉伯半岛伊斯兰化。公元635年至公元636年，他废除以前与基督徒和犹太教徒签订的条约，下令将海巴尔的犹太教徒和其他非穆斯林驱逐到约旦的杰里科等地，将内志地区的基督徒赶往叙利亚和伊拉克，不允许其他宗教在阿拉伯半岛继续存在。此举使麦地那政权更加巩固，阿拉伯半岛更加伊斯兰化。

奥马尔要求阿拉伯人组成一个宗教军事共同体，保持自身鲜明的特色，保持阿拉伯人的高昂斗志。为此，他规定阿拉伯半岛的穆斯林不得在阿拉伯半岛以外占有土地或者耕种土地；在征服地区，他们与其他人分开居住，脱离繁华的大城市，驻扎在新建的营地里，如叙利亚的查比叶和赫姆斯，巴勒斯坦的腊姆拉和卢德，约旦的泰伯利亚，埃及的弗斯塔德，伊拉克的库法和巴士拉。这样的营地被称为米绥尔。不少米绥尔后来发展为重要的新兴城市。

这样就形成了两个不同的阶层，作为上层统治者的穆斯林也构成了战士阶层，即军事贵族阶层。敬神之事暂时退居次要地位，而军事要求则进居首要地位。穆斯林和军队一样组织起来，所有合乎军役年龄的人都分部落和氏族登记在军队花名册上。军队就是行动中的"温麦"，即整个民族。非穆斯林构成下层臣民，他们缴纳贡赋，为穆斯林提供给养。

奥马尔没有改变被征服地区的生产方式，只是划分行省，任命总督，负责全省的军事、政治、财政、司法等事务。最初，驻军司令官同时也是总督，并兼任做礼拜时的领拜者和法官。后来，奥马尔又陆续派人分管一些省区的财政和司法，直接向哈里发负责，避免了总督大权独揽的弊病。据说，奥马尔是首创法官官职的哈里发。奥马尔没有打乱拜占庭和波斯萨珊王朝的行政机构，也没有遣散旧的行政人员，而是利用原有机构和人员来为伊斯兰政权服务。奥马尔的统治政策不仅解决了如何管理广大征服地区和国家职员严重不足的问题，而且使阿拉伯人顺利进入了封建社会。

奥马尔采用波斯的迪万制度，建立公共金库。战利品中的动产分配给战士，不动产、税收等由国家统一掌握，国家的岁入全部存入国库，行政费和军费都由国库支出。他把国库结余作为年金，分配给全国的穆斯林。为了完成分配任务，必须进行人口调查，这种为分配国家积余岁入而举行的人口调查是史无前例的。穆罕默德的家属领取的年金最多，穆罕默德的遗孀阿伊莎在花名册上位居榜首。迁士和辅士，按信教先后次第，领取相应数额的年金。氏族部落成员的年金，依照战功的大小而定。妇女、儿童和平民也登入花名册，领取年金。"平民"的阿拉伯语单数音译为"毛拉"，复数音译为"麦瓦里"，系当时阿拉伯人对非阿拉伯穆斯林的称呼。非阿拉伯人皈依伊斯兰教后，申请归属于某个阿拉伯部落，就成为那个部族的毛拉。平民在理论上与阿拉伯人平等，但实际上比阿拉伯人低一等。

奥马尔充实和发展了伊斯兰教律，使之更好地体现统治阶级的意志，更好地完成维护新政权秩序的任务。奥马尔为伊斯兰教立法做出了很大贡献，被誉为"立法的栋梁"。奥马尔在处理新的教律问题时，如无《古兰经》《圣训》可循，便揆情度理，根据他自己或教律学家的意见做出决定。后世采用这种方法立法的，被称为伊斯兰立法的"意见派"。奥马尔就是这个派别的创始人。对于非穆斯林，奥马尔允许他们按自己的教律行事，而不受伊斯兰教律的限制。这就防止了司法上的混乱，排除了引起社会不安的重要因素。

奥马尔定希吉拉年（622）为伊斯兰教历纪元元年，这对伊斯兰教的发展起着极大的推动作用，伊斯兰教节日和宗教活动均以该历为依据，一直延续至今。奥马尔非常重视伊斯兰教的传播，十分懂得伊斯兰教对巩固麦地那政权所起的巨大作用。他派遣伊斯兰教学者到各行省，负责宣传伊斯兰教教义，解决有关伊斯兰教的各种宗教问题。他聘请伊斯兰教学者做顾问，参与制定国家的大政方针。他要求穆斯林严格遵守伊斯兰教的教义、教律、制度和禁忌。他扩建了麦加大清真寺，并在各地兴建新的清真寺。他规定所有穆斯林都必须参加星期五的聚礼，下令各地官员监督执行。他以亲自率领群众做礼拜，以督促穆斯林履行宗教义务。

奥马尔对"有经之人"（这里是指基督徒、犹太教徒、萨比教徒等）实行双重政策：一方面，尊重他们的宗教信仰，以求得社会安定；另一方面，对他们实行差别对待，征收人丁税等，促使他们改宗伊斯兰教。这种双重政策经后任统治者采用（具体内容不尽相同），对被征服地区的伊斯兰化起了重要作用。

奥马尔采取的一系列政策和措施，强化了国家机器和各种国家制度，扩大和加强了伊斯兰教意识形态的统治，保障了阿拉伯统治阶级的政治权势和经济特权，被誉为"伊斯兰教国家的第二位奠基者"。

遗憾的是，公元644年11月3日，奥马尔正当年富力强、声威大振之际，他在麦地那清真寺率众举行晨礼时，不幸被波斯奴隶艾布·鲁尔阿刺亡，离开了穆斯林。据说，刺客艾布·鲁尔阿当时在麦地那为库法总督穆基赖·伊本·舒耳白工作。穆基赖·伊本·舒耳白是一个生长在塔伊夫的多才、顽强、机诈、放荡的人，曾是奥马尔派驻巴士拉的总督。当他的通奸罪行被发觉时，来自巴士拉的强烈抗议使他被召回麦地那受审。他钻了一个法律空子，逃避了刑罚，但奥马尔将他免职了。后来，穆基赖又施计获得了派驻库法的任命状。他在这个职位上留任多年，并扩大了自身的权力和辖区，最后成为伊斯兰世界中最有权力的人物之一。

据说，艾布·鲁尔阿曾经就他应当替主人穆基赖征收的各种捐税的额度问题向奥马尔申诉，而奥马尔对他的申诉报以嘲弄。于是，他怀恨在心，伺机报复，趁奥马尔领导穆斯林做晨礼之机，向奥马尔猛刺两刀，其中一刀刺在致命之处。奥马尔的遗体被安葬在穆罕默德和艾布·拜克尔的墓旁。

奥马尔是一个应运而生的人物。伊斯兰教这时需要一位坚强的领导者和一位卓有才能的施政者，而奥马尔兼具二者。奥马尔担任哈里发的10年，是光辉灿烂的10年，他以虔诚使穆斯林团结一致，以法纪治理国家。在位期间，他忠实地执行穆罕默德的遗愿，将伊斯兰教的旗帜插遍叙利亚、伊拉克、巴勒斯坦、波斯、埃及等地。除此之外，他健全了国家职能，完善了教法教律，强化了国家机器。

八、强弩余威

奥马尔遇刺临终前，指定麦地那的6位最有名望的人士——阿里、奥斯曼、祖拜尔、泰勒哈、赛尔德和阿卜杜拉，组成选举委员会推选哈里发，还诏会他儿子不得当选他的继承人。这个选举委员会叫作舒拉，意思是"协商"。由这一名称可以看出，关于部族领袖的古老阿拉伯观念，是超乎世袭君主之上的。贵族出身的奥斯曼以年长、善良、虔诚而当选哈里发。

奥斯曼生于麦加古莱什部落的倭马亚家族，贵族富商出身，是穆罕默德的女婿。奥斯曼是代表倭马亚家族的，而他的两位前任却是代表全体迁士的，这是鲜明对照。贵族出身，在他当选方面可能起了不小的作用。

奥斯曼以温和虔诚而著称。作为一个穆斯林领袖，他最大的特征也许就是他曾经是一个受尊敬的"先知的同伴"。在穆斯林遭到麦加贵族迫害时，他和妻子茹克叶率领第一批穆斯林迁往埃塞俄比亚，后来二人又一同迁往麦地那。他追随穆罕默德参加了历次战役，只有在白德尔战役期间因照料病重的妻子而没有上场。茹克叶病故后，他又娶了穆罕默德的三女儿乌姆·库勒苏姆为妻。

奥斯曼曾以巨额财力支持伊斯兰教的创建和传播活动。麦地那干旱缺水，他不惜以重金两万第尔汗（银币，每枚重约2.97克）的高价买下水源充足的"劳马赫"水井，解决了穆斯林的用水问题。当穆罕默德为出征塔布克筹集军需时，他带头捐献一万第纳尔（金币，每枚重约 4.25 克），装备 300 匹骆驼和 50 匹战马。

奥斯曼的当选标志着倭马亚家族重掌政权。奥斯曼出任哈里发时，已年逾七旬，精力不足，年迈体弱，没有能力继承奥马尔光辉灿烂的事业。然而，奥马尔的影响力是巨大的，他执政时期的余威尚存，他给奥斯曼留下了一批年轻有为、生气勃勃、可以高举"吉哈德"旗帜、继续进行伊斯兰远征的行省总督和将军。

奥斯曼当政 12 年，大体可以分为前后两个时期。

前期（644—650），他凭借奥马尔余威，效仿奥马尔的对外扩张与巩固政权的方针，各方面的情况都还不错，政局稳定，岁入充足，对外征服仍在有条不紊地进行。

在北非，奥斯曼于公元 645 年任命他自己的弟弟阿卜杜拉·伊本·赛尔德为埃及总督，掌握财政和民政管理权，把阿慕尔召回麦地那。同年年底，难以驾驭的亚历山大人向拜占庭帝国皇帝君士坦斯二世诉苦求助。君士坦斯二世遂派遣兵船 300 艘，在亚美尼亚人马努埃尔的率领下，前去收复亚历山大。亚历山大的 1000 多名阿拉伯卫戍部队悉数阵亡。亚历山大重新回到了拜占庭帝国治下，而且被用作进攻阿拉伯半岛、埃及的军事基地。

这时，奥斯曼不得不恢复阿慕尔的职务，让他率兵重新征服亚历山大。阿慕尔在尼丘与敌军相遇。经过激战，拜占庭军队受到重创，伤亡惨重。公元 646 年，阿慕尔重新收复亚历山大，牢固的城墙全被拆除。这座埃及古都，从此一直保留在穆斯林手里。重新征服亚历山大后，奥斯曼命令阿慕尔继续担任总司令，命令阿卜杜拉做财务官。阿慕尔感觉受到了屈辱，立即返回了麦地那，拒绝再任此职。他尖刻地说，只控制军队，而不控制财政，就像抓住奶牛角而让别人挤奶一样。

阿卜杜拉再次出任埃及总督。为了夺取战利品,他继续向西、向南开展军事行动。他经由的黎波里,向西推进,征服了易弗里基叶的一部分。这一部分的首府是迦太基。当地人愿意缴纳贡税。这里的土著柏柏尔人信奉拜物教,本来不属于"有经之人"的范畴,但是奥斯曼特许他们享有顺民的特权。埃及南边的努比亚有大草原,与阿拉伯半岛相似,比埃及更适于游牧生活。阿拉伯人曾屡次企图征服这个地区。

早在伊斯兰教诞生之前好几百年,阿拉伯人就或多或少接连不断地渗入埃及,甚至渗入努比亚。

公元652年,阿卜杜拉为争夺奴隶而劫掠了努比亚,与努比亚人订立了条约,但并未征服努比亚。努比亚是一个基督教国家,以栋古拉为首府,民众是利比亚人和黑人的混血人种。这个王国在此后几个世纪中成为伊斯兰文明向南冲击的障碍。

在叙利亚,奥斯曼的堂弟穆阿维叶任总督。此人是穆斯林历史上最伟大的行政官员之一。奥马尔原本任命他为大马士革总督,但随着叙利亚境内其他几个总督出缺,这些地方就都并入穆阿维叶的辖区内。这样,到了奥斯曼统治时期,他便成为整个叙利亚最有权势的统治者。公元647年,穆阿维叶击退了一支强大的拜占庭军队的进攻。在随后几年里,他不断派遣部队侵袭小亚细亚。

为了阻止拜占庭人自海上卷土重来,阿拉伯人分别在埃及和叙利亚建立了两支海军。这样,善于骑射的阿拉伯人,又有了谙练海战的海军。建立穆斯林海军的功绩和荣光,是埃及总督阿卜杜拉和叙利亚总督穆阿维叶共享的。他们可谓是伊斯兰世界培养的最早的两位海军总司令。亚历山大港理所当然就是埃及海军的造船厂。所有的海军军事行动，无论从阿卜杜拉统治下的埃及出发，还是从穆阿维叶统治下的叙利亚出发，总是以拜占庭为目标的。

公元 649 年，穆阿维叶一举夺取了拜占庭的海军基地塞浦路斯岛。因为它距叙利亚海岸太近了。为了高枕无忧，穆阿维叶便夺取了它。阿拉伯帝国第一次海上胜利，就是这样取得的；第一座海岛，就是这样加入伊斯兰国家的版图的。公元 650 年，穆阿维叶又征服了靠近叙利亚海岸的阿尔瓦德岛。公元 652 年，阿卜杜拉击退了拜占庭人从海上对亚历山大港发动的进攻。公元 652 年至公元 654 年，穆阿维叶麾下一个海军将领掠夺了西西里岛和法罗斯岛。

公元 655 年，穆阿维叶和阿卜杜拉的叙埃联合舰队，在费特希耶附近的利西亚海岸外面，击溃了由 500 多艘战舰组成的拜占庭舰队。统率这支舰队的拜占庭皇帝君士坦斯二世，仅以身免。这是一场激烈的海战，阿拉伯人把自己的每艘船都拴在拜占庭人的每艘战舰上，然后把海战变为肉搏战，鲜血染红了碧海。此次战役，阿拉伯历史上称为船桅之役。拜占庭的海军优势受到严重打击，但并未完全被摧毁。由于穆斯林内部发生混乱，他们未能乘胜追击，进逼君士坦丁堡。

这些海上远征，不仅不是在麦地那的哈里发的支持下进行的，而且是他们反对的，早期的资料对这一点有意味深长的记载。奥马尔曾嘱咐阿慕尔：不要让海水把他们二人隔开，不要在他不能骑着骆驼到达的任何地方安营扎寨。奥马尔还曾写信给驻守伊拉克的赛尔德，请求他不要让海水把哈里发和穆斯林隔开来。奥斯曼之所以批准穆阿维叶远征塞浦路斯岛的请求，是因为穆阿维叶一再强调那座岛离海岸不远，而且以携带家眷去远征为条件。

在波斯，阿拉伯军队继续向东扩张。公元650年，他们完全征服法尔斯。公元651年，萨珊王朝倒霉的年轻皇帝耶兹底格德三世，携带皇冠、宝藏和少数侍从，逃往到古城木鹿（又名梅尔夫，今土库曼斯坦境内）附近，被一个谋财害命的磨坊老板戕害在磨坊里了。萨珊王朝的最后一个国王就这样悲惨地结束了他的一生。直到今天，伊朗的祆教徒还在纪念他，把他登基的日子作为纪元。公元652年，阿拉伯人征服了阿塞拜疆和亚美尼亚的部分地区。到公元656年，奥斯曼的统治结束时，阿拉伯远征军已经到达今阿富汗境内的巴尔赫、喀布尔和加兹尼。

阿拉伯人对波斯初步暂时的征服花了十几年工夫，穆斯林军队在波斯遭到比叙利亚更顽强的抵抗。在征服波斯的战役中，除妇女、儿童和奴隶外，曾有3.5万至4万阿拉伯人参战。波斯人是雅利安人，不是闪米特人。他们在许多世纪中享有自己的民族生活，而且是一种组织严密的军事力量，这种力量曾与拜占庭人较量了400多年。在阿拉伯人统治的300年中，阿拉伯语变成官方语言和知识分子的语言，还在一定的范围内变成通用语言。但是，这个被征服的民族后来又重新奋起，并恢复了自己的语言。波斯的艺术、文学、医学、哲学成为阿拉伯世界的公共财富，而且征服了征服者。在伊斯兰统治的最初三个世纪中，阿拉伯-伊斯兰文化的天空中最灿烂的明星，有几颗就是伊斯兰化的波斯明星。波斯人最后战败，但这只是表面上的，他们内心依然燃烧着炽烈的反抗怒火。他们始终不使用阿拉伯语。骄傲古老的波斯，成为阿拉伯人的一个行省，这件事在伊斯兰文明史上有着重大影响。某些历史学家认为，因为这一耻辱，波斯人对阿拉伯人从未完全宽恕过。

奥斯曼在位期间，最值得称道的政策就是规定了《古兰经》的标准本。穆罕默德在世时，《古兰经》没有编辑成书。一方面，他健在时，遇有什么大事可以直接请示他，他还要针对遇到的不同问题发布新的经文；另一方面，他的许多弟子都能熟记已颁布的经文，并遵从这些经文来处理和解决问题。穆罕默德逝世后，许多熟记《古兰经》的弟子也在征战中阵亡。奥马尔担心经文佚失，劝艾布·拜克尔下令搜集启示。据说，起初艾布·拜克尔并未下定决心做这项工作，因为穆罕默德没有嘱咐他做这件事。但是，他也认为奥马尔的担心是有道理的，最终还是同意了奥马尔的建议，遂命令年轻的栽德·伊本·萨比特负责这项工作。栽德是穆罕默德手下负责记录经文的书记。

栽德·伊本·萨比特等人收集了所有能够找到的分散记录下来的经文，以及穆罕默德的弟子背记下来的经文，加以整理和重抄后送给艾布·拜克尔保管。这就是《古兰经》的第一个手抄本。艾布·拜克尔去世时，将它留给奥马尔。奥马尔去世时，又把它转交给他的女儿——穆罕默德的遗孀哈福赛。与此同时，其他人也汇编了《古兰经》，但他们汇编的《古兰经》在内容上与前者存在某些差别，加上各地的读法不同，弟子所做的解释不同，穆斯林就产生了分歧。如果不对出现的问题及时加以解决，分歧就可能加大，给伊斯兰世界带来危害。

据说，叙利亚和伊拉克两地前去攻打亚美尼亚和阿塞拜疆的军队曾因为《古兰经》的读法发生争执，此事引起上层的不安。当时，有人建议奥斯曼赶紧挽救《古兰经》。奥斯曼接受了他的建议，将哈福赛保管的《古兰经》定为标准本，下令誊写7部，一部保存在麦地那，其他 6 部分别送到麦加、大马士革、库法、巴士拉、也门和巴林。同时，他下令烧毁其他《古兰经》抄本。

《古兰经》的奥斯曼抄本被定为标准本，一直流传至今，现在全世界通行的《古兰经》即为此抄本。这是奥斯曼对伊斯兰教的传播做出的最大贡献。

九、同室操戈

公元 656 年 6 月 24 日，在麦地那清真寺里，阿里被宣布为第四任哈里发。阿里是穆罕默德的堂弟，小时候由穆罕默德抚养，因此有人也称阿里为穆罕默德的义子。他 10 岁那年信奉伊斯兰教，是最早的信众之一，曾参加穆罕默德的传教活动和战争，以勇猛著称，立下了赫赫战功，堪称一位英雄。他 21 岁那年与穆罕默德的爱女法蒂玛结婚，育有两子——哈桑和侯赛因，他们成为穆罕默德绝无仅有的两个在世的男性后裔。他曾不顾个人安危，协助穆罕默德离开麦加，迁往麦地那，在麦地那又受命代表穆罕默德处理公社事务，并赴麦加向多神教信众宣布新的启示和禁止非穆斯林朝觐麦加的期限。因此，阿里在穆斯林中享有很高的声望。穆罕默德去世后，许多信众认为阿里是最有条件继承穆罕默德事业的人。但是，出于种种原因，他三次未能当选哈里发。他登上第四任哈里发宝座时已 55 岁了。阿里和蔼可亲，虔诚豪爽，善于思考，遇事沉着。他上任后立即下令释放了行刺奥斯曼的凶手。

阿里继任哈里发之后，得到多数穆斯林的拥护，特别是得到了许多身居要位的迁士的支持。但他也遭到一些人的反对。最先站出来反对他的，是觊觎着哈里发之位的泰勒哈和祖拜尔，他们都是早期的穆斯林。泰勒哈是穆罕默德的伙伴。在吾侯德战役中，他曾赤手空拳挡住刺向穆罕默德的一剑。祖拜尔是穆罕默德妻子赫蒂彻的外甥。和他们联合在一起的，还有穆罕默德的遗孀阿伊莎。然而，对阿里来说，更具有威胁的是奥斯曼的堂弟——叙利亚总督穆阿维叶，因为他在叙利亚的势力很大，还拥有军队。

反对阿里的斗争，是在为奥斯曼复仇的名号下进行的，这实质上是为争夺哈里发之位而进行的权力之争。阿里要想巩固自己的地位，首先就得战胜他的劲敌。

阿伊莎、泰勒哈、祖拜尔原来也是反对奥斯曼的，至少是纵容反对奥斯曼的叛乱的，但此时他们却对自己过去的活动三缄其口，而退到麦加高呼复仇与战争。他们指责阿里不惩办弑君者，甚至指责阿里谋害奥斯曼，不承认阿里的哈里发地位，号召替遇害者报仇。他们三人结成联盟，纠集一些反对阿里的人，迁往巴士拉，指望在那里得到伊拉克地方势力的支持。他们一到巴士拉，便除掉不愿加入他们行列的巴士拉总督，并组织军队对抗阿里。

阿里在麦地那没有军队，他也不能在那里待下去。公元656年10月，他带领大约100来人前往库法。库法是新月沃土的第二个军事基地，那里的居民从一开始就对巴士拉有一定程度的反感。阿里预先派遣他的儿子哈桑到那里去，库法城的战士很快被他争取过来。阿里来到库法，号召他的追随者参加战斗，并向他们许下诺言：如果他们支持他，他将把库法升为首都。追随者群起响应阿里的号召。实际上，阿里早已认识到，这个幅员广阔的哈里发国家，需要一个比麦地那更居中心位置的新首都。

公元656年12月9日，阿里率领12 000人的大军，从库法出发，攻打巴士拉。两军相遇于巴士拉城外。阿里的军队在战斗中获胜，泰勒哈阵亡，祖拜尔在逃亡途中被害，阿伊莎被俘。阿里没有对战败者进行报复，他豪爽地哀悼泰勒哈和祖拜尔，为他们举行了隆重的葬礼。后来，在巴士拉附近的祖拜尔坟墓四周，有一个小小的村落成长起来，那个村落就叫作祖拜尔村。作为"信众之母"的阿伊莎，也受到了与其身份相称的尊严体面的待遇。她退居麦地那，从此不再过问政治，在那里度过了22年优裕的余生，于公元678年去世，享年64岁。她住室的下面，就是穆罕默德、艾布·拜克尔和奥马尔的葬身之地。

这是穆斯林之间的第一场内战，史称骆驼之役。因为"信众之母"阿伊莎在这场战役中一直坐在由装甲保护的驼轿里督战，战斗大部分时间是围绕着这匹骆驼进行的。

穆斯林之间第一次在战阵上的敌对，就这样以阿里的胜利而宣告结束了。但是，这场胜利的代价是沉重的。这一仗使阿里成为第一个领导一部分穆斯林同另一部分穆斯林作战的哈里发。穆罕默德归真不到30年，他宣扬的穆斯林兄弟情谊就被埋葬到政治斗争和争夺哈里发之位的阴谋之中，从此没有人再把它发掘出来。后来，伊斯兰世界发生了许多改朝换代的战争，常常使伊斯兰教的权威受到损害，有时甚至震动了伊斯兰教的根基，而这些战争刚刚开始罢了。

阿里获胜后，定都库法。这意味着哈里发国家的政治中心已经北移，麦地那永远失去了作为帝国国都的地位。其实，领导中心从阿拉伯半岛，特别是从麦地那转移到其他行省，转移到北部肥沃新月地带，从伊斯兰远征时起，就早已开始了。遥远的麦地那已经驾驭不了幅员辽阔的庞大的哈里发国家，麦地那的政治地位已经变得无足轻重。穆罕默德留在麦地那的朋友，失去了一切政治影响。他们只是在那里继续致力于研究有关穆罕默德的言行传说。穆罕默德的言行是个人和社会生活所依据的楷模，他们根据当时的环境热诚地加以讨论，定为为人处世的准则。

这座曾经一度统治着地中海东部沿岸地区的城市，这时已成为虔诚的伊斯兰世界的学术中心；而比较关心世俗事物的贵族阶级，鉴于自身受到排挤，不再能控制国家，就沉溺于生活享受之中。在麦加，有一个富有的市民，私人修建了第一所游艺室和阅览室，里面备有象棋及其他棋艺用具，还有书籍等，供客人消遣。在麦地那，诗人阿瓦士专写一种爱情诗；波斯人优努斯则吸取了外国曲调，使音乐成为一种更加优美的享受。不过，麦地那人的娱乐消遣并不全是那么高尚风雅的。这座城市不久就以拥有歌喉极好的娇柔歌女而驰名于世了。

表面上，安安稳稳坐上哈里发的宝座以后，阿里在他的新都库法开始建章立制。他撤换了前任哈里发委任的一些总督，要求留任的总督宣誓效忠。但叙利亚总督——已故哈里发奥斯曼的堂弟穆阿维叶，拒不承认阿里，拒不让位给阿里任命的新总督。他以复仇者的身份出现，要求弄清奥斯曼遇害的真相。他在大马士革清真寺里展出奥斯曼遇刺时穿的衣服及其夫人纳伊莱的手指，声称那些手指是纳伊莱企图保护奥斯曼而被砍掉的。他竭力煽动支持他的穆斯林的复仇情绪，他逼迫阿里交出凶手；否则，阿里就是谋害奥斯曼的同谋犯，从而丧失继任哈里发的资格。

穆阿维叶打着复仇的旗帜，实则是要依仗势力夺取哈里发之位，只是他还不敢明确提出来罢了。这个问题不仅是一个私人问题，而且是一个超出个人，甚至超出家族事务的问题。实际上，这是倭马亚家族与哈希姆家族的旧的纷争在新形势下的复活，是最高权力归属的问题：在伊斯兰教事务中，应当掌握最高权力的，究竟是哈希姆家族，还是倭马亚家族；究竟是库法，还是大马士革；究竟是伊拉克，还是叙利亚。

阿里决定采取军事行动。公元 657 年 5 月，阿里统率由 5 万名伊拉克人组成的军队，与穆阿维叶统率的叙利亚人军队在幼发拉底河右岸的绥芬平原相遇。所谓的绥芬平原，位于幼发拉底河东岸，地处腊卡和巴里斯之间，在那条狭窄的沼泽地带上，到处都是池塘，密布着柳树和白杨，树林之中只有一条石子路通往幼发拉底河。双方相持数周，经过一系列小规模的冲突之后，于 7 月 26 日展开决战。

阿里的军队由马立克·乌斯塔指挥，穆阿维叶的军队由阿慕尔指挥。阿里的军队在战斗中占优势，把敌人逼得走投无路，穆阿维叶已经在盘算怎么逃走了。

就在这一关键时刻，狡猾的阿慕尔向穆阿维叶献计，提出以公断和平解决争端。不能说阿里对这一诡计毫无察觉，但在主和派的怂恿下，率直的阿里眼看胜利在望却接受了穆阿维叶的建议，希望用调停的方式来解决争端，以免穆斯林流血牺牲。

就这样，穆斯林之间的战斗在战役进行当中戏剧性地停止了。接下来上演的是所谓公断的滑稽剧。

交战双方同意各派一名代表进行商谈，仲裁解决。阿里在部下的催促下，选派艾布·穆萨·艾什耳里为代表。此人系中间派人物，是一个受人尊敬但软弱无力的老人。他虽以公正者面目出现，但对阿里并不十分友好。穆阿维叶则选派忠于自己的阿慕尔为代表。此人诡计多端,是个谈判能手。仲裁会议在艾兹鲁哈召开。这个地方位于麦地那通往大马士革的商道旁,处在马安和皮特拉之间的中间地带。除了两位全权代表外,与会者还各自带领400名见证人。

关于绥芬平原之战的画作

接受调解原则，进行所谓"裁判"，对阿里来说，是一个灾难性错误。谈判使哈里发阿里与一个总督处于同等的地位。一方面，谈判提高了穆阿维叶的身份。此后，穆阿维叶的军队就对穆阿维叶以哈里发相称了。另一方面，谈判贬低了阿里的身份，把阿里置于篡权者的地位。更为严重的是，这一行动导致了阿里集团的分裂。在阿里的军队中，以泰米姆部落为主的主战派，强烈谴责阿里，不该把哈里发问题交付仲裁，仲裁权仅属于真主。他们带领12 000人，离开阿里的军营，撤到库法北部的哈罗兰村，另行组织起来，另树旗帜，称为"哈瓦利吉派"，意思是"出走者""分离派"，亦称"哈罗兰派"或"军事民主派"。

这一派大多是在斗争中持不妥协态度的下层人物。他们是穆斯林平等思想的捍卫者和氏族贵族的激烈反对者，提倡原始的民主和平等，主张在普通士兵中平均分配土地和战利品，反映了广大人民群众的利益和要求。阿里一开始就力图挽留他们，但未成功。这一派成为阿里的老对头。他们推选出阿卜杜拉·本·瓦海布·拉西比为哈里发。此人原为一名普通战士，据说除笃信伊斯兰教和勤勉外，没有什么出众的地方。哈瓦利吉派最初仅是一个政治派别，后来发展为一个政治宗教派别。

哈瓦利吉派组织起来，举行暴动。阿里腹背受敌，处于十分困难的境地。公元658年7月17日，在泰西封附近的纳赫拉万的决战中，阿里的军队战败了哈瓦利吉派。这样一来，那些十分虔诚的哈瓦利吉派穆斯林就更痛恨阿里。他们当中的许多人分散到伊拉克和波斯各地，传播他们的学说，并以各种名义重新武装起来，成为哈里发政权腰上的一根刺。在此后的历史时期中，哈瓦利吉派曾多次起来反对哈里发的专制统治。当阿里忙于平定哈瓦利吉派叛乱时,穆阿维叶趁机于公元658年7月派兵征服埃及,阿里任命的新总督前往埃及迎战,但败下阵来。穆阿维叶遂任命阿慕尔为埃及总督,并将征服其余地区的任务交给了他。

公元661年1月24日清晨,阿里在库法前往清真寺做礼拜的途中,被哈瓦利吉派的一个狂热分子用毒剑行刺。至此,穆罕默德归真29年后,四任哈里发——这些虔信者的统治宣告结束。"哈里发国家"这个词成为阿拉伯帝国的代名词。①

后来,阿里的陵墓成为伊斯兰教什叶派的圣地之一,每年到那里朝拜的人,川流不息。对什叶派来说,那里和麦加一样值得崇敬。

---

① 王怀德,郭宝华.伊斯兰教史[M].银川:宁夏人民出版社,1992:56.

中 篇
崛起与兴盛

阿拉伯帝国崛起于倭马亚王朝时期，兴盛于阿拔斯王朝前期。

倭马亚王朝统治时期，民主选举制度下的哈里发国演化为世袭君主国——人们通常所说的阿拉伯帝国。阿拉伯帝国的重心转移到阿拉伯半岛以北的叙利亚。倭马亚王朝重整旗鼓，东征西战，南攻北伐，以摧枯拉朽之势，吞并西亚，席卷埃及，横扫北非，征服伊比利亚半岛，进兵锡尔河，饮马印度河，建立起一个以叙利亚为中心，西起伊比利亚半岛和大西洋东岸，东至印度河和中国西部边境，北起中亚，南至撒哈拉沙漠，地跨亚非欧三大洲的庞大帝国。倭马亚家族开创了王朝世袭制，建立了以阿拉伯人为主体的世俗政权，实行了帝国统治机构的阿拉伯化，奠定了阿拉伯-伊斯兰文化的基础。倭马亚王朝的统治，标志着阿拉伯帝国的崛起。

阿拔斯王朝统治前期，阿拉伯帝国的重心由叙利亚转向伊拉克。伊斯兰文明史上纯粹阿拉伯人统治的时代结束了，取而代之的是各民族相互融合，相互交往，共同进步。阿拔斯家族采取远交近攻策略，扩大和巩固了阿拉伯帝国的版图。阿拔斯王朝统治前期，阿拉伯帝国政治上稳定昌明，国泰民安；经济上繁荣富庶，丰衣足食；社会生活丰富多彩，琳琅满目；文化上更是辉煌灿烂，光彩夺目。这一时期，阿拉伯帝国人才辈出，群星璀璨；巨著珠联，繁花似锦；学术巨擘，更仆难数；文化典籍，汗牛充栋。这一时期，阿拉伯人不仅翻译并保存了东西方古典文化，而且把东西方文化冶为一炉，创造了具有自身特色的举世闻名的阿拉伯-伊斯兰文化，对人类文明和世界文化史做出了不朽贡献。阿拔斯王朝统治前期是阿拉伯帝国的鼎盛时期。

第三章
倭马亚王朝

一、穆阿维叶的统治

公元 661 年,穆阿维叶在耶路撒冷登上哈里发的宝座,一改民主选举的传统,将哈里发国变为世袭君主国,建立倭马亚王朝。倭马亚王朝旗帜尚白,中国史书称之为白衣大食。穆阿维叶长期担任叙利亚总督,叙利亚便成为阿拉伯帝国的重心,阿拉伯人称为"人间天堂"的大马士革,被定为首都。

倭马亚王朝是阿拉伯帝国的第一个王朝,续存时间为公元 661 年至公元 750 年,历经 14 代哈里发。倭马亚王朝的前三代哈里发之位掌握在穆阿维叶及其子孙手中。自公元 683 年起,哈里发政权落到了马尔万及其后裔手中。

总的来说,同其他统治家族相比,倭马亚家族里出了一些颇有才智而又精明能干的哈里发。但后世伊斯兰历史学家把倭马亚诸君主说成耽于骑马、嗜酒纵欢、爱好奢侈、汲汲于名利的哈里发之位篡夺者。其实,倭马亚家族将这个伊斯兰国家组织成一支由中央集权领导的力量,而这支力量把伊斯兰旗帜再度带到了远方。他们是积极肯干的现实主义者。为了应付当时的局势,他们不能一直遵循那些由麦地那的神学家和法学家制定的施政方针和法律原则。

穆阿维叶登基之初，只统治着位于阿拉伯帝国西部的半壁江山，包括他自己经营多年的大本营叙利亚和他的股肱之臣阿慕尔从阿里派手中夺得的埃及。东部的伊拉克拒不承认他的权威，而是推举阿里的长子哈桑为新任哈里发，称伊玛目二世，定都库法，并得到了麦地那人、麦加人和波斯人的承认。穆阿维叶采取怀柔政策，兵不血刃地获得了位于阿拉伯帝国东部的半壁江山。

穆阿维叶统一阿拉伯帝国之后，把统治桀骜不驯的伊拉克人这一艰巨任务，交给了库法总督穆基赖·伊本·舒耳白和巴士拉总督齐亚德·伊本·艾比。这二人与穆阿维叶和阿慕尔一起被称为阿拉伯穆斯

穆阿维叶坐像

林的四大天才政治家。

库法总督是一个肆无忌惮的野心家，年轻时因一桩普通的人命案而不得不离开故乡塔伊夫，投奔穆罕默德。在阿拉伯帝国和波斯的几次战争中，他因通晓波斯文而办理了一些对外交涉事务。奥马尔论功行赏，让他做巴林总督，后来又把他调任巴士拉总督这个更为重要的职位。公元638年，他因故被免职，但是内战爆发后他表现出一种谨慎的保留态度，因而又被起用。出任库法总督期间，他采取一种狡猾的策略，唆使哈瓦利吉派和什叶派反目，使他治下的臣民不公开反抗叙利亚人。

巴士拉总督齐亚德也是塔伊夫人，但出身微贱，只知其母，不知其父。他母亲是一个女奴。他在巴士拉军队里当过文书，阿里曾派他驻守波斯。他在那个行省并未使用暴力，仅凭个人行事有方就赢得了当地居民的拥护。穆阿维叶登基后，请他到大马士革，把他认作自己父亲的私生子，然后派他到巴士拉做总督。齐亚德对这个什叶派的中心施用了无情的高压手段。在巴士拉上任伊始，他就在教坛上发表即席演说。这篇演说在阿拉伯文学里非常有名。他宣布采取最严厉的措施，以制止他治下的百姓中间一直普遍存在的那种无法无天的风气。他以顽强的魄力把这个政权原先因部族纠纷而完全破坏的威信重新树立起来。这个行省，甚至一直到深入沙漠中心的地方，不久就出现了一种前所未有的太平景象。公元670年，穆基赖亡殁，齐亚德又将库法总督的职位接过来。这个职位使他变成了阿拉伯帝国东部地区（包括阿拉伯半岛和波斯在内）的独裁者。他有4000多名身强力壮、训练有素的扈从。他们既是侦探又是警察。他利用这些人进行残暴统治，凡是敢于对阿里的后裔表示好感或者辱骂穆阿维叶的人，都被跟踪缉拿。

穆阿维叶不仅把阿拉伯帝国统一起来，而且重整旗鼓，对外扩张征服，扩大了阿拉伯帝国的版图。此外，他废除了政府的许多传统的特点，仿效拜占庭帝国，建设了一个组织良好的稳固政府。历史学家认为，他是阿拉伯帝国第一位设立注册局的君主，也是第一位关心邮政事务的君主。他使军事机构摆脱了古代的部族组织，创建了伊斯兰战争史上最早的正规军。他执政时期，穆斯林军队已不再是穆罕默德时代那种组织松散的民兵，也不再是四大哈里发时代那种分散的部落队伍的集合体——那时他们是以对伊斯兰教的热情、信仰、热爱，以及对真主的代理人穆罕默德的服从结合起来的。穆阿维叶以更系统的方式组织他的军队。他的士兵来自阿拉伯半岛及北部各地。他们之中，有也门人，也有叙利亚人，不再是纯阿拉伯人组成的军队。因此，穆阿维叶不仅成为一个王朝的开创者，而且继奥马尔之后成为阿拉伯帝国的第二个奠基者。①

穆阿维叶卓有成效地执政了19年，于公元680年逝世。就在逝世的前一年，他提名他的儿子叶齐德做他的继承者，而且从各行省招来了许多代表团，要求他们到首都举行宣誓忠顺的典礼。穆阿维叶就这样制定了哈里发世袭制。后来，阿拉伯帝国的哈里发，包括阿拔斯王朝哈里发，都沿袭了这一制度。依照这个先例，在位哈里发可以从他的儿子或亲属中选择一个最能胜任的人，宣布他是哈里发的继承者；而且，先在首都，然后在阿拉伯帝国的各大城市，强迫人们预先宣誓忠顺于这个继承者。

---

① 希提.阿拉伯通史：上册［M］.马坚，译.2版.北京：商务印书馆，1990：224.

有些伊斯兰史学家认为，穆阿维叶使伊斯兰世界庸俗化，破坏了伊斯兰世界的民主传统，改哈里发国家为帝国。

然而，很少有人否认，穆阿维叶拥有君主的美德，是一位能干的统治者和优秀的管理者。实际上，倭马亚王朝的奠基人穆阿维叶，是一位深谋远虑、精明强干而又讲求实效的政治家，是一位老练的外交家和谋略大师。

穆阿维叶在维护皇室安全和扩大版图方面，主要依靠叙利亚人和叙利亚裔阿拉伯人。这些人大多皈依了伊斯兰教，只有少数人仍然信奉基督教。穆阿维叶有许多妻子，其中最得宠的是来自凯勒卜部落的梅荪。梅荪是一位基督徒。梅荪蔑视大马士革的官廷生活，怀念沙漠里的自由。据说，她写过许多诗句，表达了贝都因人转入都市生活后所经历的思乡情绪。她常常带着她的儿子叶齐德到叙利亚的沙漠里。那里是她娘家的部族游牧的地方，年轻的皇储在那里练习骑射、狩猎、饮酒、赋诗等。从那时起，这个地方变成了倭马亚王朝的皇储的学校，他们在那里可以学习到不掺杂阿拉米语汇的纯粹阿拉伯语，又可以逃避城市里经常暴发的瘟疫。后世哈里发继承了这个传统，他们在叙利亚的沙漠边缘建造了乡村别墅。

穆阿维叶对阿拉伯人的统治，并不像东方的专制君主那样，而是和古代部落首领一样。星期五在清真寺里举行聚礼的时候，他把讲坛当作行政长官席位来加以利用，时常同贵族领袖商讨政治措施。他也经常在宫廷里向贵族领袖请教。他还时常接见来自各行省的代表团，以便听取他们的疾苦，调停部落之间的纠纷。这种作风被认为部落首领的一种主要美德。

穆阿维叶政治手腕运用得十分灵活，这恐怕比任何哈里发都高明得多。有阿拉伯传记作家认为,他的最高美德是容忍,因为有了这种美德,在绝对需要诉诸武力的时候,他才动武;在其他一切情况下,他总是力图运用和平的方法解决问题。他的态度是慎重温和的,敌人往往因而解除武装,不好意思反对他。他能绝对克制自己,而不轻易发怒。因此,在一切情况之下,他都是优胜者。相传,他曾这样声明过:用鞭子就可以的地方,他不用宝剑;用舌头就可以的地方,他不用鞭子。在他和同胞之间,即使只有一根头发联系着,他也不让它断了;他们拉得紧,他就放松些;他们放松了,他就拉紧些。希提认为:他不仅是阿拉伯帝国的第一任君主,而且是最好的阿拉伯帝国君主。①

二、内战硝烟再起

公元 680 年 4 月 18 日,穆阿维叶去世,他的儿子叶齐德继承哈里发之位,史称叶齐德一世。叶齐德无疑是一个有才能而精明的统治者,但他也是个有名的享乐主义者。据说,他喜爱喝酒,结交了一些放荡的朋友,是个不虔敬的人,还曾以诗歌讥笑圣物。叶齐德登基伊始,伊拉克和汉志的事态发展,就使他遇到了巨大麻烦,哈里发宝座面临严峻挑战,内战硝烟再起。

内战硝烟首先起自桀骜不驯的伊拉克。穆阿维叶临终前任命叶齐德为他的继承人,要求贵族总督和族长拥戴其子为哈里发。这是对正

---

① 希提.阿拉伯通史:上册[M].马坚,译.2版.北京:商务印书馆,1990:228.

常惯例的背离,不能称为民众的选择,激起了各地穆斯林的愤恨。叶齐德继位后,伊拉克人群起反抗,他们拥戴阿里的次子侯赛因为哈里发。侯赛因在穆阿维叶执政时期一直在麦地那过着隐居生活。叶齐德继位后,侯赛因来到麦加,与祖拜尔的儿子阿卜杜拉一起,反对叶齐德登基。这时,伊拉克人再三恳求侯赛因,请他去库法继位,并继承他父亲的遗产。侯赛因派他的堂弟穆斯林·伊本·阿奎尔先行去库法查看情况,并替他进行活动。他的堂弟不幸被伊拉克总督欧贝杜拉俘虏并处以极刑。欧贝杜拉是穆阿维叶的异母兄弟齐亚德的儿子。齐亚德任伊拉克总督期间,以手段残忍闻名;而他的继任者欧贝杜拉有过之无不及,更加残酷无情。

公正的历史学家认为,侯赛因从事这项无望的事业是不明智的,因为在满脑子充塞着帝王思想的倭马亚家族看来,他的行动无异于一场叛乱。况且,倭马亚王朝的统治已经稳固,靠少数人是不可能推翻的。但侯赛因另有所见,他认为身为阿里的儿子和穆罕默德的外孙,他不能拒绝民众的召唤,这是他应尽的义务。公元680年10月,侯赛因带领由其亲属和追随者组成的百余人警卫队,动身前往库法。欧贝杜拉在麦加到库法的道路上,沿途放哨,监视侯赛因的行动。有个名叫胡尔的人率领一支巡逻队,与侯赛因一行遭遇,但他为侯赛因的威武庄重所打动,转而加入了侯赛因的行列。他曾劝侯赛因不要继续前进,并说出了侯赛因堂弟的悲惨遭遇。但侯赛因不为所动,毅然继续前行。

公元680年10月10日,欧贝杜拉的最高统帅奥马尔,受命率4000人的部队赶到。奥马尔是穆罕默德的圣门弟子、波斯的征服者——名将赛尔德的儿子。奥马尔在库法西北部一个名叫卡尔巴拉的地方，包围了侯赛因和他那支微不足道的百余人队伍。他留给侯赛因的唯一出路是：无条件投降并承认叶齐德为合法的哈里发。对欧贝杜拉，这是一个政治问题；对奥马尔，这是一项军事任务；而对侯赛因，这是一项举足轻重的道德问题。侯赛因拒绝投降。

最后，经过两个小时的激战，侯赛因的队伍全部倒在血泊之中。侯赛因战斗到最后一刻，全身负伤，被刺下骆驼，不幸身亡。

倭马亚王朝发生的最恶劣的事，莫过于侯赛因悲惨阵亡。侯赛因阵亡给什叶派的内心深处留下了十分严重的创伤，使他们沉浸在深深的悲痛之中。"为殉教者侯赛因报仇"成为什叶派重整旗鼓的口号，成为什叶派号召民众起来推翻倭马亚王朝的动员令。侯赛因阵亡也造

关于卡尔巴拉之战的画作

成了伊斯兰教的严重分裂,什叶派发展为与逊尼派誓不两立的一大宗教派别和政治派别,即是从侯赛因阵亡开始的。此后,在什叶派教义中,承认伊玛目必须由阿里后裔担任这一教条,就变得和伊斯兰教教义中承认穆罕默德是先知这一教条同等重要了。①

侯赛因被什叶派看作最受崇敬的殉教圣徒,他的墓地所在地卡尔巴拉成为什叶派的圣地,伊斯兰教教历1月10日被定为哀悼日,即阿舒拉日。阿舒拉日是什叶派最重大的节日之一。节日期间,什叶派穆斯林沉痛悼念殉教的伊玛目侯赛因。

侯赛因阵亡后,叶齐德与觊觎哈里发之位的阿卜杜拉展开斗争。阿卜杜拉是祖拜尔的儿子。祖拜尔系圣门弟子,曾与阿里争夺哈里发之位,后在骆驼之役中阵亡。阿卜杜拉是他与艾布·拜克尔的女儿阿斯玛缔结的临时婚姻所生。侯赛因阵亡后,阿卜杜拉在麦加自立为哈里发,很快就得到整个汉志地区的支持。叶齐德派遣一支由1.2万名叙利亚人组成的大军,前去讨伐他。

这支军队由一只眼睛失明的穆斯林·伊本·欧格白统率。但穆斯林·伊本·欧格白年老多病,一路上不得不乘驼轿而行。讨伐大军在麦地那东面的熔岩平原安营扎寨。公元683年8月26日,阿卜杜拉率军迎战,遭到惨败。据传说,毫无纪律、爱好劫掠的叙利亚军队在三日内洗劫了先知之城麦地那。阿卜杜拉撤退到麦加,欧格白跟踪追击,病殁于途中。侯赛因·伊本·努马耶继任总指挥,对麦加发起猛烈进攻。阿卜杜拉躲进神圣不可侵犯的麦加大清真寺克尔白避难,以为可以在这里求得庇护。但是,倭马亚王朝哈里发的军队毫无顾忌地

---

① 希提.阿拉伯通史:上册[M].马坚,译.2版.北京:商务印书馆,1990:220.

向麦加大清真寺克尔白发射雨点般的弩炮。克尔白遭受袭击起火，直烧到墙脚，倒塌于地，麦加大清真寺被毁，黑石在大火中裂成三块，克尔白被烧毁了。就在这时，传来了叶齐德阵亡的消息，侯赛因·伊本·努马耶担心叙利亚发生内乱，于公元683年11月27日停止作战，解除围攻，率军返回大马士革。

伊斯兰世界的第二次内战，正如阿里和穆阿维叶之间爆发的第一次内战一样，完全是争夺宝座的战争，这次内战至此暂时停止下来。

叶齐德卒于公元683年11月11日。据传说，他特别热衷于寻欢作乐。的确，叶齐德在位期间，曾经沉溺于音乐、美酒、娱乐之中，不甚留意国家大事，也终止了对拜占庭人的战争。但短暂的统治期间，他也在财政管理方面着手进行过改革，而且改革也不是毫无成效；他还注意到大马士革周围的绿洲的水利灌溉问题。他的儿子穆阿维叶二世体弱多病，继位仅三个月就在一场瘟疫中病殁，而且没有子嗣继位，哈里发政权便落到倭马亚族族长马尔万手中。

马尔万是奥斯曼的堂弟，曾任奥斯曼的总书记，在保卫奥斯曼之战和骆驼之战中身受重伤。这时，他已年逾古稀，执政也不过两年。他执政时期以这样的事实引人注目：他建立了自家世系的倭马亚王朝——马尔万朝，开始了马尔万系的统治。他的后代一直执政到倭马亚王朝崩溃前夕。因此，倭马亚王朝的历史实际上大部分是马尔万朝的历史。马尔万的重大举动是，征讨阿卜杜拉任命的大马士革临时摄政达哈克。

倭马亚军队从阿拉伯半岛撤出后，阿卜杜拉不仅在他的大本营所在地——汉志自封哈里发，而且在阿拉伯半岛南部、伊拉克和叙利亚部分地区自封哈里发。他任命他的弟弟穆斯阿卜为伊拉克总督,任命达哈克为大马士革临时摄政。

达哈克是移居叙利亚的北部阿拉伯盖斯部落的领袖,这个部族是拥护阿卜杜拉的。阿拉伯半岛南部的凯勒卜部落是拥护马尔万的。凯勒卜人是叙利亚的阿拉伯人,在伊斯兰教纪元前就已定居在叙利亚,大半是基督徒。叶齐德的舅舅哈桑·白海达勒时任外约旦总督,拥护马尔万。

公元684年7月,在大马士革北面的马兹拉希特平原,马尔万和哈桑率领的凯勒卜人,与达哈克率领的盖斯人,展开了决战,结果盖斯人被击溃,达哈克阵亡。马尔万于公元684年8月在大马士革接受了拥戴宣誓,遂成为全叙利亚的主人。后来,他又镇压了伊拉克的起义,成为伊拉克的统治者,他还趁埃及不备,突然率军占领了埃及。公元685年5月7日,年迈体弱的马尔万在一场瘟疫中病故,他的儿子阿卜杜勒·马立克继位。

马立克在穆斯林历史上以"列王之父"著称。因为在他身后,他的4个儿子均成为哈里发。他们当政期间,阿拉伯帝国达到了顶峰。然而,马立克执政前10年,处境相当困难,有三个反对派的代表人物同他争夺哈里发之位,他们是阿里派、哈瓦利吉派和祖拜尔之子阿卜杜拉。但是,马立克是一位强有力的人物,他重整力量,很快恢复了倭马亚家族的权力。

马立克首先对付伊拉克。在伊拉克,阿里派的分支凯桑派和哈瓦利吉派在骚动。凯桑派尊奉阿里之子穆罕默德·本·哈乃菲亚(阿里之妻郝拉所生)自立伊玛目。凯桑派首领穆赫塔尔是一个孤儿,最初在麦加投奔了阿卜杜拉,三年后以伊玛目使者的身份来到伊拉克,在库法传道,宣称"马赫迪"(意为"蒙受真主引导的人")即将出现,消除大地上一切不平的现象,使世界充满正义,得到整个伊拉克及东部各行省的支持。这些地方被征服的人民热烈地投入他的旗帜之下,他把统率他们的军权授予易卜拉欣·马立克·艾什泰尔。艾什泰尔是阿里手下的一个名将之子。穆赫塔尔派艾什泰尔率兵进攻继位不久的马立克。艾什泰尔在哈吉尔击败了欧贝杜拉率领的叙利亚军队,欧贝杜拉阵亡。这是穆赫塔尔的一次重大胜利。穆赫塔尔为庆祝这一胜利,举行了一场奇异的仪式:把一个空宝座当作神位而加以膜拜。

公元687年4月4日,穆赫塔尔被伊拉克总督阿卜杜拉的弟弟穆斯阿卜在库法要塞中残害。公元691年,马立克亲自率领一支军队,到达伊拉克。穆斯阿卜进兵到巴格达以北的底格里斯河西岸去迎击马立克,最后于10月阵亡。

接下来,马立克派遣铁腕人物哈查只率军攻打阿卜杜拉的大本营麦加。哈查只原来是塔伊夫一所学校的校长,后来投笔从戎,支持摇摇欲坠的倭马亚王朝。他一旦成为军人,即在军事战斗方面表现出惊人的毅力、决心,乃至残忍,他的名字竟然成为倭马亚王朝所有反对派的一种恐惧。自公元692年3月25日起,哈查只包围了麦加城,连续围困6个半月。他完全没有把这座城市的神圣不可侵犯的地位放在眼里,而是下令用弩炮射击麦加城,飞石雨点般落在麦加大清真寺附近。

阿卜杜拉的母亲阿斯玛,是艾布·拜克尔的女儿,也是阿伊莎的姐姐。她是一位受人敬重的老妇人,身体虽然老弱,内心却充满早年伊斯兰英雄的火焰和气质。她鼓励她的儿子英勇奋战。阿卜杜拉受到母亲的感召,英勇作战,顽强抵抗。但他的果敢英勇无济于事。最后，阿卜杜拉阵亡，他的头颅被割下来，送往大马士革，他的无头尸体被悬挂在麦加城头，其他人也遭到了同样可怖的下场。

阿卜杜拉阵亡后，古老信念的最后一个拥护者随之而消亡。奥斯曼遇刺的仇终于完全报了，即使不是穆斯林·伊本·欧格白报的，也是哈查只报的。辅士的力量完全崩溃了。之后，有些辅士离开了麦加和麦地那，到北非、西班牙和其他战场参加军事行动了。从此以后，阿拉伯半岛的历史，大部分是关于外部世界对这座半岛的作用，小部分是关于这座半岛对外部世界的作用。这座半岛上的政治势力的精力已经在内讧中耗尽了。

哈查只打败僭称哈里发9年之久的阿卜杜拉后，被任命为阿拉比亚（相当于阿拉伯本土阿拉伯半岛）总督。他用了两年时间平定汉志、也门和东面的叶麻麦，使阿拉伯半岛重新恢复了统一和秩序，把它重新置于倭马亚王朝的统治之下。他的成功是全面的，因为他不仅击败了他的敌人，而且摧毁了他们的意志。

公元694年12月，马立克召见哈查只，调任他为伊拉克总督。伊拉克是风暴中心，动荡不安。

不久，他血洗了库法城及其邻近地区，对所有反对者进行了长期屠害。实际上，没有一个头颅是倭马亚王朝这位残酷的总督所不能打破的，没有一根脖子是他所抓不住的。甚至年高德勋、学识渊博的圣门弟子兼圣训学家艾奈斯·伊本·马立克，也不得不在同情叛乱者的罪名下，带上一个盖着总督印信的项圈。

据说，有12万人曾被这位伊拉克总督屠害。几乎所有阿拉伯史学家，无论什叶派的，还是逊尼派的，都把他描写成一个暴君。此外，他贪婪邪恶，也是那些历史学家喜爱的话题。

哈查只用暴力恢复了包括伊拉克和波斯的广大地区在内的总督辖区的秩序。在底格里斯河右岸，在两大中心城市——巴士拉和库法之间，新建了首府瓦西特（"居间"的意思），哈查只统率的叙利亚卫戍队就以这个新首府控制着所有这些领土。哈查只对叙利亚军队的自信，对倭马亚王朝的忠贞，都是无止境的。

倭马亚王朝建立以来，阿拉伯人之间的内战至此告一段落。这场内战实质上是倭马亚家族和哈希姆家族争夺哈里发之位的斗争，是四大哈里发时期祖拜尔和奥斯曼争夺统治权，穆阿维叶和阿里争夺统治权的继续。甚至可以说，这是伊斯兰教初创时期，艾布·素福扬和穆罕默德争夺领导权的继续。

三、进军君士坦丁堡

始于四大哈里发时期的伊斯兰远征，在阿里统治时期一度停顿。倭马亚王朝又重整旗鼓，大举扩张征服，使阿拉伯帝国的版图达到了最大规模。正如希提所说：奥马尔和奥斯曼在位期间征服了叙利亚、伊拉克、波斯和埃及，这就结束了伊斯兰远征的第一时期，现在第二时期在阿卜杜勒·马立克和韦立德的时代开始了。[①] 其实，倭马亚王朝的进一步征服，在穆阿维叶时代就已经开始了。

距离倭马亚王朝最近的最大敌对强国是拜占庭帝国，可供穆斯林劫掠的最富裕的邻近地区是小亚细亚。倭马亚王朝的开创者穆阿维

---

① 希提.阿拉伯通史：上册[M].马坚，译.2版.北京：商务印书馆，1990：238.

叶是个野心勃勃的人，他早就怀有建立一个横跨亚非欧三大洲的阿拉伯-伊斯兰帝国的计划。他着手创建阿拉伯海军，以拜占庭沿海城市为首要进攻目标，并从海陆两路侵入拜占庭的领土。

穆阿维叶在袭击拜占庭方面所表现的热心和坚决，是后来的任何继承者都望尘莫及的。他担任叙利亚总督期间，曾从叙利亚北部逐出了拜占庭军队，曾两次击败拜占庭舰队，并曾占领塞浦路斯岛。他每年夏天通过山间隘路进袭小亚细亚。阿拉伯人进军的这些山间隘路，变成了一个中间地带：这个地区的堡垒曾在战争期间多次易主。在倭马亚王朝和后来的阿拔斯王朝，这个地区的每一尺土地几乎都是屡经苦战被夺过来的。亚洲其他任何地方所流的血，恐怕都没有这个地区多。

倭马亚王朝向拜占庭发动了大规模攻势，曾三次兵临拜占庭帝国首都君士坦丁堡三重巍峨的城墙前。前两次是在穆阿维叶执政时期，第三次是在倭马亚王朝第七代哈里发苏莱曼一世统治时期。

第一次进攻发生于公元668至公元669年。公元668年，穆阿维叶派遣穆斯林将军法达莱，率军从陆上进攻拜占庭帝国。法达莱在同君士坦丁堡隔着博斯普鲁斯海峡相望的卡尔西顿过冬。公元669年，穆阿维叶派遣皇储叶齐德率领一支舰队支援法达莱的陆地战役，进攻君士坦丁堡。叶齐德出征，也是对敌对教派的答复，他们对穆阿维叶指定叶齐德为哈里发继承人的计划可能是侧目而视的。叶齐德和法达莱于公元669年春季开始围攻君士坦丁堡，一直围攻到夏季。这座都城的城墙实在太坚固了，他们最终未能攻破。

在这场战役中，有一个传奇式英雄——艾布·阿尤布·安萨里。他是一名辅士，曾当过穆罕默德的旗手，德高望重。他同兵士一道作战,以鼓舞士气。围城期间,艾布·阿尤布·安萨里病故,葬在君士坦丁堡城下。他的传奇式坟墓不久便成为一座圣墓,甚至连拜占庭人遇到天旱的时候,也到那里祈雨。据传说,1453年,土耳其人围攻君士坦丁堡的时候,那座坟墓发出光芒,神奇地被发现了,他们就在那片坟地上建造了一座清真寺。这位来自麦地那的英雄人物,也就成为三个民族共同敬仰的圣徒了。

第二次进攻君士坦丁堡,是在公元674年至公元680年。这次战争主要是在君士坦丁堡附近的海面上进行的,是在双方的舰队之间展开的。阿拉伯人占领了马尔马拉海南岸的塞西卡斯的一个海军根据地。这个根据地被当作冬季的总司令部,每年春季重新开始的军事行动,都是在这个基地布置和指挥的。阿拉伯人还短暂占领了希腊的罗德岛和克里特岛。早在四大哈里发时期,阿拉伯人就劫掠过罗德岛,岛上著名的巨人像的残余,被当作废铁卖给了一个商人,这个商人用了900匹骆驼才全部运走。这座岛后来又成为来自西班牙的阿拉伯冒险家的进攻对象。

据说,希腊火的应用,是君士坦丁堡得救的原因。希腊火是一种石油、硝石、硫黄和各种树脂混合制成的具有高度可燃性的液体,能在水面上燃烧。这种火是从大马士革逃到拜占庭的一个难民发明的,他的名字叫加利尼科斯。这种火能对舰船造成灾难性攻击效果。拜占庭人是最早在战争中应用希腊火的人,而且他们经常使用这种火。由于希腊火的应用,阿拉伯人连续7年进攻君士坦丁堡,最终依然没有得手。

穆阿维叶去世后,阿拉伯舰队撤出了博斯普鲁斯海峡和爱琴海,暂时停止了对拜占庭的进攻。但阿拉伯人每年夏季对小亚细亚的骚扰从未停止。随着倭马亚王朝国力的增强，哈里发苏莱曼一世又组织了对君士坦丁堡的第三次，也是最后一次重大围攻。这次著名的围攻是阿拉伯人屡次围攻中最具威胁性的一次。围城大军由哈里发苏莱曼一世的弟弟麦斯莱麦指挥，配备着石油精和攻城用的特别炮队，并得到了海陆两方面的支援，占领了博斯普鲁斯海峡两岸，将君士坦丁堡紧紧围困了14个月。

在这次围攻中，麦斯莱麦的警卫队长阿卜杜拉·白塔勒声名鹊起，他获得了"伊斯兰英雄"的称号。他在后来的一次进军中阵亡。在后世的传说中，白塔勒变成了土耳其的民族英雄之一。他的墓地上曾建造过一座白克塔什派的修道院和一座清真寺。直到现在，位于埃斯基谢希尔的这座坟墓，还是一个著名的古迹。有一座基督教教堂里供奉着白塔勒的雕像。

这次围攻最终归于失败，原因之一是拜占庭新任皇帝利奥三世的卓越防御能力。利奥三世原来是一个拥有叙利亚血统的普通士兵，家乡是马什拉（今土耳其卡赫拉曼马什拉），精通阿拉伯语和希腊语。他行伍出身，最终成为拜占庭皇帝。他巧施妙计，用铁链子封锁金角湾，不让敌人的船只通过，然后使用闻名遐迩的希腊火，再加上保加利亚人的进攻，使入侵者遭受重大损失。此外，饥荒、鼠疫和严冬也是挫败阿拉伯围攻者的重要因素。就在这时，哈里发苏莱曼一世去世，新继位的哈里发奥马尔二世命令麦斯莱麦撤退。在撤退途中，麦斯莱麦遭遇了一场暴风雨，几乎全军覆没。如果相关记载可靠的话，阿拉伯舰队的1800艘战舰只有5艘平安回到叙利亚港口。阿拉伯人的舰队就这样毁灭了。

正如希拉克略拯救了基督教世界，使之免遭信奉祆教的波斯人的侵入；利奥三世拯救了欧洲，使之免遭阿拉伯穆斯林的侵入。这两个拜占庭皇帝，前者是亚美尼亚人，成为希拉克略王朝的奠基人；后者是伊苏里亚人，成为伊苏里亚王朝的奠基人。从此以后，阿拉伯的军队只有一次出现在君士坦丁堡的视线以内。那是公元782年，哈里发马赫迪的儿子哈伦进驻博斯普鲁斯海峡东岸的于斯屈达尔，拜占庭摄政皇太后伊琳娜被迫乞和，答应每年向哈里发献贡赋。此后700年间，穆斯林军队再也没有到过君士坦丁堡城下。直到1453年，土耳其人高举伊斯兰教的旗帜，夺取了君士坦丁堡，改名为伊斯坦布尔。

麦斯莱麦这次坚决猛烈的远征，和上一次进攻一样失败了。许多史学家推断，麦斯莱麦远征拜占庭失败，对欧洲的命运至关重要，因为它阻止了阿拉伯人横扫欧洲。但马茂德认为，这种说法不公道，原因是自韦立德时期以来，穆斯林从未在其他地方进行过大规模远征，穆斯林在第二次扩张浪潮之后已经精疲力竭，阿拉伯人的征服活动已达到极限，他们未再进攻君士坦丁堡。可是，他们的名字所引起的恐惧犹在，后世历史学家也就把从穆斯林军队手下拯救欧洲的桂冠安到形形色色的人物和事件上。穆斯林进攻法兰克王国①的时候，我们就会体会到这一点。

---

① 法兰克王国，公元481年至公元843年由日耳曼人的分支法兰克人在西欧建立的封建王国，分为墨洛温王朝（481—751）和加洛林王朝（751—843），而加洛林王朝全盛时期又称为查理曼帝国。公元843年，查理曼帝国缔造者——查理大帝的三个孙子根据《凡尔登条约》，把法兰克王国一分为三：西法兰克王国、中法兰克王国和东法兰克王国。西法兰克王国，为现代法国的雏形；中法兰克王国，为现代意大利的雏形；东法兰克王国，为现代德国和奥地利的雏形。随着法兰克王国的分裂，法兰克人的语言也出现明显分化，形成了法语、德语、意大利语和其他西欧国家的民族语言。

四、东征西讨

在东部，穆阿维叶以巴士拉为基地，大举扩张。公元663年至公元671年，阿拉伯帝国完成了对呼罗珊的征服，并越过阿姆河，于公元674年侵入粟特的布哈拉。马立克和韦立德执政时期，依靠哈查只·伊本·优素福，阿拉伯帝国在东部又进行了新的扩张活动。

马立克是一位出色的施政者，一个有思想的人，知人善任。他处事有些生硬，但必要时也能运用策略。他实现了国家的伊斯兰化，扩大了国家版图。作为一国君主，只有极少数穆斯林可以同他相媲美。他去世的时候，他传给儿子韦立德的是一个太平团结的帝国，这个帝国不仅包括整个伊斯兰世界，而且增加了他自己新获得的地区。韦立德证明他是能干父亲的毫无愧色的继承者。这两代哈里发在位时期，所有辉煌的军事成就都集中在两个将领的名义之下：远征东方的哈查只·伊本·优素福，远征西方的穆萨·伊本·努赛尔。这二人不仅平息了内乱，而且通过远征将伊斯兰势力扩张到空前规模。

哈查只采用高压手段稳定伊拉克局势之后，便命令他手下的得力干将深入东部各地，从事扩张征服活动。公元699年至公元700年，哈查只派遣阿卜杜勒·赖哈曼去讨伐阿富汗喀布尔的突厥王尊比勒，因为他拒绝缴纳贡税。这个国王和东部其他国王的臣民几乎全是波斯人，但王室和军队却是突厥人。阿卜杜勒·赖哈曼统率一支装备齐全、号称"孔雀军"的军队，前往喀布尔，大获全胜，迫使喀布尔的突厥王拜倒在他的脚下。

哈查只又推荐他的得力干将古太白·伊本·穆斯林为呼罗珊总督，以木鹿为首府。古太白以哈查只的部属的身份在呼罗珊统率阿拉伯军队。据说，其中有4万人来自巴士拉，有7000人来自库法，还有7000人是顺民。韦立德执政期间，穆斯林军队越过阿姆河，在河外地区建立了永久性据点。古太白于公元705年占领了吐火罗斯坦及其首府巴里黑（今阿富汗巴尔赫）。公元706年至公元709年，他又征服粟特的布哈拉及其周围地区。公元710年至公元712年，他征服粟特的撒马尔罕和西面的花刺子模。公元713年至公元715年，他深入锡尔河沿岸各地，特别是拔汗那。至此，阿拉伯人完全征服了河外地区（地处阿姆河和锡尔河之间，亦称河中地区），并在那里建立了伊斯兰政权。

阿拉伯人能轻而易举征服中亚，因为当时中亚政治上分裂，军事上虚弱，统治者内讧不已。阿拉伯人采取分化瓦解、各个击破的策略，成功利用了这种形势。例如，公元712年，花刺子模的军队就曾帮助阿拉伯人围攻撒马尔罕。另外，当地社会上层人物和阿拉伯人妥协，联合镇压农民的反抗活动，也是阿拉伯人取得胜利的主要原因。阿拉伯人进兵中亚时，大肆破坏掳掠，古太白从中亚掠走成千上万的居民，把他们变成奴隶。与此同时，为了巩固对新占领地区的统治，阿拉伯统治者把大批阿拉伯人迁徙到中亚的城市和乡村。

阿拉伯人在中亚竭力传播伊斯兰教。锡尔河是说波斯语的民众和说突厥语的民众之间的自然边界，越过锡尔河，就进入蒙古利亚人（黄种人）居住的佛教盛行的地方。跨越锡尔河是伊斯兰教对蒙古利亚人和佛教的第一次直接挑战。其实，布哈拉、巴里黑和撒马尔罕就有许多佛教寺院。古太白曾亲手捣毁撒马尔罕的佛像，当地佛教徒认为他会立即遭受亵渎神灵的惩罚,但这位穆斯林将军没有被吓倒,依然我行我素。布哈拉的祆教寺院和祆教圣地也被拆毁。哈里发奥马尔二世制定了当地居民信仰伊斯兰教后可以不缴纳贡税的政策,中亚大量佛教徒变成了穆斯林。

布哈拉、撒马尔罕和花剌子模逐渐发展为阿拉伯-伊斯兰文化的中心,成为伊斯兰教在中亚的苗圃,其地位相当于呼罗珊的木鹿和内沙布尔。整个河外地区变成了伊斯兰教的根据地,阿拉伯人从这里出发攻占其他地区。据泰伯里和其他史学家记载,古太白曾于公元715年征服了中国新疆的喀什,甚至深入中国内地。哈里发希沙姆一世任命奈斯尔为锡尔河区的首任总督。公元738年至公元740年,奈斯尔被迫去征服据说是古太白先前征服过的大部分领土。公元751年,阿拉伯人占领了撒马尔罕东北的塔什干。就这样,阿拉伯帝国在中亚明确地确立了伊斯兰教牢固的最高权力,以至当时中国强大的唐朝也无法与之争雄。

东部战场的另一支阿拉伯军队在哈查只的侄子和女婿穆罕默德·伊本·卡西姆统率下,也不断取得胜利。公元710年,年轻的穆罕默德·伊本·卡西姆统率一支大军,其中有6000名叙利亚士兵,向南挺进,征服了莫克兰,然后急进,通过俾路支,于公元711年至公元712年征服信德地区,即印度河下游的河谷和三角洲地区,海港城市德浦勒和尼龙(海得拉巴)成为穆斯林的属地。公元713年,这支军队占领旁遮普的著名佛教圣地木尔坦。这些地区此后完全伊斯兰化。稳步向伊斯兰教改宗,很快就使印度的西北部成为伊斯兰世界的一个重要组成部分,并为巴基斯坦这个现代伊斯兰国家的形成奠定了基础。

哈查只曾应许，他的两员大将——穆罕默德·伊本·卡西姆和古太白，谁首先踏上中国的领土，就任命谁做中国的长官，但是他俩都没有能跨过中国的国界。除新疆外，中国从未纳入伊斯兰教的影响范围。南方的信德地区和北方的喀什及塔什干，这时已成为阿拉伯帝国的最东边的边界。

西线的征服活动，比起东线征服活动来毫不逊色。在非洲，阿拉伯人继续西进。欧格白·伊本·纳菲、哈桑·伊本·努尔曼和穆萨·伊本·努赛尔为征服北非柏柏尔人立下了赫赫战功。

公元667年，穆阿维叶命令欧格白带领400名骑兵，从锡尔特出发，对的黎波里南部沙漠和费赞地区的叛乱部落进行讨伐，阿拉伯人在利比亚沙漠的势力得以巩固。欧格白还远征突尼斯南部地区，攻下了加夫萨，征服了那里的所有绿洲。公元670年，穆阿维叶任命欧格白为易弗里基叶总督，并给他增派了一万名骑兵。同年，欧格白开始建造凯鲁万城，这座城市后来成为征服马格里布（非洲西北部）的大本营和宣传伊斯兰教的中心。欧格白在凯鲁万修建了一座清真寺。这座清真寺由欧格白的继任者屡次重修，一直保存至今。

欧格白以凯鲁万为基地，对马格里布发动猛烈进攻。他摧毁了拜占庭人在北非的根据地，屠戮了无数柏柏尔人，并派兵到处劫掠。据说，他曾打到大西洋沿岸的吉尔角。面临波涛起伏的海洋，他才勒住他的坐骑。公元683年，欧格白在班师途中遭到柏柏尔人袭击，在阿尔及利亚的比斯克拉附近阵亡。他的尸体被就地埋葬，他的坟墓成为穆斯林朝拜的圣地。欧格白阵亡后，拜占庭人与柏柏尔人结成同盟，夺回了易弗里基叶。

公元693年，马立克任命叙利亚名将——迦萨尼人哈桑·伊本·努尔曼为易弗里基叶总督。哈桑重新占领了凯鲁万城,并于公元698年发动了一次陆海军联合军事行动,将拜占庭人逐出了迦太基(遗址位于突尼斯)和其他沿海城市,从而结束了拜占庭在北非沿海地区的统治。于是,他腾出手来,将矛头转向奥雷斯山区,对付柏柏尔人。奥雷斯山区的柏柏尔部落联合起来,共同抗击阿拉伯人。阿拉伯人初战失利,退至的黎波里以东地区。不久,哈桑再度发动攻势,两军激战于奥雷斯山区。由于部下叛变,柏柏尔部落联盟首领达西娅被击败,在一个源泉附近被害。拜占庭人退出迦太基,柏柏尔人遭到沉重打击,而倭马亚王朝由此在易弗里基叶站稳了脚跟。

哈桑十分注重首府凯鲁万的建设,设置易弗里基叶的行政管理机构,征收赋税,兴建突尼斯城,把它作为海军基地。

圣城凯鲁万一角

他招募了1.2万名柏柏尔士兵，教他们学习阿拉伯语和《古兰经》，在他们中间传播阿拉伯的习俗风尚，促使他们阿拉伯化。这一切为阿拉伯军队此后征服中马格里布（今阿尔及利亚）和西马格里布（今摩洛哥）创造了十分有利的条件。

公元708年，韦立德任命穆萨·伊本·努赛尔为易弗里基叶总督。穆萨的祖父是穆罕默德传记的作者穆罕默德·本·伊斯哈格，他的父亲做过穆阿维叶的卫队长。穆萨以摧枯拉朽之势，很快便席卷了中西马格里布，夺取了丹吉尔，柏柏尔人望风披靡。与此同时，穆萨的海军袭击了西西里岛、撒丁岛、马洛卡岛和梅诺卡岛。穆萨把伊斯兰世界的领土一直扩大到大西洋沿岸。这就使伊斯兰教永久渗透到柏柏尔民族中。

经过30多年反复搏斗，阿拉伯人终于永远清除了拜占庭人在北非的势力，彻底挫败了柏柏尔人的抵抗，成为地中海南岸的主人。在征服北非的过程中，许多柏柏尔人加入了阿拉伯军队，有的还成为军队的高级将领。昔日誓不两立的仇敌，现在成为亲密的同盟者，这就为阿拉伯军队补充了兵员，增添了新的力量。柏柏尔人后来成为阿拉伯军队入侵西南欧的主力。

尽管拜占庭人统治北非的时间很长，但拜占庭人主要住在北非海滨城市，他们的文化又与柏柏尔人的文化大相径庭，因此柏柏尔人几乎没有受到罗马文化的影响。与此相反，柏柏尔人与阿拉伯人的社会发展水平比较接近，地理环境和生活方式也颇类似，他们易于接受伊斯兰文明的意识形态和阿拉伯的习俗风尚。这可以说明伊斯兰文明似乎难以解释的奇迹：使半开化的柏柏尔部落的语言阿拉伯化，使他们的宗教伊斯兰化，而把他们当作进一步远征途中的接力者。伊斯兰征服者在这里找到了可以输入新鲜血液的民族，阿拉伯语有了庞大的潜在使用对象。

五、逐鹿欧洲

北非荡平了，战利品源源不断地运往大马士革。但是，阿拉伯统治者并不以此为满足，富庶的西南欧立即成为下一个掠夺目标。实际上，穆萨征服了北非海岸，远至大西洋以后，就为征服邻近的西南欧开辟了道路。这次出征，是阿拉伯人从事的最后一次远征，也是最惊人、最富于戏剧性的一次大规模军事行动，无论就进军速度还是就成功的圆满程度来说，这在世界中古军事编年史上都占有独特的地位，它标志着穆斯林在北非和欧洲的扩张活动达到了高峰。

伊比利亚半岛是西南欧的门户，是欧洲中世纪最美好的地区之一。当时统治伊比利亚半岛的是日耳曼民族西哥特人，属基督教的阿里乌斯派。当地土著居民属基督教的罗马天主教徒，他们把阿里乌斯派视为异端。西哥特人在西班牙专横跋扈，残酷压榨老百姓，广大人民，包括农奴和奴隶，都十分痛恨西哥特人的统治。西哥特人迫害犹太教徒，强迫他们改奉基督教，引起犹太人的极度怨恨。西哥特王室和贵族内部，互相倾轧，争权夺利，统治力量十分薄弱。阿拉伯人正是在这样的形势下闯进了西南欧的大门。

穆萨荡平北非之后，任命他的副官塔里克为大西洋沿岸城镇丹吉尔的长官。正是这位曾为奴隶的塔里克征服了伊比利亚半岛上的西班牙。公元709年，西班牙的年轻国王被篡政者罗德里克推翻。被废黜的国王向塔里克求救，请他帮忙恢复王位。于是，公元710年7月，塔里克任命塔里夫为队长，率领一个由400名步兵和100名骑兵组成的清一色的柏柏尔人侦察队，在伊比利亚半岛最南端的岬角登陆，侦察情况并向他汇报。塔里夫登陆的这个岬角，现在名叫塔里法角，就是因塔里夫而得名的。

公元711年，塔里克亲自率领由7000人（大部分是柏柏尔人）组成的大军，横渡大西洋，越过直布罗陀海峡，在一座陡峭山丘登陆。相传，他渡海的船只是由一个传奇式人物——休达城的领主朱利安伯爵提供的。他登陆的地方被命名为塔里克山，阿拉伯语叫作直布尔·陀里克，亦即现在的直布罗陀，塔里克因此得以名垂青史。从此，塔里克开始了对西班牙的征服。塔里克是一位有经验的军官，他利用国王罗德里克到西班牙北部的机会，在后来成为阿尔赫西拉斯城的地方建立了基地。

罗德里克得知穆斯林进攻的消息后，急速赶回南方，并于公元711年7月19日在詹达湖岸边的巴尔白特河口向穆斯林发起进攻。这时，穆斯林得到5000人的增援部队，共有12 000人，西哥特军队有25 000之众。由于国王罗德里克的政敌倒戈，西哥特军队被完全击溃，罗德里克下落不明，不知是阵亡还是失踪，至今仍是一个历史之谜。在这一决定性胜利之后，整个西班牙都向征服者敞开了大门，穆斯林长驱直入，势如破竹，几乎等于在西班牙各地游览。

塔里克统率大军，取道埃西哈，向西哥特人的首都托莱多挺进，同时派遣几个分遣队进攻邻近各座城市。南部的塞维利亚设防最坚固，塔里克有意地避开了这座城市。一支纵队没有遇到丝毫抵抗，轻取阿奇多纳。另一支纵队攻克了阿维拉，也是不攻而下。第三支纵队进攻科尔多瓦，这座后来变成穆斯林政权首都的城市，经过两个月坚决抵抗后，最终投降。据说，科尔多瓦投降的原因是一个牧羊人不忠于祖国，向围攻者指出了城墙上的一个裂口。据说，托莱多也是被当地居民出卖的。实质上，在征服西班牙的过程中，穆斯林得到了各地对西哥特政权不满的人的支持。

塔里克经过一阵旋风似的战斗，征服了安达卢西亚的所有重镇。公元711年春，他是以一支远征军将领的身份出征的；到了冬季，他已成为半个西班牙的主人，获得的战利品堆积如山，不可胜数。

公元712年7月，北非总督穆萨统率由一万名纯粹阿拉伯人和叙利亚阿拉伯人组成的军队，渡过直布罗陀海峡，进入西班牙。有些史学家认为，穆萨此举是出于对部下塔里克出乎意料的惊人胜利的忌妒。也有人否认这种说法，认为穆萨的行动是经过冷静考虑的，他想尽可能利用已经形成的有利局势。穆萨的队伍进入西班牙后，即向塞维利亚推进。塞维利亚当时是西班牙最大的城市和文化中心，曾做过罗马帝国的行省首府，这座城市顽强抵抗到公元713年6月才陷落。随后，穆萨指挥军队向北挺进，在这里遇到了向梅里达撤退的西哥特残余部队。这些人的抵抗一直持续到公元713年7月。最后，穆萨攻克了梅里达。

穆萨和塔里克在托莱多西边的塔霍河畔的塔拉韦拉相遇。据说，穆萨在这里以违抗军令的罪名鞭打了塔里克，甚至给他带上了锁链，因为他曾下令停止前进，而塔里克却不服从命令，一意孤行，擅自行动，未等他到达就随心所欲地征服了西班牙四分之三的地区。这或许确有其事，或许是对这位神话制造者的一种异想天开的虚构，但丝毫损害不了这位年轻将领的不朽荣誉。征服活动继续进行。第二年，即公元714年，穆萨占领了萨拉戈萨，挺进并占领了阿拉贡、莱昂、阿斯图里亚斯和加利西亚高地。穆萨在加利西亚高地俯瞰着大西洋和比斯开湾的海域，是何等得意啊！就在这时，穆萨和塔里克应召到大马士革去朝见哈里发。

穆萨将他的次子阿卜杜勒·阿齐兹留下来，担任新征服地区的总督。他自己和塔里克于公元714年秋离开西班牙，随行的有约400名衣着华丽、满身珠翠、头戴冠冕、腰系金带的阿拉伯官员，还有柏柏尔贵族和西哥特亲王，后面还跟着几万名奴隶和战俘，以及114车战利品。公元715年2月，穆萨抵达大马士革。根据记载，由俘虏的王子、公主和携带礼品的奴隶组成的凯旋队伍，浩浩荡荡，蔚为壮观，延绵数里之遥。首都极少见到这样凯旋的仪仗队。只有在遥远的罗马帝国的辉煌时代，凯旋的将军才有机会展现如此壮观的场面。穆萨受到了已经重病不起的哈里发韦立德的盛情接见。韦立德肯定了穆萨建立的功勋。

接见仪式是在壮丽辉煌的倭马亚大清真寺里隆重举行的：这是伊斯兰文明史上最热闹的场面。西班牙的几百名王公贵戚和欧洲的几千名战俘，向哈里发表示臣服忠顺，这是破天荒第一次。穆萨向哈里发献上了很多战利品，其中有一张华丽的桌子，相传是侍奉所罗门的精灵制造的。据说，古罗马人从耶路撒冷把这件举世无双的艺术珍品运到他们的首都，后来西哥特人又从那里把它掠夺走。西哥特历代国王都用宝石装饰这张桌子，而且要胜过前一任国王。这件宝物原来收藏在西班牙托莱多大教堂里，大主教企图带着它逃跑，但塔里克从大主教手里夺了回来。据说，穆萨在托莱多从塔里克手里接管这件珍品的时候，塔里克暗中把一条桌腿藏了起来。现在，当着哈里发的面，他戏剧性地把遗失的桌腿拿出来,以证明这件珍品是他从敌人手中缴获的。

冷酷的命运实在令人难以捉摸。许多战功卓著、显赫一时的阿拉伯将领都曾遭遇厄运,同样的命运也在等待着穆萨。韦立德的继承者苏莱曼一世,对穆萨的盛名心存恐惧和嫉妒,以侵吞战利品的罪名没收了穆萨的财产,剥夺了他的一切权力,并让他站在烈日下受罚,使他遭受了极端凌辱。这位征服非洲和西班牙,把欧洲开放给穆斯林的伟大将军,最终沦为汉志地区一个偏僻乡村的乞丐,在贫困中去世。塔里克的境遇也不比他好。甚至穆萨的儿子——当时的西班牙总督阿卜杜勒·阿齐兹也遇害了。或许大马士革的哈里发担心这些征服者会成为遥远的西班牙的独立君主。

据说,阿卜杜勒·阿齐兹成为西班牙总督后,和国王罗德里克的王后艾吉罗娜结了婚,此时她已改名为温姆·阿绥姆。据阿拉伯编年史家记载,这位基督徒新娘说服了她的丈夫依照西哥特王朝的习惯戴上王冠,并且把接见厅的门头降得很低,去见他的人必须鞠躬而入。她还坚决要求把她的宫内小教堂的门头也降得很低,让阿卜杜勒·阿齐兹到她那里去找她的时候,也鞠躬而入,仿佛在做礼拜。围绕这些新措施的传闻夸大其词,说这位穆斯林总督已变成基督徒。这些传闻传到哈里发苏莱曼一世的耳朵里,导致了西班牙第一任穆斯林长官惨遭谋害的悲剧。他的首级被送到大马士革,让他年老而悲惨的父亲也见到了。

马立克和韦立德的其他几员战将,也都悲惨而亡。哈查只晚年曾劝哈里发韦立德让位于儿子,反对他让位于他弟弟苏莱曼,因此苏莱曼一世对哈查只怀恨在心。公元714年6月,时年52岁的哈查只去世，苏莱曼一世的仇恨只能在哈查只手下的将军身上发泄了。哈查只去世后，年轻的信德总督穆罕默德被召回，当时他与印度教徒关系良好，受到当地人喜爱。穆罕默德因莫须有的罪名被害，后来证明对他的指控纯属捏造，他的去世可能是反对哈查只派朝臣的阴谋所致。马立克和韦立德的第三位大将军——呼罗珊总督古太白，曾声明反对苏莱曼一世，他害怕苏莱曼一世报复，便先发制人，起兵反抗苏莱曼一世，但在一次士兵哗变中遇害。至此，这个伟大的征服时期的所有伟大的将军都不复存在了。

阿卜杜勒·阿齐兹曾继续对西班牙进行了征服。穆斯林军队向北部和东部推进，占领了潘普洛纳、塔拉戈纳、赫罗纳。在东南部，他们占领了马拉加和阿维拉。阿卜杜勒·阿齐兹于公元716年3月被害后，征服西班牙的活动至此告一段落。在西北部，还有相当一部分领土没有被占领。另外，在有些地方，穆斯林的控制也不是完全的。但是，不管怎么说，穆斯林基本上占领并统治了这个国家，几乎在整座伊比利亚半岛都建立了有效的行政机构。

西班牙变成了阿拉伯帝国的一个行省，阿拉伯人把这个行省叫作安达卢西亚，意为"汪达尔人的土地"。伊比利亚半岛是欧洲中世纪时期最美丽、最广大的地区之一。仅仅7年工夫，整座半岛几乎被征服了。而这里在长达7个多世纪的时间里，都为穆斯林统治。阿拉伯人和柏柏尔穆斯林的文化，通过西班牙对欧洲产生了不小的影响。至今，它的遗迹犹存。反过来，西班牙也对伊斯兰社会产生了一定的影响。

穆萨曾胸怀大志，希望越过"法兰克人居住的地方"，通过君士坦丁堡与大马士革的哈里发握手。有些阿拉伯编年史学家将跨越比利牛斯山脉，深入法兰西的功绩，记在了穆萨的账上。实际上，初次越过比利牛斯山脉的，是奥马尔二世在位时期穆萨的第三个继任者侯尔·伊本·阿卜杜勒·拉赫曼·赛盖菲。

苏莱曼一世去世后，他的堂弟奥马尔·伊本·阿卜杜勒·阿齐兹继位，史称奥马尔二世。他是倭马亚王朝唯一一个受到阿拔斯史学家称颂的哈里发。他虔诚仁慈，乐善好施，生活非常俭朴，穿着打满补丁的衣服，被尊为"倭马亚王朝的圣徒"。替他写传记的人告诉我们：奥马尔二世穿着补丁重重的衣服，十分随和地和民众在一起，以至从外地到首都来找他请愿的人，难以认出他就是哈里发。

公元718年，受法兰西各大修道院和各大教堂的丰饶财宝的诱惑，又看到墨洛温王朝主要官吏和阿奎丹公爵之间存在内部倾轧，侯尔开始对法兰西发动袭击。他越过比利牛斯山，侵入法兰西南部，屯驻于加龙河谷。公元720年，侯尔的继任者赛木哈·伊本·马立克·豪拉尼攻克了塞普提美尼亚，随后又攻克地中海岸的纳尔榜，将这座城市改造为一座巨大的城堡，设立兵工厂、军需厂和军火贮藏库，建立了大本营和作战基地。掠夺支队每年从纳尔榜出发，蹂躏法兰西各地并带走了丰富的战利品，特别是从教堂和修道院的秘藏中掠夺的战利品。

奥马尔二世在39岁那年去世。马立克的另一个儿子继位，称叶齐德二世。公元721年，赛木哈向阿奎丹厄德公爵驻地图卢兹城发起进攻，结果被厄德公爵打败。赛木哈在这场战役中牺牲。日耳曼君主在对穆斯林作战中获得了第一场伟大胜利。阿拉伯人后来在比利牛斯山脉以北的许多次进军，都没有成功。

叶齐德二世去世后，倭马亚王朝马尔万系末代哈里发希沙姆继位，史称希沙姆三世。他是马立克的第四个儿子，被认为倭马亚王朝继穆阿维叶和马立克之后第三个，也是最后一个政治家。赛木哈阵亡后，阿卜杜勒·拉赫曼·伊本·阿卜杜勒·加菲基继任西班牙总督。阿卜杜勒于公元732年春跨过比利牛斯山脉西部，向北挺进，一路挺进到法国中部，所向无敌。他在加龙河岸上击败厄德公爵后，猛扑波尔多，焚毁了那里的教堂。在烧毁普瓦捷城墙外面的一座会堂之后，他向北推进，抵达图尔城附近。图尔是高卢人宗教上的首都，那里有高卢人圣徒圣马丁的坟墓。

在图尔与普瓦捷之间，在维埃纳河与克勒恩河交汇处，穆斯林军队与法兰克王国墨洛温王朝宫相查理·马特的军队相遇。查理·马特骁勇善战，他的绰号"马特"（意为"战槌""铁锤"）足以表明他英勇无比。他打败过许多敌人。在阿奎丹行使独立政权的厄德公爵，不得不承认北方法兰克人名义上的统治权。查理·马特不是国王，而是法兰克国王丕平二世的宫相，但他是法兰克王国事实上的国王。

阿拉伯军队和法兰克军队面对面摆开阵势，跃跃欲试，渴望交战，一决高低。公元732年10月10日，决战开始了。阿拉伯统帅率先发动了进攻。法兰克军队大半是步兵，身上披着狼皮，乱蓬蓬的头发垂在双肩。他们肩并肩地站着，构成一个空心的方阵，像墙一样牢固，像冰一样坚硬。阿拉伯军队的轻骑兵屡次冲锋都败下阵来。法兰克军队拼命抵抗，用大刀把冲锋者砍倒。两军激战了整整一天，穆斯林统帅阿卜杜勒·拉赫曼本人在酣战中阵亡。夜幕徐徐降落，两军被迫停战。次日拂晓，阿拉伯军营里异常安静，悄无声息。查理·马特唯恐其中有诈，便派侦察兵窥探情况。原来，阿拉伯人早已不见踪影，他们在夜幕的掩护下，悄悄抛弃帐篷远遁而去。查理·马特就这样获得了胜利。这就是世界历史上著名的普瓦捷战役（又称图尔战役）。

普瓦捷战役之后，穆斯林在法兰克又陆陆续续进行了20余年的征服活动。他们曾于公元734年占领位于法兰克东部的阿维农。公元743年，他们攻占了法兰克的里昂。查理·马特曾进行反击，向穆斯林大本营纳尔榜进攻，将该城包围一段时间，但未能攻克。倭马亚王朝灭亡后，穆斯林于公元759年放弃纳尔榜这个重要军事基地。不过，穆斯林对后来的法兰西和意大利的南部沿海地区的袭击则长达数世纪之久。

六、帝国概貌

公元732年是穆罕默德逝世一百周年。伊斯兰教和阿拉伯帝国的奠基者逝世百年后，经过四大哈里发时期和倭马亚王朝的两次大征服，到公元8世纪上半叶，阿拉伯世界帝国最终形成。

从倭马亚王朝的发展历程不难看出，马立克及其4个儿子在位时期，更确切地说，在马立克和韦立德统治的时代，阿拉伯帝国的版图扩大到了极限。它的疆域西起伊比利亚半岛和大西洋东岸，东至印度河和中国西部边境，北起黑海，南至亚丁湾，地跨亚非欧三大洲。这个大帝国，其幅员之辽阔，是古代任何一个大帝国所不能比拟的。它的统治区域比极盛时期的罗马帝国还要大。当时，世界上只有中国的唐代可与之匹敌。这个帝国使从伊拉克到地中海东海岸，再从埃及到马格里布的地中海南岸地区，逐步伊斯兰化和阿拉伯化。从比斯开湾到印度河和中国国境,从咸海到尼罗河上游的大瀑布,穆罕默德的名字和真主的名字,每天从遍布西南欧、北非、西亚和中亚的几千座清真寺宣礼塔上被无数穆斯林传颂。

现在,大马士革已变成这个庞大帝国的首都。在这个首都的中心,倭马亚王朝的漂亮宫殿,好像全城的花园所组成的翠玉腰带上的一颗大珍珠,屹立在其中。在这里,人们可以眺望四周广阔而丰饶的平原。那座平原向西南延伸到终年积雪的赫尔蒙山。这座宫殿名叫绿圆顶宫。绿圆顶宫的建筑者不是别人,正是倭马亚王朝的开基创业者穆阿维叶,它位于大马士革清真寺的旁边。在谒见厅里,有一个四方座位,铺着富丽的绣花坐褥,那就是哈里发的宝座。接见他人时,哈里发穿着华丽的礼服,盘坐在这个宝座上,他的父系亲戚按年龄长幼排在宝座的右边,他的母系亲戚也按年龄长幼排列在宝座的左边,朝臣、诗人、文人等站在宝座的后边。更正式的谒见仪式,在辉煌的大马士革清真寺里举行。韦立德曾重新修饰了这座清真寺,使它成为建筑物中的奇珍异宝。直至今日,它仍然是全世界最壮丽的清真寺之一。

随着形势的发展,倭马亚统治者越来越重视政权中的政治和经济因素。在征服过程中,宗教因素起着巨大的作用,统治者巧妙地利用宗教,往往以伊斯兰教捍卫者的身份出现。然而,整体来讲,倭马亚家族在宗教方面表现得颇为宽容。基督徒、犹太教徒、袄教徒,只要表示归顺,缴纳一定的人丁税,就可以信仰他们原来的宗教。他们中间出现的有关法律问题,由他们自己的宗教领袖处理,伊斯兰教执法者不予干涉。

在倭马亚王朝的统治重心叙利亚,阿拉伯人不像在伊拉克那样,是因为征服战争而从沙漠里迁徙而来,居住在新建立的移民地,而是已经在那里居住了数个世纪,他们与基督徒生活在一起,他们在各地甚至和基督徒在同一个屋子里举行宗教仪式。穆阿维叶的妻子、诗人、医生和财政大臣，都是基督徒。基督徒对穆阿维叶和倭马亚家族的这种宽容精神则报以忠心拥戴。在西班牙，由于征服神速，没有可以派遣的阿拉伯守军或柏柏尔守军，穆斯林行政人员经常不够，当地的犹太教徒就被留用，并被委以重任。

倭马亚王朝的军队也不是纯阿拉伯人组成的军队，更不是各阿拉伯部落队伍所组成的松散的集合体，而是由来自阿拉伯半岛和被征服地区的士兵所组成的一支大军。倭马亚王朝的军事编制则仿效拜占庭军队。倭马亚王朝的军队分为5个组成部分：中锋、左翼、右翼、先锋、后卫。在制服和甲胄方面，他们与拜占庭军队一样，身披轻甲，步兵和骑兵也大同小异，骑兵用一种简单的圆形马鞍。他们的武器有轻重两种：轻武器，有枪、剑和弓；重武器，有弩炮、射石机和攻城槌。倭马亚王朝早期拥有6万常备军，主要由叙利亚人和叙利亚化阿拉伯人组成。阿拉伯的海军也效仿拜占庭式样，战斗单位是一艘帆船，两个下甲板，每边最少有25个座位，每个座位上坐两个人，每艘帆船上的100多名划桨手都全副武装。擅长战斗的海军都在上甲板。倭马亚家族正是依靠这支军队进行了大规模扩张活动。

在行政管理方面，倭马亚王朝可以说是波斯和拜占庭两国体制的继承者，它通过留用原来的官吏保存了旧的行政体系。哈里发为政治、军事、宗教等方面的最高首领，集政权、军权、神权等于一身。全国最初分为9个行省，后逐渐合并为5个行政区。

（1）伊拉克区：包括巴士拉、库法、波斯和阿拉伯半岛东部，以库法为首府。后来，伊拉克总督被许可配备两个副总督，一个辖呼罗珊和河外地区，常驻木鹿；另一个辖信德和旁遮普。

（2）汉志区：包括汉志、也门和阿拉伯半岛中部。

（3）加吉拉区：包括位于底格里斯河和幼发拉底河之间的北部地区、亚美尼亚、阿塞拜疆和小亚细亚东部。

（4）埃及区：包括上下埃及。

（5）易弗里基叶区：包括北非（除埃及区外）、西班牙、西西里岛及其附近海岛，以凯鲁万为首府。

叙利亚—巴勒斯坦由坐镇大马士革的哈里发直接统治。

各行政区首脑称埃米尔，意为"总督"。埃米尔掌管全区军政大权。埃米尔之下设三位官员，分别执掌政务、税收和宗教。税务官管理国家岁入，直接对哈里发负责。宗教部门长官同时也是司法部门的长官，但其管辖权仅限于穆斯林。大法官通常从宗教学者中选拔，除处理诉讼外，还负责管理宗教基金，以及孤儿和低能儿的财产。

倭马亚王朝实行帝国阿拉伯化，马立克和韦立德两代哈里发不仅以对外征服著称，而且以其帝国的阿拉伯化而引人注目。帝国阿拉伯化包括两件事：一是定阿拉伯文为官方语言，二是统一使用阿拉伯帝国货币（金币为第纳尔，银币为第尔汗）。

在此之前，希腊文和波斯文是官方语言，大马士革主要使用希腊文，伊拉克和东部各地区主要使用波斯文。这对阿拉伯统治者来说，既不便于掌握实际情况，也不利于政治上的统一。马立克继位后，下令以阿拉伯文为哈里发政权的通用文字，官方文件一律用阿拉伯文，或以阿拉伯文为正本，别的文本为副本。其他，如记事、账目、教育等，也使用阿拉伯文。

这种统一文字的政策，大大提高了阿拉伯文在政治上和文化上的重要性。许多人，特别是非阿拉伯官员，竞相学习阿拉伯文。阿拉伯文在使用的过程中,不断发展完善,并根据需要从其他语言(如希腊文、波斯文、叙利亚文等)中汲取了大量词汇。大约 100 年后,阿拉伯文的使用范围遍及帝国各阶层。阿拉伯文不仅在政治上与学术上具有独特的地位,而且成为国际性语言,当时凡是想受高等教育的阿拉伯帝国居民,都必须学习阿拉伯文。

伊斯兰教诞生以前,拜占庭帝国和波斯的货币就在汉志流通,同时流通的还有少量希木叶尔银币,上面铸有一只精美的猫头鹰。阿拉伯人对外征服时期,仍以拜占庭和波斯的货币作为交换媒介,但他们有时在货币上加印《古兰经》经文。穆阿维叶曾发行一种铜币,上有哈里发挥剑的图像。此后,帝国政府开始铸造少量金币和银币,但币制不统一,还有大量赝品。公元 695 年,马立克在大马士革建中央造币局,铸造统一式样和统一价值的纯阿拉伯第纳尔和第尔汗,并严禁各地仿造。次年,哈查只也在库法铸造银币。币制统一,对阿拉伯帝国的经济发展和财政管理,起了重要作用。

阿拉伯人生活中的一个重大变化,是阿拉伯人的国际化。阿拉伯人同其他民族互相通婚,渐渐打破了阿拉伯人与非阿拉伯人之间的隔阂。波斯人、叙利亚人、科普特人和柏柏尔人,这时全都同阿拉伯人共同探索以往的知识财富。

阿拉伯人一面征服叙利亚、北非和西班牙,一面又征服了伊拉克、波斯和印度的信德地区。这样,他们便有了广阔的海岸地区,完全控制了东方同东欧和远东地区的海上贸易。这是极为有利的。尤其是有了红海和波斯的海上航道,阿拉伯人开始在东部海域享有新的自由。一个间接结果是,他们有了更加广阔的视野和更为高昂的热情。这种情况,正如雅典人于公元前 5 世纪所经历的。当时,希腊人在打败入侵的波斯人之后，开始向地中海沿岸大规模殖民。

倭马亚王朝时期，无论在地中海东岸，还是在地中海西岸，阿拉伯人都可以自由航行。亚历山大城和附近的法罗斯岛上的亚历山大灯塔，可能已失去它们以往的重要地位，但依然被倭马亚家族用作海军基地。波斯湾已成为阿拉伯帝国的内湖，远至信德地区的沿岸也成为穆斯林的领地。结果，波斯的商船队随着阿曼和哈德拉毛的海上冒险，很快就使阿拉伯海成为他们的领海。这就确保了他们到东亚和东南亚商道的安全。由于控制了著名的东方商道，阿拉伯帝国的商业呈现出极度繁荣的景象。

倭马亚王朝时期，就整个阿拉伯帝国范围来说，封建生产关系占主导地位。阿拉伯统治者征服拜占庭属地和波斯之后，保持了旧有的封建制度。他们仿效当地贵族，占有土地，建立庄园，驱使农奴和奴隶耕作，形成新的封建生产关系。当时的土地占有情况大致可以分为6种。

（1）拜占庭帝国和波斯的公地和财产，收归国有。

（2）一部分上述土地由哈里发分给阿拉伯贵族，其中哈希姆家族和倭马亚家族分别在伊拉克和叙利亚占有许多大庄园和土地。这种土地叫作伊格塔尔，意为"采邑""封地"。领有采邑的人，必须向农民征收土地税，上缴哈里发宫廷。采邑可以自由转让或买卖，事实上如同私产。采邑地主一般不住在农村，而是在城市或首都过着养尊处优的生活。

（3）皈依伊斯兰教或投附新政权的拜占庭大地主和波斯大地主，仍然保有原来的土地。

（4）阿拉伯地主和非阿拉伯地主占有相当数量的土地。

（5）一部分土地归清真寺或慈善机构所有。这类土地叫作瓦格夫。瓦格夫不得转让、抵押或变卖。

（6）游牧部落和定居部落拥有大量土地。

掌握政权的倭马亚家族，是封建地主阶级的代表。地主阶级是倭马亚王朝的基础。封建贵族和大地主，特别是埃及和叙利亚的封建贵族和大地主，是倭马亚王朝的统治支柱。地主阶级既包括阿拉伯人，也包括非阿拉伯人；既包括穆斯林，也包括非穆斯林。在名义上，非阿拉伯人和非穆斯林，比阿拉伯人和穆斯林低一等，在待遇上也有所差别；实际上，政治权力的大小和社会地位的高低，基本上还是以阶级来划分的。尽管阿拉伯贵族与非阿拉伯贵族之间，穆斯林大地主与非穆斯林大地主之间，存在一定的矛盾，但共同的阶级利益关系已使他们结为一体，形成以阿拉伯大地主为主、联合各族大地主的封建专制。拜占庭和波斯的大地主中的一些人，身居高位，发号施令。

总之，倭马亚王朝建立了一个地跨亚非欧三大洲的大帝国，把那些此前彼此分割，甚至敌对的民族统一在一个国家之内，这无疑促进了当地社会、政治、经济的发展。阿拉伯帝国以特有的地理位置、富有智慧的人民和高度发达的经济文化，对世界历史的发展产生了重大而深远的影响。

七、文化艺术生活

阿拉伯人的扩张征服速度令人惊愕，而他们在文化领域里的空前成就同样令人钦佩。倭马亚王朝时期，国内战争和国外战争连绵不绝,伊斯兰世界的社会经济很不稳定,这妨碍了阿拉伯-伊斯兰早期文化的发展。然而,知识的种子,当时已经播下。阿拔斯王朝枝叶扶疏、欣欣向荣的文化巨树,就植根于倭马亚王朝培植的沃土之中。倭马亚王朝时期是阿拉伯-伊斯兰文化的孕育时代。

汉志地区的姊妹城市麦加和麦地那成为研究伊斯兰教传说、条例和典章制度的中心,也是音乐、歌曲、情诗的根据地。而伊拉克地区的孪生城市巴士拉和库法则发展成为伊斯兰世界最大的两个文化活动基地,真正的知识火花从这里迸发出来。

为了供给新穆斯林必要的语言知识,帮助他们学习《古兰经》,并维持阿拉伯语的正确性,阿拉伯语言学、语法学、韵律学、辞典编辑学应运而生。同时,圣训学和教律学也诞生了,最早的创建者是哈桑·巴士里和伊本史哈卜·左海里。左海里是穆罕默德的同族,他全神贯注地做研究工作,以至忽略了一切其他事务。巴士里威望甚高,影响颇大,伊斯兰世界的一切宗教运动都可以溯源于他。苏菲派历来以苦行虔诚的左海里为楷模,逊尼派永不厌倦地引用的他格言,甚至连穆尔太齐赖派也认同他为自己的成员。毫不奇怪,公元728年10月10日(星期五),巴士拉全城的人都加入了他的送葬行列,没有一个人留在城里去出席或者领导当天在清真寺举行的晡礼。这是伊斯兰教历史上前所未有的。

阿拉伯国家历史的编辑也是在这个时代开始的。

基督教思想和古希腊文化是在这个时代传入伊斯兰世界的。在这个过程中,起重要作用的是大马士革圣若望,别号克利索霍斯(意为"金舌")。作为赞美诗的作者,作为神学家,作为演说家,作为评论作者,作为拜占庭音乐的创始人,作为拜占庭艺术的整理者,大马士革圣若望是倭马亚王朝的一颗闪耀的夜明珠。

倭马亚王朝时期，进步最快的文化领域是诗歌创作领域。在伊斯兰文明早期，诗人不多。当一切就绪，阿拉伯人成为统治者时，朗朗的吟诗声便不绝于耳。其中，最著名的有来自汉志地区的两位抒情诗人和来自伊拉克的三位叙事诗人。前两者以情诗见长，但风格不同。第一位抒情诗人是奥马尔·本·艾比·拉比阿。他属于古莱什家族，但对圣事不大用心。他的情诗以感情热烈、手法巧妙见称。他是倭马亚王朝时期女性美的最伟大的讴歌者。他的诗歌题材新颖多样，始终洋溢着对女性的赞美。另一位抒情诗人是哲米勒·欧德里，他推崇纯洁的柏拉图式精神恋爱。他手法委婉，语言朴实诚挚，他的诗所表现的深厚柔情在那个时代是无可比拟的。伊拉克的法拉兹达克、贾里尔和阿克达尔是阿拉伯诗歌的鼻祖，是倭马亚王朝诗坛三巨头。他们都是哈查只的歌颂者，也是哈里发奥马尔二世的桂冠诗人。他们写叙事诗，也写讽刺诗。他们的讽刺诗写得极为尖刻。

麦地那的突韦斯被认为伊斯兰世界的歌手的祖师，他首次把节奏应用于阿拉伯音乐，首次在手鼓的伴奏下用阿拉伯语歌唱。

倭马亚王朝时期，麦加和麦地那变成了歌曲的苗圃和音乐的温室。这两座城市源源不绝地以艺术天才供应大马士革的宫廷。

阿拉伯人当时对医学已经有了兴趣。穆阿维叶的御医伊本·伍萨勒、哈查只的私人医生泰亚左格等，都是著名的医生。哈里发韦立德建立了医院、盲人院和精神病院，下令将麻风病人隔离，指定专人为之治疗。在中古时期的统治者中，为慢性病人建立医院，为麻风病人建立疗养院的，韦立德是第一个。后来，西方国家也有这种医院和疗养院，都是以阿拉伯人为范例的。奥马尔二世曾将医科学校从希腊传统很兴盛的亚历山大迁到安条克和哈兰。阿拉伯人还醉心于炼金术和天文学。早在倭马亚王朝时期，哈里发就曾下令翻译有关这方面的文献。

正规教育在倭马亚王朝还不普及。这时还没有出现后来在巴格达、科尔多瓦、撒马尔罕、德里等地那种类型的学校和研究院。在阿拉伯贵族看来，年轻人在引用合适诗句时，能读、能写、能懂，又有大丈夫气概，拥有高超的剑术和狩猎技能，就算受过良好教育了。倭马亚王朝早期的皇子，被送到叙利亚沙漠里学习阿拉伯语和诗歌。老百姓凡是愿意教育孩子的，就把他们送到清真寺，那里有学习《古兰经》和《圣训》的各种班级。因此，清真寺是穆斯林的第一所学校，《古兰经》是穆斯林的第一部课本，《古兰经》的诵读者是穆斯林的第一位老师。

清真寺是穆斯林与其邻居之间文化交流的写照，是伊斯兰文明发展史的缩影。穆斯林掌握了被征服民族自古以来世代相传的建筑技术和技能，将其应用于清真寺的修建，逐渐形成了一种艺术，被称为萨拉森艺术，或者阿拉伯艺术，或者穆斯林艺术。这一艺术包括几个学派：叙利亚—埃及学派，以古希腊、古罗马式样和当地式样为范例；伊拉克—波斯学派，以萨珊式样、古代迦勒底式样和亚述式样为基础；西班牙—北非学派，受当地基督教和西哥特的影响，常被称为马格里布式样；印度学派，具有明显的印度式样的痕迹。

倭马亚王朝时期，麦加圣地被祖拜尔之子阿卜杜拉占据，臣民不能前往麦加朝觐，马立克和韦立德统治时期开始大兴土木，建造清真寺，以满足穆斯林的宗教需求。相传，公元638年，奥马尔访问耶路撒冷时，曾在摩利亚山（又名圣殿山）用木料或砖块，修建过一座朴素的清真寺。摩里亚山是世界最神圣的地区之一，从前曾先后修建过多座神庙和教堂。巨大穹顶下面的光滑巨石，相传是亚伯拉罕要以他儿子以撒做燔祭的地方，也是易卜拉欣要以伊斯玛仪为牺牲的地方。公元691年，马立克在这个神圣之地——多神教信众、犹太教徒、基督徒和穆斯林共同尊敬的地方，建筑了壮丽的岩石圆顶寺。这座清真寺坐落在奥马尔入城带领穆斯林做礼拜的岩石上。马立克修建这座清真寺时使用的材料是从公元614年霍斯劳二世摧毁的基督教建筑物的废墟中发掘出来的。他雇用了一些本地工匠，其中有一部分人可能是拜占庭工匠。

岩石圆顶寺的建造采用了镶嵌画和其他装饰图案，还建起一个屹立的圆顶。在穆斯林看来，壮丽辉煌的岩石圆顶寺不仅是具有建筑学意义和艺术价值的古迹，而且是他们的信仰的象征。这座古老的清真寺，尽管经过几次改造和重修，仍然风采依旧，阳光透过圆顶上的彩绘玻璃窗柔和地照射在墙壁的装饰、五颜六色的镶嵌画和金银两色的《古兰经》经文上，寺内大殿放着金光。岩石圆顶寺是保存至今的最古老的伊斯兰教古迹。

岩石圆顶寺南面是阿克萨清真寺。阿克萨清真寺建在霍斯劳二世毁坏的圣玛利亚教堂的遗址上，建筑材料也取自这座教堂的废墟。

据说，这座清真寺的寺址是穆罕默德登霄时乘坐的神兽布拉克的停留之地。公元637年，奥马尔修建了这座清真寺。公元691年至公元715年，马立克扩建了这座清真寺。后来，阿克萨清真寺重建于公元771年地震之后。再后来,法兰克入侵军①又加以修建。公元1187年,埃及阿尤布王朝的创建者萨拉丁收复了这座清真寺。

倭马亚王朝最大的建造者要算马立克的儿子韦立德。韦立德以酷爱修建清真寺而著称。他在位期间,大马士革人一有机会,总是以壮丽建筑为谈话的主题,正如他们在苏莱曼一世统治时期谈论烹调术,在奥马尔二世统治时期谈论宗教和《古兰经》一样。韦立德扩建了麦加大清真寺,重建了麦地那清真寺,将巴勒贝克神殿上的黄铜圆顶移装在他父亲在耶路撒冷所建的岩石圆顶清真寺。但韦立德最伟大的成

阿克萨清真寺外部

---

① 1096年至1291年,在罗马教皇的准许下,以法兰克人后裔为主的西欧封建领主和骑士先后8次组建庞大的军队,以"收复阿拉伯人侵占的土地"的名义,对地中海东岸国家发动战争。伊斯兰世界把这些西欧封建领主和骑士组成的军队称为法兰克入侵军,把他们发动的战争叫作法兰克人入侵。

就是，建筑了世界上最壮丽的清真寺之一——倭马亚清真寺（大马士革清真寺）。直到现在，大马士革仍是伊斯兰教四大圣地之一，其余三大圣地是麦加、麦地那和耶路撒冷。

公元705年，韦立德接管了大马士革的圣若望大教堂。这座教堂原来是罗马的主神朱庇特的神庙。韦立德在这座教堂的原址上修建了倭马亚清真寺。这座清真寺气势雄伟，被看作中古时期的世界奇迹之一。它的建筑面积十分可观，长约158米，宽约100米，圆柱大殿由三个本堂和一个袖廊组成，上面覆盖着木质穹顶。北面耸立着一座宣礼塔，是保存至今的纯粹阿拉伯-伊斯兰宣礼塔中最古老的，是后来叙利亚、北非和西班牙所建一切宣礼塔的典范。倭马亚清真寺墙壁上的大理石和镶嵌画，绚丽多彩。圆柱的柱顶均镀有闪闪发光的黄金。内室还装饰着城市风景画和山水画，并夹杂着秀丽的题词。拱形的窑殿和马蹄形的拱门，首次出现在这座清真寺。这座清真寺曾于1069年、1400年、1893年三次被焚，经受了血与火的洗礼，至今作为早期伊斯兰教的一件证物，仍然昂首挺立。

从穆罕默德在麦地那修建第一座简朴的清真寺，到马立克和韦立德在耶路撒冷和大马士革修建雄伟壮丽的清真寺，伊斯兰世界举行聚礼的清真寺的发展过程完成了。需要指出的是，清真寺不是专做礼拜之用的，还有其他用途，既可以作公众集会的大厅，又可以作为政治论坛、教育场所等。

八、矛盾与危机

倭马亚王朝是建立在种族统治和阶级统治的基础之上的，它在几十年之内实行了有效统治,但要使这样一个大帝国的统一得到巩固是不容易的。到这个王朝统治晚期,各种矛盾日益显露和尖锐,最终导致倭马亚王朝灭亡。

首先,民族矛盾和阶级矛盾激化。

阿拉伯人最初把世人简单地划分为阿拉伯人和非阿拉伯人,而非阿拉伯人被称为"蒙昧的人"。然而,这两类人后来逐渐形成了不同的等级。阿拉伯帝国内的居民被划分为4个等级。

第一个等级是阿拉伯人,地位最高。他们以哈里发的家族为首,是早期的征服者,构成各地的贵族,享有各种特权和年金。阿拉伯帝国的主要官职,如掌管封地和指挥军队,通常归于这些阿拉伯人。

第二个等级是新穆斯林。他们是自愿或被迫改宗伊斯兰教的非阿拉伯穆斯林。改宗对非穆斯林一向有诱惑力,因为穆斯林不必缴纳人头税,初时连土地税也不必缴纳。随着时间的流逝,被称为新穆斯林的改宗者,在人数上超过了阿拉伯人,形成一个新的阶层——麦瓦利。所谓麦瓦利,就是在血统上不是任何阿拉伯部落十足成员的穆斯林,包括波斯人、埃及人、柏柏尔人和其他信奉伊斯兰教的非阿拉伯民族,也包括一些说阿拉伯语或者虽然拥有阿拉伯血统却不被视为阿拉伯统治阶级的人。在理论上,这部分穆斯林与阿拉伯穆斯林处于平等地位,享有穆斯林的一切权利,因为全体穆斯林皆兄弟,实际情况并非如此。按规定,穆斯林可免缴除天课以外的一切赋税,而绝大多数麦瓦利都不享受这种优待,也不享受政治、社会等方面的平等权利。麦瓦利实际上与阿拉伯人一起参加征服战争,特别是在边远行省,如呼罗珊、马格里布、西班牙等地,但他们大多只能当步兵,所得薪俸和分得的战利品大大低于阿拉伯骑兵。就连一个麦瓦利与一个拥有阿拉伯血统的妇女结婚，都被看作有严重缺陷的婚姻。

许多非阿拉伯穆斯林，大都出身于有着悠久历史文化的民族，他们享受不到征服者的特权，就献身于学术研究和艺术创作，在知识领域里使阿拉伯穆斯林相形见绌，进而又在政治上开始争夺领导权。在很多情况下，他们都加入反对派的行列，拥护与倭马亚家族为敌的什叶派和哈瓦利吉派。他们当中有些人在宗教上往往变本加厉，对新宗教近乎狂热，以致迫害非穆斯林。早期穆斯林中最偏狭的人，有些就是改宗伊斯兰教的基督徒。

第三个等级是顺民，即所谓的"迪米人"。"迪米人"最初包括基督徒等，被称为"有经之人"，后来扩大到祆教徒、多神教信众和柏柏尔人。这些被征服的顺民必须缴纳人丁税和土地税，以换取保护和宗教信仰自由。他们可以有自己的法庭和宗教组织。除与穆斯林有关的事务外，他们的民事和刑事诉讼案件，也归本教的宗教首领处理。一般情况下，倭马亚王朝统治者对他们表现出一定的宽容态度，但这是有条件的。

奥马尔二世在位时期，就把种种侮辱性限制，即所谓"奥马尔契约"，强加于基督徒。这些侮辱性限制触目惊心：排斥基督徒，不许他们担任公职；禁止他们戴缠头巾，要求他们剪掉额发，穿着特殊的服装，腰系一条皮带；不许他们骑马时用马鞍，只能用驮鞍；不许他们修建教堂，不许他们做礼拜时高声祈祷。"奥马尔契约"还规定：穆斯林夺去基督徒的生命时，只受罚款的处分；基督徒在法庭上提供不利于穆斯林的证词等，是不会被采用的。"奥马尔契约"对犹太教徒显然也有种种限制，例如排斥他们，不许他们担任公职，等等。虽然许多条款没有长期实施，但其他宗教的信奉者对他们在这个社会所处的低下地位是不满的。

第四个等级是奴隶，地位最低下。他们来自亚洲、非洲、欧洲等。伊斯兰教承认已存在的奴隶制的合法性，同时又提倡改善奴隶的状况，认为释放奴隶是一种善行。但是，有一个时期，占有奴隶在阿拉伯贵族中是普遍存在的现象，许多富人占有上千个奴隶，没有奴隶的只是极少数人。奴隶主可以娶女奴为妻，她们生的孩子为自由人，也可以继承产业，这时生孩子的女奴的地位也有所提高，被称为"孩子的妈妈"，其地位略低于主人的妻子。

奴隶最初主要来自战俘，其中包括妇女儿童。在长期的征服战争中，大批战俘奴隶涌入阿拉伯帝国。据记载，穆萨·伊本·努赛尔从非洲俘虏了30万人，把其中的1/5献给了韦立德。古太白征服中亚一个地区时，俘虏了10万人。祖拜尔·伊本·阿瓦姆遗留的动产中，有男女奴隶1000人。倭马亚王朝的每个亲王，有1000个左右的男奴和女奴，是很平常的事。在绥芬战役中，叙利亚军中的一个小卒，就有一到十个奴隶服侍他。麦加著名的爱情诗人奥马尔·伊本·艾比·拉比阿，有70多个奴隶。当时，奴隶买卖非常兴旺，成为阿拉伯帝国各地区大发其财的生意。在这些奴隶中，有从非洲贩来的黑人，有从欧洲贩来的白人，有从中亚贩来的黄种人。

奴隶在阿拉伯宫廷和贵族的土地上从事兴修水利、采矿等繁重劳动，或从事手工业生产，或从事家务劳动。从事农业劳动的奴隶，其地位已接近依附农民。从事手工业生产的奴隶，只要定期向主人缴纳一部分产品或货币，就可以自由经营自己的生意。被征服地区早已形成封建生产关系，奴隶在社会生产中已不占主要地位。

改奉伊斯兰教的俘虏，成为释奴。释奴的处境也很恶劣。他们大多被编入军队，为贵族掠夺财富卖命。他们只能维持最低标准的生活，没有俸给，无权分得战利品。阿拉伯人还让释奴从事工艺、农业、教育、行政、翻译等方面的工作。释奴在学术、文化、艺术等领域做出了巨大贡献，但社会地位仍然十分低下。阿拉伯贵族经常把释奴和驴、犬等列在一起，一般不许他们和阿拉伯的自由女子结婚。

我们不难看出，建立在这种等级制基础上的社会，不可能长期保持稳定。随着倭马亚王朝政治上的腐败和生活上的腐化，以及对人民群众的压迫、剥削的加重，阶级矛盾和民族矛盾必然加剧。但必须认识到，这一时期主要是阶级斗争，反对倭马亚家族统治的不限于非阿拉伯人，下层的阿拉伯人同样反对国家的贵族政治，他们在倭马亚王朝早期甚至是反抗运动的中坚力量。反过来，拥护倭马亚家族的也不全是阿拉伯人，被阿拉伯帝国执政当局保留下来的其他民族的贵族，甘愿与阿拉伯贵族合作，只要阿拉伯统治者承认他们的特权。当然，这绝不是说，他们没有任何政治权力欲望。一遇时机成熟，他们就会起来夺取政权。

其次，宗派主义抬头，阿拉伯贵族内讧重演。

阿拉伯人传统上把阿拉伯各部落分成两大集团，即北部阿拉伯人和南部阿拉伯人，每个集团都有本集团内部各部落之间的宗谱。伊斯兰教诞生之前，有几个北方的阿拉伯部族迁徙到伊拉克，在两河流域定居下来，建立起拉比阿部族的住所和穆达尔部族的住所。在他们中间，盖斯人居于重要地位。居住在叙利亚的一些部落则是从阿拉伯半岛南部迁徙来的，被称为也门部族。他们当中以凯勒卜人最为著名。

伊斯兰教诞生之后，阿拉伯人随着对外征服运动的发展，大批迁居阿拉伯半岛以外的地区，但各城镇的阿拉伯人仍然按照他们的部族分片居住，从而把部落集团之间的斗争又带到了各地。在波斯东北行省，呼罗珊的阿拉伯人，大半是从巴士拉城迁徙来的北部阿拉伯人，居于领导地位的是泰米姆人。呼罗珊也有一些也门派人，他们被称为艾兹德人。在某些行省中，盖斯人被称为尼萨尔人或麦阿德人。这些部族叫什么名字无关宏旨。重要的是，北部阿拉伯各部族和南部阿拉伯各部族一直针锋相对。北部阿拉伯人有一种根深蒂固的种族优越感，因为他们认为自己是伊斯玛仪的苗裔，自称阿德南人，他们和南部阿拉伯人从来没有融合过。

穆罕默德在创立伊斯兰教的过程中，力图打破宗族血缘关系，以伊斯兰教为纽带，建立统一的政教合一的神权制国家，他的努力曾经取得一定的效果。但是第三任哈里发奥斯曼统治时期，这种宗族主义思想实际上已经抬头。倭马亚王朝奠基人穆阿维叶统治时期，南北两派阿拉伯人的斗争已经隐约重现。穆阿维叶实际上以也门部族为靠山，他和儿子都娶凯勒卜部族的女子为妻。叶齐德一世继位后，属于北方集团的盖斯人拒绝予以承认，而拥护同样觊觎哈里发之位的阿卜杜拉·伊本·祖拜尔。在马兹拉希特草原战役中，倭马亚家族依靠凯勒卜人的支持击溃了盖斯人，保住了倭马亚王朝马尔万系的宝座。但倭马亚家族因此次行动失去了过去表面上保持的中立地位，陷入了派系斗争的泥潭。

此后的历代哈里发，不是依赖这股势力，就是依赖那股势力。韦立德一世统治时期，盖斯人的势力已经登峰造极，哈查只和他的堂弟——印度的征服者穆罕默德，以及中亚的征服者古太白，都是盖斯派的代表人物。韦立德的弟弟苏莱曼一世却偏爱也门人。但是，叶齐德二世，受母亲的影响，保护外戚盖斯人。韦立德二世也是这样。叶齐德三世全凭也门人的武力，从韦立德二世手中夺取了哈里发之位。马尔万二世则受到盖斯人的拥戴。倭马亚王朝晚期的哈里发，与其说是一个统一帝国的君主,不如说是某个党派的首脑。至此,伊斯兰世界最终分化为两大派系:一个派系以盖斯人为中心,另一个派系以也门人为中心。

这种派系分化和斗争成为导致倭马亚王朝崩溃的原因之一,其恶劣影响,在很长时间内,在很多地区,都明显表现出来。甚至连首都大马士革所在地区也变成了持续两年之久的残酷内战的战场。这次内战的起因,据说是一个麦阿德人从一个也门人的园圃里偷了一个西瓜。在辽远的西班牙穆尔西亚城,血水流了好几年,原因是一个穆达尔人从一个也门人的果树园里拾了一片葡萄叶。在首都和各行省,在印度河两岸,在西西里岛沿岸,在撒哈拉大沙漠的边缘,祖先传下来的党争,到处变成两个派系的对立。

这种党争变成了强有力的因素,阻止了穆斯林军队在法兰克王国前进,最后导致安达卢西亚哈里发制度的崩溃。自公元732年的普瓦捷战役起,到公元755年后倭马亚王朝建立止,这一时期的西班牙历史,就是两个派别相互倾轧的历史。穆达尔人和也门人为争夺西班牙总督这一职位展开了流血斗争,最终一致想出了一个绝招:轮流执政,由他们两派的成员各任总督一年。在短短23年间,西班牙总督走马灯似的换了23次之多,政局混乱到何等境地!

此外,哈里发之位的继承缺乏一种确定的制度,也构成政局不稳、内乱四起的因素之一。穆阿维叶提名他的儿子做他的继承者,创立王朝世袭制,但阿拉伯人依照年龄而推举族长的古老部落原则成为推行世袭制的一大障碍,统治者不便于把宝座传给自己的儿子,人民表示效忠的宣誓礼就变成了哈里发继位的唯一一条安全道路。倭马亚王朝的14代哈里发,只有4代是把宝座直接传给儿子的。他们分别是：穆阿维叶一世、叶齐德一世、马尔万一世和马立克。

使这个复杂问题更加复杂的，是马尔万系奠基者开创的先例。马尔万一世提名他的儿子阿卜杜勒·马立克做继承者，又提名他的另一个儿子阿卜杜勒·阿齐兹做这个继承者的继承者。阿卜杜勒·马立克一登上哈里发的宝座，就做了一件很自然的事情，他用他的儿子韦立德来代替他的弟弟阿卜杜勒·阿齐兹做自己的继承者。他并不以此为满足，同时还指定他的另一个儿子苏莱曼做继承者的继承者。韦立德又同样企图这样做，但是失败了。他想为自己儿子的利益而剥夺自己弟弟的继承权。诸如此类的策略，自然导致倭马亚王朝的世袭制不可能稳定持续。

九、王朝倾覆

马立克的第四个儿子希沙姆结束了倭马亚王朝的黄金时代。希沙姆被认为继穆阿维叶和马立克之后，倭马亚王朝的第三个，也是最后一个政治家。希沙姆之后的4代哈里发，除亡国之君马尔万二世外，都是十足的放荡堕落之辈和无能之辈。

皇室贵族的穷奢极欲、无情剥削和专制压迫，势必激起人民的强烈愤恨。人民对阿拉伯帝国统治者，不再像早期那样支持，而是奋起反抗，与哈里发政权作斗争。

倭马亚王朝晚期，阿拉伯帝国政权处于风雨飘摇之中，各地相继爆发了大规模武装起义。公元728年，中亚粟特人起义，整个费尔干纳地区掀起了反抗斗争。许多游牧的突厥部落也加入了粟特人的行列，起义持续了10年之久。公元740年，倭马亚王朝的反对者哈瓦利吉派在北非发动柏柏尔人起义，反对易弗里基叶总督的专横、歧视和掠夺。起义遍及马格里布，人数达 30 万。起义者除掉总督，占领了丹吉尔等城市，直到公元 742 年才被镇压下去。倭马亚王朝末代哈里发马尔万二世统治时期，哈瓦利吉派在美索不达米亚和阿拉伯半岛再次反叛，起义从巴勒斯坦蔓延到赫姆斯，哈达拉毛的起义者占领了麦加和麦地那。另外，在埃及、西班牙等地，也有不同程度的人民暴动。

在反对倭马亚王朝的斗争中，东部各行省的反抗对倭马亚王朝来说，更具有危险性。这里主要有三种反倭马亚王朝的势力。

一是穆斯林什叶派。

什叶派主张哈里发之位应当由阿里及其后代继承。他们从来不承认倭马亚家族统治的合法性，更不会饶恕他们残害侯赛因的罪行。什叶派以库法为基地，在伊拉克、埃及、波斯等地进行广泛宣传。很多对倭马亚王朝不满的人，特别是麦瓦利，加入了他们的行列，伊拉克居民大半变成了什叶派。伊拉克土著本来是怀着恢复民族独立的政治愿望来反对倭马亚家族统治的，现在又增添了宗教色彩。

什叶派一直与倭马亚家族作斗争。哈里发希沙姆当政时期，伊玛目侯赛因在卡尔巴拉战役中唯一一个幸存下来的儿子——栽德·伊本·阿里，在库法举行起义，反对倭马亚王朝的统治，主张恢复阿里家族的合法政治地位，要求补发他们被剥夺的年金，并召回远征士兵。起义被希沙姆的伊拉克总督优素福·伊本·奥马尔镇压，栽德被害，他的同党失散。起义虽被镇压下去，但什叶派反倭马亚王朝的活动没有停息。这只不过是一系列连续发生的最终导致倭马亚王朝覆灭的什叶派运动的开端而已。到公元 9 世纪，就是这位栽德的后裔在也门建立起一个国家,这个国家经受了多少个世纪的风暴,屹立不倒,成为现在少数几个什叶派国家之一。

二是阿拔斯派。

阿拔斯家族是伊斯兰教先知穆罕默德的叔叔阿拔斯的后裔。他们认为,他们是古莱什族哈希姆家族的成员,与穆罕默德的血缘关系比倭马亚家族更近,因而更有资格取得哈里发之位。阿拔斯家族利用人民的普遍不满情绪,大肆攻击倭马亚王朝统治者破坏伊斯兰教的教义和教律。他们在巴勒斯坦地区的侯迈麦村建立了大本营和宣传基地。这个小村落表面上是一个与世隔绝的地方,其实具有重要的战略价值。它靠近商队的大路,又在朝觐路线的交叉点上。这是伊斯兰政治史上最早、最巧妙的宣传运动的舞台。他们以卫道者自居,与什叶派协同一致,共同对敌,很快便成为反倭马亚王朝运动的领导者。相传,什叶派哈希姆派首领艾布·哈希姆,曾将该派的领导权让给穆罕默德的叔叔阿拔斯的曾孙穆罕默德·伊本·阿里。穆罕默德·伊本·阿里成为什叶派教长,并传位给他的儿子易卜拉欣,从而使阿拔斯家族控制了该派的起义组织和宣传活动。

三是呼罗珊人。

波斯的穆斯林原本希望皈依伊斯兰教可以获得与阿拉伯穆斯林同等的地位。但是,这种愿望不但没有实现,反而使他们落到了顺民的地位,他们十分愤恨。他们以高度文明和古老文化的代表者自居,不愿屈居人下。他们怀着强烈的民族主义情绪,渴望摆脱倭马亚家族的统治。什叶派和阿拔斯派,在这样一些心怀不满的新穆斯林当中,找到了散播起义种子的肥沃土壤。伊拉克通常是效忠于什叶派的。什叶派的教义从这里传布到波斯,特别是在波斯东北的呼罗珊行省生根发芽。

南部阿拉伯人和北部阿拉伯人在波斯长期斗争，也为呼罗珊人民运动的兴起提供了有利条件，铺平了道路。党派斗争和教派斗争是相互联系的，北部阿拉伯人代表并支持逊尼派，南部阿拉伯人代表并支持什叶派。倭马亚王朝末代哈里发马尔万二世为北部阿拉伯人所拥戴，南部阿拉伯人就成为他的反对派，他们在呼罗珊加入了反倭马亚王朝的宣传活动。这时，阿拔斯派首领易卜拉欣的代理人艾布·穆斯林——一个出身微贱的波斯释奴，在呼罗珊四处活动，煽风点火，进行反倭马亚的宣传活动，呼罗珊成为阿拔斯派势力的中心。阿拔斯家族很有识见，看到他们最好的用武之地是遥远的呼罗珊，即旧日波斯帝国的辽阔的东北诸行省。这些地方的居民是勇敢而生气勃勃的民族，因为他们在倭马亚王朝的暴政下遭到了不堪忍受的苦难，被置于近乎奴隶的地位，家园残破，他们对能给他们以解救希望的任何孤注一掷的冒险行动都是渴望参加的。①

什叶派、阿拔斯派和呼罗珊人，在反倭马亚王朝的斗争中，逐渐结成联盟。领导这个联盟的是阿拔斯派的艾布·阿拔斯。他是伊拉克的大地主，阿拔斯派首领易卜拉欣的弟弟，伊斯兰教先知穆罕默德的叔叔阿拔斯的玄孙。当这三大势力结成联盟的时候，倭马亚王朝的命运就接近完结了。

公元747年6月，艾布·穆斯林提出"减少税赋""取消劳役"等口号，率领奴隶、农民和手工业者，以及一些不满倭马亚王朝统治的波斯贵族，在呼罗珊揭竿而起，发动了反对倭马亚家族的武装起

---

① 柯克.中东简史：上册[M].武汉大学《中东简史》翻译组，译.武汉：湖北人民出版社，1975：47-48.

艾布·穆斯林半身雕像

义,高高举起了黑旗,那原本是伊斯兰教先知穆罕默德的军旗,而此时已经变成阿拔斯家族的标志了。呼罗珊和河外地区的农民,纷纷携带武器,投奔艾布·穆斯林;伊拉克的哈瓦利吉派乘机起事;木鹿附近约60个村庄的农民同时暴动。起义军势力日益壮大。艾布·穆斯林率领起义军,进攻呼罗珊首府木鹿。

倭马亚王朝派驻呼罗珊总督奈斯尔·伊本·赛雅尔,请求哈里发增派援兵,他还在这封感伤的书信里以诗句为点缀。然而,此时哈里发正忙于镇压内地的起义,派不出兵来,爱莫能助,力不从心。这次起义从巴勒斯坦一直蔓延到赫姆斯,是盖斯人和也门人之间旧党争的重演。这种党争被争夺哈里发之位的野心家所利用,盖斯人所拥戴的马尔万二世犯了致命错误,他不但把自己的住所,而且把国家机关都迁到美索不达米亚的哈兰城,这样就失去了所有叙利亚人的支持。除倭马亚王朝的主要支持者叙利亚人外，现存制度的坚定反对者——哈瓦利吉派也公开叛乱。祖先的复仇主义，使阿拉伯帝国最西部的行省西班牙也分崩离析。

登上哈里发之位之前，因坚持奋战而著称的马尔万二世，当时已经60岁了。他在三年的时间里，亲赴沙场，指挥战斗，镇压叙利亚和伊拉克的叛乱者。事实证明，他是一位能干的君主和将军，比前几代哈里发有才干，但他出生得太晚了，倭马亚王朝的命运已日薄西山了。马尔万二世有心救国，无力回天，要扭转全局，为时已晚。

呼罗珊总督奈斯尔求援无望，在绝望中弃职而逃，率领他的忠实部队撤出呼罗珊首府木鹿，逃往朱尔詹。艾布·穆斯林的著名将领卡塔巴，早在公元718年就是呼罗珊阿拔斯派的12个首脑之一，他率军攻陷呼罗珊首府木鹿，随后追击奈斯尔。奈斯尔在逃命途中亡故，他的残部投奔了被围困在波斯尼哈温德的叙利亚军队，在那里又为卡塔巴的儿子哈桑所包围。前来解围的叙利亚大军，被卡塔巴在伊斯法罕附近击败。被围困在尼哈温德的叙利亚军队被迫投降，遭到无情屠害。

阿拔斯军队挥师西向，一直挺进到伊拉克。伊拉克总督叶齐德渡过底格里斯河，前往迎击。双方在安巴尔附近交锋。卡塔巴在这次夜间散兵战中身亡（一说被溺亡）。叶齐德也被迫退到瓦西特。卡塔巴的儿子哈桑担当起阿拔斯军队的统帅，于公元749年攻克库法。库法长期以来就是阿拔斯运动的中心。阿拔斯家族族长、什叶派教长易卜拉欣，在阿拔斯派大本营侯迈麦村，被马尔万二世逮捕前，就指定其在库法的弟弟艾布·阿拔斯为继承人，并劝告他的族人到库法避难。库法城的驻军没有怎么抵抗，就投降了。

这时，艾布·阿拔斯公开站出来，宣布自己是穆斯林所期待的救世主。艾布·穆斯林派 12 个呼罗珊酋长前往库法，宣誓拥戴艾布·阿拔斯。公元 749 年 10 月 30 日，艾布·阿拔斯在库法大清真寺举行公众的效忠宣誓仪式，被拥戴为哈里发。阿拔斯王朝的第一代哈里发，就这样登上了宝座。

倭马亚家族的白旗在阿拔斯家族及其同盟军的黑旗面前，节节败退。马尔万二世不甘失败，组织了最后的抵抗。他率领 1.2 万人，从哈兰出发，于公元 750 年 1 月在底格里斯河的支流大扎卜河左岸与敌军展开会战。阿拔斯军队的统帅是新任哈里发的叔叔阿卜杜拉·伊本·阿里。叙利亚军队士气不振，缺乏必胜的信念。经过 9 天会战，马尔万二世战败，取道哈兰和大马士革逃往埃及的沿海城市法尔玛。

大扎卜河战役结束后，胜利的阿拔斯家族在叙利亚境内长驱直入，许多重要城市没有进行认真抵抗，一个接一个开门向阿卜杜拉和他的呼罗珊军队投降，只有帝国首都大马士革经受了几天围攻。公元 750 年 4 月 26 日，这座骄傲的首都投降了。

阿卜杜拉从巴勒斯坦派遣一个分遣队，追缉逃亡的哈里发，于同年 8 月 5 日在埃及的卜绥尔城一座基督教堂外将马尔万二世捕害。马尔万二世原本是在那座教堂避难的。他的坟墓现在还在那个地方。据阿拉伯历史学家麦斯欧迪的记载，他的首级和哈里发的标志都被交给了艾布·阿拔斯。

倭马亚王朝的最后一个据点是哈查只建在底格里斯沼泽地的营房城市瓦西特。尽管被包围在那里的南北阿拉伯人之间不团结，但是这座城市还是坚持了 11 个月之久。直到总督叶齐德闻知马尔万二世亡故的消息之后，经过 40 天的谈判才宣告投降。然而，阿拔斯家族食言毁约，无情斩处了被俘将官，包括总督叶齐德本人在内。

历时 90 年的倭马亚王朝就此宣告结束。

倭马亚王朝是阿拉伯帝国演进历程中的一个重要阶段。倭马亚家族东伐西讨，南征北战，以疾风扫落叶之势，吞并西亚，席卷埃及，横扫非洲西北部，征服伊比利亚半岛，进兵锡尔河，饮马印度河，建立起一个以叙利亚为中心，西起伊比利亚半岛和大西洋东岸，东至印度河和中国西部边境，北起中亚，南至撒哈拉沙漠，地跨亚非欧三大洲的庞大帝国。倭马亚家族开创王朝世袭制，建立以阿拉伯人为主体的政权，实行帝国机构的阿拉伯化，定阿拉伯语为官方语言，统一使用阿拉伯货币，奠定了阿拉伯-伊斯兰文化的基础。

第四章
阿拔斯王朝

一、阿拔斯王朝的建立

阿拔斯家族以各个对倭马亚王朝心怀不满的集团利益捍卫者的面目出现，积极有效地开展宣传工作，巧妙利用各种力量，从而在阿拉伯政治风云变幻中取得了胜利，夺取了国家的最高权力，建立了阿拔斯王朝。阿拔斯王朝旗帜尚黑，中国史书称之为黑衣大食。

阿拉伯帝国辉煌灿烂的一幕拉开了，主角是阿拔斯家族，舞台是伊拉克。阿拔斯王朝是伊斯兰文明史上最著名、最长久的朝代，从公元750年建立至1258年灭亡，历时508年，经历了37代哈里发。阿拔斯王朝时期，阿拉伯帝国进入了一个新的时代。阿拔斯家族把他们的政权叫作道莱，意思就是"新纪元"。这个新时代的某些因素在倭马亚王朝即已出现，到阿拔斯王朝，新时代最终形成。

在这个时代，帝国的政治中心由叙利亚移到伊拉克。叙利亚的荣光逝去了，尽管叙利亚人屡次举行武装斗争，试图恢复他们从前的势力，但是均遭失败。最后，他们把希望寄托在一个名叫素福扬的人身上，即一个救世主式人物，期望他把他们从伊拉克压迫者的奴役状态解放出来。直到现在，人们还能听到叙利亚的穆斯林在谈论穆阿维叶的一个苗裔不久就要来临的神话。伊拉克人感到自己已经摆脱叙利亚人的控制，什叶派认为自己已经复仇，顺民已经从奴役状态解放出来，波斯边境的库法城已经变成新的首都，呼罗珊人已经变成哈里发的护卫。

在这个时代，古代东部的因素，特别是波斯的因素，对阿拉伯帝国产生了巨大影响。波斯风尚占上风，帝国政体是波斯式的，典章礼仪也是波斯式的。阿拔斯家族夺取政权依靠波斯人，在较长时期内，巩固政权也依靠波斯人。不少波斯显贵在阿拔斯王朝政府中担任要职，实际上形成了阿拔斯皇室和波斯贵族的联合统治。

在这个时代，伊斯兰文明史上纯粹阿拉伯人统治的时代结束了，取而代之的是阿拉伯贵族和非阿拉伯贵族的联合统治。阿拉伯帝国的

阿拔斯王朝的军队

最高统治者已不再是纯粹的阿拉伯人。阿拉伯帝国的高级官吏不仅有阿拉伯人，也包括大量非阿拉伯人，从帝国各民族选拔出来的官员代替了原来的阿拉伯贵族。

在这个时代，阿拉伯血统已不是至高无上和决定一切的因素，种族排斥和种族歧视逐步消失了，取而代之的是阿拉伯人和非阿拉伯人，阿拉伯穆斯林和外族穆斯林的相互融合，相互借鉴，共同进步。这在文化上表现得最为突出，许多麦瓦利在发展阿拉伯－伊斯兰文化、促进帝国学术繁荣的过程中，成就卓越，影响深远。举世闻名的阿拉伯－伊斯兰文化，就是各种文化互相融合、相互吸收的结果。

阿拔斯王朝创始人艾布·阿拔斯，执政4年，以残暴著称。他如此漠视人类的生命，竟然在库法大清真寺发表即位演说时狂妄地自称萨法赫（意思是"屠夫"或"放血者"）。后来，"萨法赫"就成为他的绰号。这是一个凶兆，意味着新王朝在执政方面比旧王朝更加依靠武力。刽子手行刑时当毯子用的皮革，在伊斯兰文明史上首次铺在哈里发的宝座旁边，成为宝座不可或缺的附属物。

艾布·阿拔斯草菅人命，不惜采取一切残酷手段铲除倭马亚家族成员。他以除尽倭马亚家族成员的方式来庆祝他即位。公元750年6月25日，他的部将阿卜杜拉邀请80名倭马亚王朝的王公贵族前往艾布弗特鲁斯城，即古代的安提帕特里斯城赴宴。该城位于巴勒斯坦雅法附近的奥查河畔。宴席间，阿卜杜拉出其不意地将这80人全部砍倒在地。然后，他把皮革盖在已被斩处者或奄奄一息者的身上，继续在浓烈的血腥味和尚未咽气者的呻吟声中欢宴。

接着，阿拔斯派出暗探，到各地搜捕流亡在外的倭马亚家族成员。他们当中有些人躲藏在地窖里。有一位名叫阿卜杜勒·拉赫曼的年轻人，他是倭马亚王朝第十代哈里发希沙姆的孙子。他虎口逃生，戏剧性地逃亡到了西班牙。后来，阿卜杜勒·拉赫曼在安达卢西亚成功地建立了辉煌灿烂的后倭马亚王朝。他的后裔一直在欧洲传播伊斯兰教，使阿拉伯－伊斯兰文化在西班牙开花结果。

阿拔斯家族甚至对倭马亚王朝的亡故者，也进行了可怕而残忍的报复。大马士革、肯奈斯林和其他地方的哈里发陵墓都遭受了挖掘和凌辱，只有穆阿维叶和奥马尔二世的陵墓没有遭受破坏和凌辱。

乾坤已经扭转，哈希姆家族的分支阿拔斯家族执掌了政权，他们要报复实际的怨仇，也要报复想象中的怨仇。就这样，他们为在倭马亚王朝遭受过痛苦的烈士侯赛因和其他哈希姆家族成员报仇雪恨了。可是，这并不是一个令人开心的事，它只能使人回忆起伊斯兰教诞生之前的令人恐怖的阿拉伯社会。

艾布·阿拔斯一面屠害倭马亚家族，一面把自己装扮成一个圣洁者和爱教者。他身披穆罕默德在星期五聚礼仪式上穿的斗篷，并把教律和教法学家招罗到他的宫廷中来。那些过去从事反倭马亚家族宣传的喉舌，而今又开始把阿拔斯家族树立为穆罕默德的真正继承者。实际上，这种宗教改变，与其说是真实的，不如说是表面的。阿拔斯家族承袭了倭马亚王朝的帝国，这个帝国同早期四大哈里发力图创建的质朴刻板而又高尚尊贵的社会，有着巨大的差别。

阿拔斯王朝的哈里发，假装虔诚，自称爱教，但是他们汲汲于名利，并不亚于他们所取代的以世俗特征著称的倭马亚哈里发。倭马亚王朝和阿拔斯王朝的区别在于：倭马亚王朝是阿拉伯性的，阿拉伯人是主体，居于主导地位；而阿拔斯王朝是国际性的，阿拉伯民族只是其他众多穆斯林民族中的一个。倭马亚王朝是真正统一的，哈里发得到了帝国各行省的承认；而阿拔斯王朝是表面上的统一，边远行省实际上处于半独立状态。

艾布·阿拔斯执政期间，专横跋扈，害人无数，树敌众多，叛乱四起，西班牙、北非、阿曼、信德、呼罗珊等行省都不完全承认新的哈里发，叙利亚、伊拉克、埃及等地骚乱不断，阿拔斯王朝政权危机四伏，很不稳固。艾布·阿拔斯在首都库法的处境也非常不妙。库法的老百姓饱经忧患，对许多灾难记忆犹新，他们亲眼看到了阿里家族的衰亡和倭马亚家族的覆灭，他们亲身领教了艾布·阿拔斯的虚伪与残忍，他们是不会轻易忘却和宽恕他的。在这种情况下，艾布·阿拔斯在库法深感不安。于是，他下令在幼发拉底河左岸的安巴尔建筑了新都哈希米耶城。公元 754 年，艾布·阿拔斯因患天花而殁于新都。

艾布·阿拔斯病逝后，他的弟弟艾布·贾法尔继位，自称曼苏尔（意为"常胜者"）。曼苏尔是阿拔斯王朝的真正奠基者。他的母亲是一个柏柏尔女奴，他的子女也几乎都是漂亮的女奴所生，他之后的 35 代哈里发，都是他的直系后裔。他身材修长，性格忧郁，个性倔强，才华横溢，待人严谨，严厉克己。他是阿拔斯王朝最伟大的哈里发，也是最不讲道义的哈里发。[1]

曼苏尔上任伊始，便芟除叛乱，消灭异己，重新统一阿拉伯帝国。他的伯父阿卜杜拉是一位名将，曾统率大军在大扎卜河战役中击败马尔万二世，并彻底打垮了倭马亚家族。艾布·阿拔斯执政时期，阿卜杜拉当上了叙利亚总督。曼苏尔继位后，阿卜杜拉举兵反叛，向曼苏尔的哈

---

[1] 希提. 阿拉伯通史：上册 [M]. 马坚, 译. 2 版. 北京：商务印书馆，1990：337.

里发继承权提出了挑战。公元754年，曼苏尔派艾布·穆斯林率军在尼西宾战役中打败阿卜杜拉，将其投入狱中。经过7年监禁之后，阿卜杜拉被隆重地迎入一所新居。这所新居是有意建筑在盐地上的。后来，曼苏尔下令放水淹墙脚，新居倒塌，阿卜杜拉被砸亡在废墟里。

接着，同样的厄运降临到了艾布·穆斯林的头上。他是仅存的唯一一个有名望和权势的将军。他曾为阿拔斯家族夺取和巩固政权立下了汗马功劳。他时任呼罗珊总督，他统治的这个边远行省几乎半独立于哈里发政权。曼苏尔决心铲除这个危险的祸根。他试图将艾布·穆斯林调离他的大本营呼罗珊，改任埃及总督，但艾布·穆斯林拒不从命。于是，曼苏尔借召见之机，以图谋反叛之嫌罪，将其谋害。

艾布·穆斯林的一个追随者——波斯人松德巴德，举起反叛的旗帜，要为这位名将报仇，他一直追到巴基斯坦地区，被哈里发的军队镇压身亡。后来，曾给艾布·穆斯林做过秘书的波斯人哈希姆，自称真主的化身，他用一块金色面纱罩住自己的面庞，诡称他的人民不敢正视他那光辉面容，因此被称为"戴面纱的人"。他乘哈瓦利吉派在呼罗珊暴动之机，征服了呼罗珊行省。曼苏尔和他的儿子不得不采取果断措施镇压了这些起事者。哈希姆被包围在一座要塞里，走投无路。他亲手放起一把火，与几个妻子和追随者一起，化为灰烬。

曼苏尔除掉阿拔斯王朝的两个开国元勋和实力派人物之后，又镇压了易卜拉欣和穆罕默德领导的什叶派暴动。什叶派曾和阿拔斯家族结成同盟共同反对倭马亚家族。天真的什叶派以为阿拔斯家族是为他们的共同利益而战的。然而，不久之后，他们的幻想就破灭了。阿拔斯家族上台后，立即公开表现出缺乏履行阿拔斯家族所做的种种诺言的诚意,有权势的职位都为阿拔斯家族或其亲信家族所占据,什叶派遭到排斥。于是,什叶派在麦地那和伊拉克发动了反抗阿拔斯王朝的暴动。

公元762年年底,伊玛目哈桑的曾孙穆罕默德——外号"纯洁的灵魂",在麦地那组织什叶派举事。他们将被曼苏尔任命的总督囚禁起来的什叶派亲族解救出来,并让著名神学家、马立克教派的创始人马立克·本·艾奈斯,替他们解除了他们对阿拔斯王朝的效忠宣誓,说那次宣誓是他们在武力威胁下被迫做出的。他们效法他们的先知穆罕默德当年的做法,修筑了一条城壕来保护自己。曼苏尔的部将伊萨·穆萨率领呼罗珊军队,火速开赴麦地那,经过一番奋勇抵抗,穆罕默德战败被害,尸体被悬挂在麦地那城门上示众。

伊玛目哈桑的另一位曾孙——穆罕默德的兄弟易卜拉欣,也在伊拉克举起了义旗。他领导什叶派夺取了巴士拉,并利用从巴士拉弄到的钱,把波斯和苏士安纳争取过来。曼苏尔的部将伊萨·穆萨,镇压麦地那的叛乱之后,马上回师向苏士安纳进军。经过几场激烈的战斗之后,伊萨·穆萨控制住了苏士安纳的局面。公元763年2月14日,在库法附近的巴哈姆拉战斗中,易卜拉欣战败被斩,首级被送交哈里发。

此后,阿拉伯帝国大部分地区相继投降归顺。除了西班牙和非洲西北部一角外,曼苏尔将阿拉伯帝国的大部分版图重新统一起来。

曼苏尔平定一切动乱之后,直至其后三代哈里发在位期间,国内呈现和平安定的局面。因此,皇室大兴土木,又为阿拉伯帝国修建一座新的都城,使帝国逐渐繁荣昌盛。都城哈希米耶地处库法和希拉之间,离什叶派集聚的库法太近,对阿拔斯王朝不利,曼苏尔早有迁都之意。他踏勘过好几个地方,最后选定巴格达为都址。巴格达原为波斯帝国萨珊王朝的一个村落，本来就叫巴格达，它的意思是"天赐"。曼苏尔之所以选定巴格达为都址，是因为巴格达是一个优良的军事营地，陆路可以通过呼罗珊大道（"丝绸之路"的中段），水路可以通过底格里斯河和幼发拉底河，与波斯、叙利亚、亚美尼亚、阿塞拜疆、埃及、北非和遥远的中国建立广泛的联系，充分享用来自这些地方的物质财富。

负责观察天象的官员为曼苏尔择定了吉日良辰，兴土动工。据赫兑卜的《巴格达志》记载，新都建成于公元762年，用了4年时间，苏尔曼从帝国各地雇用了10万建筑师和工人，花费了488万第尔汗，耗费了大量人力物力。萨珊王朝故都泰西封的废墟，被当作新都的主要石料和必需建筑材料的来源，而城砖是在附近烧制的。曼苏尔命名新都为"和平城"，时人称作曼苏尔城，但人们仍习惯通用旧名巴格达，并一直沿袭至今。

巴格达城位于底格里斯河右岸，南距萨珊王朝故都泰西封20千米。新都城的格局呈圆形，故又有"团城"之称。巴格达城分外城、内城和宫城三层，有三道城墙，这三道城墙各有等距离的4座城门，有4条大街从中心区辐射出来，伸向城外，像车轮的辐条一样，射向阿拉伯帝国的4个方向。这三道城墙构成了三个同心圆，以哈里发的宫殿为圆心。

内城和外城都是用砖砌成的。外城四周有一条深壕构成的护城河。有大路穿过外城的拱门，跨过护城河，通向远方。外城的城楼参天入云，上面是一个外涂绿釉内镀黄金的圆顶，人们可以站在城楼上俯瞰全城，城墙上是宽敞的平台，可以步行或骑马绕城一周。

宫城高约27米，环绕在中心区的周围。宫城内有王官，位于城中心，周围有条不紊地排列着20座行政大殿，以及供内眷、宦官、卫队和特等官吏居住的附属建筑，面积约占整座巴格达城的1/3。王宫以金饰门，名为金门宫。王宫有一个放射绿彩的圆顶，高约40米，故又称绿圆顶宫。绿圆顶上面有一尊骑士雕像，骑士骑在马上，手持长矛，指向敌人可能来的方向。王宫底层有一个100平方米的接见大厅。圆顶下面还有一个同样大小的穹窿大厅。穿过朝向庭院的穹窿大厅就可以进入接见大厅。王宫旁有清真寺。

公元773年，曼苏尔在城郊底格里斯河畔建筑了"永恒宫"。他又在底格里斯河东岸为皇储修建了鲁萨法宫（意为"堤道宫"）。两岸用浮桥连接，形成互为掎角之势。

巴格达建成后，很快便兴旺发达起来。好像命运要曼苏尔的都城继承泰西封、巴比伦、尼尼微、乌尔等古代都城的威望，没几年工夫，巴格达便由一个古老的小村落一跃而成为阿拔斯王朝的政治中心、经济中心和文化中心，成为东西方贸易的集散地，成为西亚的一颗明珠。巴格达作为西亚的一颗明珠，在世人皆知的阿拉伯民间故事集《一千零一夜》（又译《天方夜谭》）中大放异彩。

二、远交近攻

公元775年10月7日，阿拔斯王朝的真正奠基者曼苏尔，在赴麦加朝觐途中去世。据说，他被秘密下葬之前，曾在麦加同时挖了100多座墓穴，谁也不知道他安葬在哪一座墓穴里。曼苏尔亡故后，他儿子马赫迪继位。曼苏尔制定的政策成为阿拔斯历代继承者的指南，正如穆阿维叶的政策曾指导倭马亚王朝历代哈里发一样。

阿拔斯王朝自第三代哈里发马赫迪起，到第九代哈里发瓦西格止，达到了全盛时期。其中，又以哈伦·拉希德（又称拉希德一世）和马蒙时期最为兴旺。阿拔斯王朝之所以能在一般人眼中光彩夺目，成为伊斯兰历史上的繁荣时代，主要是因为这两位显赫的哈里发。从第十代哈里发穆塔瓦基勒开始，阿拔斯王朝江河日下，日趋没落。根据史籍记载，阿拔斯王朝的哈里发，以曼苏尔为奠基者，以马蒙为中兴者，以穆塔瓦基勒为结束者。这大致是与历史事实相符合的。只要考察一下阿拔斯王朝的对外关系、政治经济、社会生活、智力觉醒、文化成就等，人们就会对阿拉伯帝国极盛时期的灿烂景象有一个概观。

在对外关系方面，阿拔斯王朝采取"远交近攻"的政策。为了对抗后倭马亚王朝统治下的西班牙，以便集中全力进攻拜占庭，阿拔斯王朝与法兰克人结成联盟。前面讲过，阿拔斯家族大肆屠害倭马亚家族的时候，希沙姆的孙子阿卜杜勒·拉赫曼幸免于难。这位19岁的青年，化装成老百姓，经过巴勒斯坦、埃及、北非等地，到处流浪，好不容易才逃脱了阿拔斯家族的间谍时时警惕的眼睛。他的故事构成了阿拉伯编年史上最富于戏剧性的逸事。

阿卜杜勒·拉赫曼原本躲避在幼发拉底河左岸一个游牧人的帐篷里，他的流亡生活就是从那里开始的。有一天，阿拔斯家族的黑色旗帜，突然出现在这个帐篷的近旁。阿卜杜勒·拉赫曼带领他的弟弟机警地一头扎进河中，拼命向彼岸游去。他那个弟弟不善于游泳。游到河中间，他听信了追缉者答应特赦他的允诺，折身游了回来，结果被害。最后，只有阿卜杜勒·拉赫曼游到了彼岸。

他拖着沉重的双腿走上南行的路途。在巴勒斯坦，他遇上了被他释放的又忠实又能干的自由民白德尔。白德尔自此成为他身边的一个忠诚干练的随从。在北非，无依无靠、一贫如洗的他，从一个部落流浪到另一个部落，从一座城市漂泊到另一座城市，好不容易才逃脱当地长官的暗害。

公元755年，这个不受法律保护的亡命之徒，终于逃到了马格里希西海岸的休达港。他的舅舅是柏柏尔人，就住在休达附近，他们保护了他。他派遣白德尔渡过直布罗陀海峡，与驻扎在西班牙的叙利亚部队谈判。这些部队的首长，都是倭马亚王朝的旧部，他们决定效忠于这位勇敢机敏的倭马亚皇子。他们开始为他工作，并争取了也门集团。当一切就绪后，他们便请求这位新领袖渡海到西班牙。

这位身材修长、鹰鼻红发、热衷于冒险的倭马亚皇室苗裔来到了西班牙。他勇敢刚毅，富有谋略和政治技巧，不久便控制了错综复杂的局势。优柔寡断的西班牙总督优素福，企图用种种丰厚的礼物和诺言收买阿卜杜勒·拉赫曼，甚至应允让他做自己的女婿，但都失败了。南方的城市，一座接一座地开门迎降阿卜杜勒·拉赫曼，没有一座进行抵抗。阿卜杜勒·拉赫曼和他的支持者，向首府所在地科尔多瓦挺进。就在决战快要开始前，才有人注意到，这位皇子还没有自己的军旗。塞维利亚的也门人首领艾布·萨巴哈把一块绿色缠头巾绑在矛头上，临时做成一面旗子。根据文献记载，这就是西班牙倭马亚王朝军旗的起源。

公元756年5月14日早晨，敌对的两军交战于瓜达尔基维尔河岸。为了稳定军心，阿卜杜勒·拉赫曼用自己所骑的马去换艾布·萨巴哈的老骡子。战斗最后以阿卜杜勒·拉赫曼获胜而告终，优素福和他的大将落荒而逃，科尔多瓦被攻克。阿卜杜勒·拉赫曼成为西班牙的统治者，他所建立的王朝史称后倭马亚王朝。

公元761年，阿拔斯王朝哈里发曼苏尔大胆任命阿拉·穆伊斯为西班牙总督，率军讨伐阿卜杜勒·拉赫曼。阿卜杜勒·拉赫曼不费吹灰之力就战胜了穆伊斯，并把他和他所有的著名同僚全部处决。阿卜杜勒·拉赫曼砍下亡者的头颅，撒上樟脑粉和食盐，用阿拔斯王朝的黑旗裹好，把曼苏尔给穆伊斯的委任状钉在包裹上，派人送给阿拔斯王朝的哈里发。曼苏尔从前曾把阿卜杜勒·拉赫曼叫作"古莱什族之鹰"。据说，当这件包裹在朝廷打开时，曼苏尔及其左右朝臣全都惊呆了。从此以后，阿拔斯王朝军队再未骚扰阿卜杜勒·拉赫曼。

公元777年，巴塞罗那长官，一个蓝眼睛的人，前总督优素福的女婿，邀请法兰克国王查理曼前来西班牙，共同对抗阿卜杜勒·拉赫曼。查理曼愉快地接受了这一邀请。他于公元778年率领一支大军，越过比利牛斯山脉，向西班牙北部城市萨拉戈萨发起攻击。在阿拉伯人的顽强反击下，查理曼被迫撤退。其间，他接到报告说，他新近征服的撒克逊省爆发了叛乱。于是，他留下他的侄儿——欧洲中世纪的伟大史诗《罗兰之歌》的主人公罗兰指挥军队断后，他自己则率领一部分军队先行回国。在撤退的道路上，经过比利牛斯山隘的时候，法兰克人的后卫部队遭到当地山民来自四面八方的围攻，追击法兰克人的阿拉伯人也加入围攻。罗兰率军全力奋勇抵抗，但最终在战斗中倒下，他的军队也全部覆灭。罗兰英勇抵抗，因《罗兰之歌》而流芳百世。这部史诗不仅是早期欧洲文学的珍品，而且是欧洲中世纪最动人的史诗。

阿卜杜勒·拉赫曼打败了当时东西方两位最强大的君主，成为他们共同的对手。阿拔斯家族和法兰克人走到一起，建立了联盟，共同对付西班牙后倭马亚王朝和拜占庭帝国。哈伦·拉希德和查理曼建立了友谊。依照西方作家的记载，这种相互诚恳的感情表现在互派使节和互赠礼品上。有一位法兰克作家和查理曼有私人交往，有时被认为他的秘书。据他说，这位西方的伟大国王派到西亚的使节，从阿拉伯帝国带回来丰富的礼物，包括丝织品、织造品、香料和一头大象。

有一种说法，哈伦·拉希德曾送给查理曼一架管风琴，正如其他有趣的历史小品一样，这个故事是不真实的。这显然是把原文里的"漏壶"这个名词，误译成了"管风琴"，它实际上是一种用水来计时的计时器的名称。

据西方作家记载，互换使节和互赠礼物的事发生在公元797年至公元806年。

伊斯兰时代的著作中记载了阿拔斯王朝的其他外交往来。《罕世璎珞》提到，"印度国王"派遣代表团，给哈伦·拉希德送来了许多贵重礼物，受到了隆重的接待。哈伦·拉希德生命垂危之时，从印度德干之王那里请来了一位当地医生，给他治疗。

穆斯林与其宿敌拜占庭之间的边界战争一直在进行，断断续续地打了100多年。这场发生在小亚细亚的战争，随着双方力量的强弱，战线时进时退。这场持久漫长的战争是古代战争的继续。自古以来，小亚细亚就是东欧国家和西亚国家的战场。在古代，先是古希腊人和波斯人，而后是古罗马人和迦太基人，都曾在这里交战。就在伊斯兰诞生前不久，拜占庭和波斯在这个地区进行了使双方都精疲力竭的长期战争。倭马亚王朝和拜占庭帝国之间时断时续的战争，到阿拔斯王朝，已成为当地人司空见惯的事。耐人寻味的是，几个世纪之后，同为穆斯林的土耳其人和波斯人，也在为争夺这个极具战略地位的地区,进行了类似的残酷战争。

执政初期,曼苏尔忙于内战,平定叛乱,拜占庭乘机侵犯阿拉伯帝国的边界领土。既然穆斯林可以定期举行消遣式"吉哈德",为什么对外征服拜占庭人就不可以呢?曼苏尔在稳定国内局势后,就派遣军队击退了拜占庭军,夺回了亚美尼亚和奇里乞亚的部分地区。穆斯林军队还进逼高加索,深入里海沿岸的大不里士,吞并了已经灭亡的萨珊王朝高级官员的家族所统治的一个独立小国。在东南方向,穆斯林军队攻占了阿富汗的坎大哈和其他地方,摧毁了在那里发现的一个佛像,进而越过开伯尔山口,进入印度,又穿过这个地区的西北山谷,占领肥沃而广阔的克什米尔谷地。公元770年,一支舰队从巴士拉被派到印度河三角洲,去惩治一批敢于抢劫吉达的海盗。

马赫迪执政时期,宣布对拜占庭重新开始"吉哈德",并对拜占庭帝国首都君士坦丁堡发起了一次取得辉煌胜利的进攻。这次远征由马赫迪的幼子哈伦指挥。公元782年,穆斯林军队开进小亚细亚,击退了拜占庭军,进抵博斯普鲁斯海峡。拜占庭摄政皇太后伊琳娜被迫请和,签订了屈辱的和约,每年分两次缴纳7万至9万第纳尔的贡赋。这场战役大大提高了哈伦的威望,他父亲为此欣喜若狂,授予他"拉希德"(意为"正直的人")的光荣称号,并立他为第二皇储,在他哥哥穆萨·哈迪之后继任哈里发。

这场战役是阿拉伯军队最后一次站在君士坦丁堡这座骄傲的首都的城墙下面。阿拉伯帝国对拜占庭的前三次远征是倭马亚王朝哈里发穆阿维叶和苏莱曼一世派遣的,其中有两次真正包围了君士坦丁堡:一次是叶齐德进行的,另一次是麦斯莱麦进行的。不过,土耳其的传说认为,阿拉伯帝国对君士坦丁堡围城有7至9次,其中有两次据说是哈伦所进行的。在《一千零一夜》和阿拉伯骑士传奇小说里，阿拉伯帝国对君士坦丁堡的远征，在法兰克入侵战争期间构成了主题，被高度加以渲染和发挥。

马赫迪执政10年后去世，其子穆萨·哈迪继任哈里发。哈迪在位时间不长，一开始就同他的弟弟哈伦发生了争执。最后，哈迪亡于朝臣的阴谋。事实上，这是一场哈迪的母亲与哈伦的母亲之间的冲突。哈伦的母亲原是一个柏柏尔奴隶。公元786年，哈伦母亲获胜，哈伦遂为哈里发。命运已注定哈伦必将成为阿拔斯王朝最著名的哈里发。哈伦在位的23年，是阿拔斯王朝哈里发统治的鼎盛时期，远自中国到欧洲，人们都熟知他的名字。闻名遐迩的《一千零一夜》中的许多故事讲的就是哈伦的故事。

浪漫史诗和逸闻史书籍中关于哈伦的描述，琳琅满目，不一而足。但这些记载中有一点倒是真实的，即：他拥有一个善良君主的所有素质。哈伦是一位出色的将军，一位干练的施政者，一位坚定的统治者，一位艺术和文化的伟大赞助者。他也是一位喜爱结交各方人士的人，一位伟大的旅行家，曾数次到过呼罗珊和埃及，生前9次去麦加朝觐。他享有的声誉和伊斯兰的荣光，他作为一位伟大的君主，作为伊斯兰文明力量和威严的象征，闻名于东西方。阿拉伯文明的发展，在很大程度上有赖于他对艺术和各种文化毫无歧视地赞助与支持，他的儿子马蒙继承了这位著名父亲的传统，取得了更大的成就。哈伦执政期间，只进行过一场战争，即对拜占庭的战争。拜占庭的摄政皇太后伊琳娜于公元797年自立为女皇帝，成为拜占庭历史上完全握有大权而实行统治的第一位女皇，她执政到802年，一直信守条约的各项规定。但她的继承者尼基弗鲁斯一世是个妄自尊大的人，他不仅宣布废除伊琳娜原来缔结的和约,还给哈伦送去一封无礼的信,要求哈伦把伊琳娜进纳的贡赋退还拜占庭国库。哈伦阅信后,怒不可遏,当即做了回复。这封信作为历史珍品保存下来了。它绝不是作为一种崇高礼仪的范例,而是用以说明阿拔斯王朝统治者当时的统治权威,也向人们表明一旦触犯了他们的威严,他们会采取什么报复。

接着,哈伦立即开始了对拜占庭帝国的一系列军事远征,他坐镇幼发拉底河畔的腊卡城指挥。远征军穿过小亚细亚,于公元806年攻占拜占庭的重镇赫拉克利亚和泰纳。地中海中的塞浦路斯岛和罗德岛也分别于公元805年和公元807年遭到穆斯林舰队的侵袭和劫掠,小亚细亚的重镇伊科纽斯和以弗所,也为穆斯林攻占。自命不凡、不可一世的尼基弗鲁斯,最终从这一系列惨败中得到了教训,被迫重新议和,接受更为苛刻的条约,同意向阿拔斯王朝缴纳更多贡赋,同时皇帝本人及其家室成员还要缴纳一种侮辱性个人贡赋。上述情况清楚地表明,阿拔斯王朝的势力这时达到了高峰。

哈伦执政最后几年,撒马尔罕总督举兵反叛,哈伦极为恼怒,亲驾出征前往平叛,但他尚未抵达呼罗珊的图斯(今伊朗马什哈德)便身染重病,于公元809年3月24日去世。哈伦病故后,他的儿子之间爆发了内战,对外战争一度中断。哈伦生前曾任命次子阿明为叙利亚总督,长子马蒙为东方行省总督,三子卡西姆为美索不达米亚总督,并指定他的正妻左拜德所生的阿明为其继承人,马蒙继后。

从事相关研究的历史学家曾形象而生动地描述了哈伦魂断征程的情景:

公元809年年初,哈里发哈伦率领一支浩浩荡荡的大军离开巴格达,踏上了通往呼罗珊的征程。经过长途跋涉,部队抵达呼罗珊的图斯时,哈伦突然发病,卧床不起。

次日,哈伦病情未见好转。为了不耽误平叛进程,他命令马蒙率部队继续朝东挺进,他自己留下来养病。但他的病情日益恶化,身体虚弱,双腿发沉,疼痛难忍。卫士见到主人忍受剧痛的惨象,不寒而栗,担心不幸之事可能会降临。

哈伦似乎也预感到情况不妙,他要求侍从把他扶上战马,最后一次亲自检阅他的威武之师。侍从用了九牛二虎之力将他扶到马背上。遗憾的是,他不能挺直身体,侍从只好又将他抬回床上。

这时,外边有人禀报,叛将拉菲之弟被押解到此。哈伦传令把他带上来,斥责一番,遂命武士将他乱棍打亡。

哈伦已经生命垂危,侍从为他从当地请来一位波斯医生诊治。医生询问了他的病情,又看了看他喝过的水和盛过水的瓶子,然后摇了摇头,说他的病已无法治愈。时人都知道,喝这种水的人是注定活不了太久的。医生请他立遗嘱。哈伦听了医生的话,不由自主地流下了两行热泪。

他吩咐侍从将军营中的哈希姆家族成员召集到他身边,向他们托付了三件事:一是要他们维护哈希姆家族的领袖地位;二是要忠于他们的领袖;三是要精诚团结,确保皇储阿明及其他皇储按序继位,避免纷争。

接着,他命令侍从为他挖掘墓穴,准备后事。

就这样,这位称雄一世的阿拉伯帝国的君主永远离开了人间。

然而,令他在九泉之下难以安息的是,他的两个儿子——阿明和马蒙都没有遵循他的遗嘱。一场争夺皇位的残酷战争,在他们二人之间展开了。

阿明继任哈里发后，解除了卡西姆的职务，指定他自己的儿子穆萨与马蒙同为他的继承人，从而挑起了继承权纷争的风波。马蒙遂同阿明断绝了一切关系，宣布他的辖地独立。阿明正式免除了马蒙的职务，并派军队前往征服马蒙的辖地。内战从此开始，阿拉伯人站在阿明一边，波斯人站在马蒙一边。

经过4年残酷的内战，阿明战败被害，马蒙登上了哈里发的宝座。马蒙是阿拉伯开明君主中最优秀的典范。他胸怀坦荡，非常宽容，爱好文化似乎是他的天性。他执政期间，阿拉伯－伊斯兰文化发展到了高峰，繁荣昌盛。由于他在许多领域里都取得了巨大成就，他以一位伟大的哈里发为伊斯兰世界所铭记。

马蒙执政时期，地中海真正成为伊斯兰世界的内湖。穆斯林从埃及出发，对克里特岛发起远征，于公元825年征服该岛。当时名义上仍臣服于阿拔斯哈里发的马格里布的艾格莱卜王朝，也于公元827年征服了西西里岛，并于公元831年夺取其首府巴勒莫。

公元833年，马蒙在御驾亲征小亚细亚的战争中阵亡在塔尔苏斯。马蒙之后，其弟穆阿泰绥姆继位。穆阿泰绥姆执政期间，有一件有趣的事在历史上鲜为人知。早在波斯萨珊王朝统治时期，一支来自印度的贾特人，往西部迁移，萨珊王朝国王把他们安置在底格里斯河和幼发拉底河三角洲南部地区。马蒙执政期间，贾特人成为一股动乱势力。他们变成了土匪，开始打劫商队。穆阿泰绥姆不得不对贾特人进行艰苦的战斗，并最终将其击败，放逐到小亚细亚的奇里乞亚边远地区。这些贾特人后来成为流浪者，流落到欧洲，渐渐成为人们所熟知的吉卜赛人。

穆阿泰绥姆执政后，又对拜占庭采取了军事行动，并御驾亲征。

当时，拜占庭军队袭击了穆阿泰绥姆的出生地扎佩特拉，并大肆破坏，穆阿泰绥姆亲自率军作战。在安塞拉，穆阿泰绥姆的军队与拜占庭皇帝狄奥斐卢斯的军队遭遇，战而胜之。接着，穆阿泰绥姆又向狄奥斐卢斯的故乡阿摩利阿姆进军，于公元838年将该城包围50天后攻克。该城陷落后，许多人丧命，大批居民被贩卖到巴格达，穆阿泰绥姆夷平了这座城池，以此作为对狄奥斐卢斯劫掠扎佩特拉的报复。穆阿泰绥姆本想继续向前，进军君士坦丁堡，但他接到了国内可能发生武装叛乱的警报，遂班师回国。

自穆阿泰绥姆之后，阿拔斯王朝实力日衰，穆斯林军队对外再没有发动过什么重要进攻，边境冲突时有发生，但没有一次深入对方领土。这时，穆斯林军队越境进犯的目的主要是掠夺，而不是征服。

三、哈里发国家治理

阿拔斯王朝时期，波斯的影响增强了。当然，也有其他方面的影响。因为阿拉伯帝国版图内的一些地区被征服前在政治、经济、文化等方面都是比较发达的，不可能不对大多来自沙漠地区的阿拉伯人起到一定的促进作用。在那个时代，波斯的影响是多方面的，不仅阿拉伯帝国的政治制度和思想文化，甚至连波斯头衔、波斯酒、波斯歌曲，都逐渐成为时尚。

为了正确说明早期阿拔斯王朝的历史地位，有必要明了这个幅员辽阔的哈里发国家的政府和行政管理。

阿拔斯王朝是一个高度集权专制的国家，其政治制度多仿效波斯。哈里发之位不过是波斯君主专制的复本,与阿拉半岛的族长制大相径庭。哈里发作为国家元首和政府首脑,是一切权力的源泉和最终仲裁者。哈里发把民政权委托给维齐尔(意为"宫廷大臣""宰相"等),把司法权委托给法官卡迪,把军事职权委托给埃米尔,而宫廷一切事务的最终决定权则属于哈里发本人。哈里发集政教大权于一身,拥有最高权威。

哈里发的御座旁边侍立着侍从和执刑官。侍从的职责是把使节和高官显贵带到哈里发的面前,执刑官的职责是立即斩处触怒哈里发的人。装盛首级之用的皮革随时摆放在宝座的旁边,用来拷打罪犯的圆顶地下室第一次在阿拉伯史上出现了。宫廷天象观察员的官职,正如宫廷执刑官的官职一样,发源于波斯,这时也变成了阿拔斯王朝不可或缺的官职。

权力仅次于哈里发的是维齐尔。这个官职是受波斯传统的影响的。除皇储的选定外,其他一切行政和宗教事务,维齐尔均可秉承哈里发的意志处理。维齐尔有时拥有无限权力,可以指定他自己的继任者并独立做出决定,如任命行省总督和其他高级官员。有时,特别是在强大的哈里发执政时,维齐尔的权力受到削弱,只能执行哈里发的命令。维齐尔负责主持政府各部门的首脑会议。维齐尔下面分设管理各种事务的部门叫作迪万,重要的部门有财政、邮政、司法、军政、警务、商务、农业、工业等部门。各部门有大臣及秘书若干,负责各种事务。此外,阿拉伯帝国还设有会计检察院、枢密院、平反院、查抄局等。

在阿拉伯帝国政府中,维齐尔这一官职是从曼苏尔时代开始设立的。首次担任这一职务的是哈立德·巴尔马克。他是巴尔马克家族的奠基人。"巴尔马克"的意思是"佛教高僧"。这个家族中有几个成员担任过阿拔斯王朝三代哈里发的维齐尔。哈立德·巴尔马克出生在中亚。他的母亲原是一个战俘，是古太白于公元705年在巴里黑俘获的；他的父亲原是巴里黑佛教寺院的一位高僧。

哈立德·巴尔马克很有才干，曾做过大不里士的行政长官和财政部门的首脑，立下了不小的功劳，深受哈里发宠信。他任维齐尔期间，权力极大，经常主持由各部门首长参加的国务会议，各地方长官和法官的任免权名义上归哈里发，实际上也由他决定。他甚至能够按世袭的原则把维齐尔的职位传给他的儿子。

马赫迪执政时期，以哈立德·巴尔马克的儿子叶海亚为维齐尔，并让他做皇储哈伦的家庭教师。哈伦继任哈里发后，尊称叶海亚为"父亲"，继续任命他做维齐尔，授予他无限权力，后来又任命叶海亚的儿子贾法尔为维齐尔。

巴尔马克家族是拥有波斯血统的什叶派。出于这个缘故，阿拔斯王朝时期，什叶派在阿拉伯帝国境内，特别是在波斯，逐步取得了显赫地位。

巴尔马克家族成员纷纷建造了优雅舒适的宫殿，过着豪华奢侈的生活。巴尔马克家族成员博学聪明，豁达慷慨。他们赞助艺术并鼓励各种学术的发展。他们还力主开渠挖沟，修筑道路，创办社会福利事业。贾法尔善于辞令，有文学才华，又写得一手好字，因此在阿拉伯帝国颇负盛名。他在《一千零一夜》中占有突出地位。他不仅是一个文人，而且是一个时装设计者。他脖子很长，就发明了一种高领的衣服。一般人也跟着他穿起高领服来，成为一种时尚。

然而，显赫一时的巴尔马克家族，结局非常悲惨。人们是非常嫉妒他们的，朝廷里总是充满阴谋与权争。起初，当哈伦听到有关巴尔马克家族的流言蜚语时，他只是付之一笑，但后来他发现这个家族的权力太大了。哈里发的天空，是不允许有两轮太阳的。巴尔马克家族就这样厄运当头了。

其实，巴尔马克家族遭受灭顶之灾，有着深远的政治经济原因。

哈里发为什么要将赫赫有名的巴尔马克家族铲除呢？事情的发生绝非偶然，这是君臣之间多年矛盾积淀发展的结果。他们之间的矛盾至少在哈伦执政第十年就初见端倪。

哈伦在执政之初将许多权力授予了叶海亚，但是他并不想做一个徒有虚名的哈里发，他时时关注着朝政的运转，特别是随着年龄的增长和阅历的丰富，他的权力欲日趋膨胀。而巴尔马克家族在哈伦统治初期为国家建设付出的努力及取得的成就可谓有口皆碑。但随着他们政治势力的巩固与发展，也出现了自负和专权的倾向，朝廷内外许多人为他们的权势所折服，把投靠巴尔马克家族视为升官发财之道。但他们的自负和专权也引起了一些朝臣的反感和妒忌，尤其是他们的一些政敌。他们见缝插针，寻机报复，抓住一点儿蛛丝马迹就向哈伦告黑状，离间哈伦和巴尔马克家族之间的关系。

哈伦对巴尔马克家族的不满始于经济事务。巴尔马克家族掌握财政大权，对财政支出管理严格，就连哈伦要钱，没有正当理由也很难拿到。但哈伦出手大方，他和他的家人挥金如土，时常出现手头拮据的窘况。

如果那些经济上的问题引发了哈伦对巴尔马克家族的某种不满和不悦的话，他们在政治领域的一些做法则引起了他的真正不安，也引起了他对他们的忠诚的怀疑。

哈伦任命叶海亚的儿子法德勒掌管阿拉伯帝国东部地区。法德勒奉命到达呼罗珊后，利用巴尔马克家族的威望，与当地社会名流和封建贵族打得火热。他在那里大量招兵买马，很快组织起一支 50 万人马的正规军队。他把这支军队命名为阿拔斯亚（意为"阿拔斯家族的军队"）。这个国家的任何地区还从未集结过如此庞大的军队。整个呼罗珊地区成为巴尔马克家族的政治、经济、军事基地。后来，法德勒带兵两万到巴格达，使之变为禁卫军，其余部队交由其弟穆萨指挥。

接着，哈伦得知，贾法尔未经过他的准许，私自将在押的暴动首领叶海亚·阿卜杜拉从狱中放走。当哈伦查问此事时，贾法尔毫无顾忌地承认确有此事。哈伦对他这一目无皇权的举动怒不可遏。

哈伦再也不想继续这样下去了，他决心铲除巴尔马克家族的势力，摆脱他们的政治威胁。他也深知自己处于巴尔马克家族势力的层层包围之中，因此他确立了平稳长期的行动方案。

他首先进行了一系列人事调整，逐渐换上他所需要的人，解除了法德勒在呼罗珊的总督职务，同时将玉玺从贾法尔手中转交其父叶海亚，而由其接替法德勒的职务。然而，哈伦却拖着贾法尔，不让他去赴任，因为他这样调动的目的仅仅在于寻找一个解除法德勒职务的理由。仅仅 20 天后，他又免去贾法尔的这一职务。

哈伦免去贾法尔呼罗珊总督职务的理由是，将它让给阿拔斯家族的贾法尔亲王。这是哈伦的妻子左拜德的哥哥。对任命一个皇室重要成员的事，巴尔马克家族是不好说三道四的。但这不过是哈伦采用的又一个移花接木的手段而已。他很快就又将这一职务交给巴尔马克家族的对手阿里。

哈伦命阿里立即赴呼罗珊上任。阿里到那里后所做的第一件事就是切断阿拔斯亚的军饷和给养，将其遣散，并对忠于巴尔马克家族的当地名流、富商进行惩办，没收他们的财产，甚至将他们斩首示众。

阿里的做法引起当地各界人物的不满，他们组成代表团，赴巴格达告状。虽然哈伦也觉得阿里的举动有些过分，但鉴于他在抗衡巴尔马克家族方面有功，仍让其继续留任。

法德勒的权力已经被完全撤销了，但哈伦并未就此罢休，他命人将什叶派领袖萨迪克带到法德勒那里，让法德勒惩罚他，以破坏巴尔马克家族和什叶派之间的关系。然而，法德勒没有对萨迪克进行任何处罚。萨迪克在那里谈笑风生，逍遥自在。哈伦听说后，派信迪鞭笞法德勒。最后，法德勒被迫离开巴格达，在其母陪同下前往腊卡。

这时，叶海亚的四子穆萨与呼罗珊的地方势力联系，企图获得他们的支持。总督阿里向哈伦报告了这一消息，并指控穆萨蓄意谋反。穆萨似乎听到风声，突然销声匿迹。巴尔马克家族放出风来，穆萨欠了一屁股债，出去躲债了。但哈伦怀疑他可能隐藏在呼罗珊，就下令搜捕他。叶海亚感到事情有些不妙，派人转告穆萨，速向哈里发自首，以求宽恕。穆萨趁哈伦朝觐归来兴奋之际，到希拉拜见哈伦，将实情向他一一交代，当然不含谋反之意。即使这样，哈伦还是把他打入监牢。

公元803年年初，哈伦带其子阿明和马蒙去朝觐。他任命阿明为第一皇储，马蒙为第二皇储，将写有此任命状的诏书悬挂在克尔白的墙上：他百年之后，阿明和马蒙按顺序继位。

阿拔斯皇室最关心财政收入，而财政大臣是哈里发政权中最重要的人物之一。国家岁入主要来自天课、人丁税、土地税和什一税。天课是每个穆斯林所应缴纳的唯一一种法定捐税。凡是占有耕地、牲畜、金银、商品，以及因自然繁殖或投资而增值的其他形式的财产所有者，都应缴纳天课。人丁税和土地税是本国非穆斯林必须缴纳的捐税。什一税是外国非穆斯林向伊斯兰国家输入货物而缴纳的捐税。其中,非穆斯林缴纳的土地税数额最大,成为国库收入的主要来源。国库开支,部分用于维持国家机器,部分用于福利和公益事业,相当大一部分供皇室挥霍。

阿拔斯王朝时期,交通频繁,商旅不绝,邮政部门负责全国的通信和运输工作,掌管路政。从首都巴格达到全国各大城市,有多条驿路干线,沿线重要城市又有支线通往各地,形成遍布帝国境内的交通网。

最重要的驿路干线为呼罗珊大道,即著名的"丝绸之路"的中段,它从巴格达向东北延伸,经波斯的哈马丹、内沙布尔,到木鹿、布哈拉、撒马尔罕等地,把巴格达和中国边境城市联结起来,在中西交通史上起着极为重要的作用。

第二条主要的驿道以巴格达为起点,沿底格里斯河而下,到达泰西封、巴士拉、胡泽斯坦的阿瓦士,再到法尔斯的设拉子,有许多支线。这条主要驿道向东西两方向延伸,把沿途城市和人烟稠密的中心地区联系起来,最后与呼罗珊干线相连接。

第三条驿道把巴格达和毛绥里、阿米德及边疆的各座要塞联系起来。在西北地区,它通过安巴尔和腊卡把巴格达与大马士革及叙利亚的其他城市联系起来。

在驿路上,到处设置驿站,各行省驿站共计 900 多个,每个驿站均有几百匹驿马。在波斯地区,人们使用骡马运送邮件。在叙利亚和阿拉伯半岛,人们以骆驼代替驿马。驿马还用于把新任命的官吏送往任所,有时也运送军队和他们的行李。鸽子受训后,也用于传送书信。公元 837 年,信鸽曾用于向哈里发穆阿泰绥姆传送关于胡拉米派首领巴贝克被捕获的消息。这是关于阿拔斯王朝使用信鸽的第一次记载。巴格达邮政总局编写旅行指南，对驿站名称和各驿站之间的路程，均有详细记载，为后来的地理研究奠定了基础。

邮政大臣叫作驿站长，管理皇家邮政和监督各级邮政机关。除此之外，邮政大臣兼司侦察和监督地方官吏的职务。因此，他的全衔是邮政情报主管人。他以中央政府总监察员和直接机密代表的身份处理事务。行省邮政长官向他或直接向哈里发报告该行省官员的情况。行省邮政长官由中央直接委任，薪金等级呈报哈里发批准。

在伊斯兰社会中，司法与宗教密切相关，主持正义，往往被认为一种宗教义务。因此，法官必须由信仰伊斯兰教、品学兼优、精通教义和教律的人担任。巴格达的总法官由哈里发任命，各行省法官初由总督任命，后由总法官委任。法官只负责审理穆斯林的诉讼案，非穆斯林案件由各自的宗教首领或法官审理。

在阿拔斯王朝的军队中，只有哈里发的禁卫军是经过严格训练、领受军饷的正规军和常备军。禁卫军的军饷比较高，装备也比较好。其他部队叫作志愿军，只在服役期间领取口粮，包括本族族长指挥的各部族部队、雇佣军冲锋队，以及从各部落和各地区征募的部队。军队绝大多数由来自平民的志愿者组成。志愿军是从贝都因人、农民和城镇居民中征集来的。

军队主要由三部分组成：步兵、骑兵和弓箭兵。步兵以刀、剑、矛、盾等为武器。阿拉伯人原来把剑扛在肩上，后来采用波斯方式，把剑佩在腰带上。骑兵佩戴头盔、胸甲，手握长矛和战斧。弓箭兵配备有石油精投掷器。他们穿着防火服装，向敌人投掷燃烧物质。此外，工兵团负责攻城，其装备包括弩炮、射石机、攻城槌等；野战医院的驼轿式伤病员运送队也随军队出征。

这些军事制度和军事装备，据说都是哈伦开始采用的。

军队的最高首领是司令，称为埃米尔（相当于师长）。埃米尔通常统率10 000名士兵，分成10个大队。下级军官有：卡叶德（相当于连长），指挥100名士兵；海里发（相当于排长），指挥50名士兵；阿里夫（相当于班长）指挥10名士兵。最初，军人是由阿拉伯人组成的，分为两个主要部分，即北部阿拉伯人和南部阿拉伯人。后来，阿拉伯帝国逐渐建立了呼罗珊连队。

阿拔斯王朝依靠波斯呼罗珊军队起家。因此，在这个王朝，阿拉伯人不仅丧失了政治优势，而且丧失了军事上的重要性。哈里发的禁卫军主要由呼罗珊人组成。后来，哈里发又建立了一支突厥军团。这支新的禁卫军是由中亚贩运来的奴隶组成的。初时，这支军队的风纪非常严明，以至拜占庭人望而生畏。保存下来的拜占庭文献中有关于它的颂扬文字。后来，这个军团的军纪日渐松懈。

警察组织严密而又庞大，既有正式警察，又有秘密的巡察队。全国警卫署长兼任哈里发的警卫长，地位很高。各大城市都有警察维持社会秩序，薪俸优厚。市警察局局长又叫作检察官，负责检查市场和风纪，具体职责为：检查度量衡是否准确，合法债务是否清偿，良好道德是否得到维持，是否有人赌博、放高利贷、公开卖酒等。其中，有一些有趣的职责，如维持两性之间公认的公共道德标准，惩治那些为获得女性垂青而把灰胡须染黑的人。

平反院是一种上诉院，或最高法院。平反院专管调查冤狱，改正行政部门的误审案件。这个机构的设置，可回溯到倭马亚王朝。阿卜杜勒·马立克是首创平反制的哈里发，他在自己规定的某一天，亲自听取人民的上诉和诉苦。这一惯例，由马赫迪应用到阿拔斯王朝。他的继承人哈迪、哈伦、马蒙，以及后来的哈里发，都是当众听取这种控诉的。诺曼人国王罗吉尔二世把这种制度引入西西里岛。后来，这一制度在欧洲的土壤生根发芽。

为了监督和考核各部门的工作，特设各类总监，如工商总监、农业总监、税务总监等，御前总监负责转呈各类总监的考核报告。枢密院掌管一切文书、公文、敕令和执照。查抄局负责处理被哈里发免职或斩处的大臣的财产和物品。

阿拔斯王朝初期，全国分为24个行省，各行省总督由维齐尔推荐，哈里发委任。维齐尔被撤职，总督也就被免职。阿拔斯王朝时期，阿拉伯帝国幅员辽阔，交通不便，总督基本上是在半独立的状态下进行统治的。总督在管辖区内拥有绝对权力。总督的职位多半是世袭的。各行省的地方收入，用于各行省政府开支，如有结余，须上缴国库。各行省有自身的司法官和警察，乃至自身的军队，通常自行征税。总督有代表常驻巴格达，及时接收哈里发指示。哈里发派往各行省的钦差大臣，除传达哈里发的意志和命令外，还有权参与处理政治问题，有时还负责指挥战争。

四、帝国盛世

为了增强势力，巩固政权，满足皇室生活上的需要，哈里发政权大力发展生产。阿拔斯王朝极盛时期，农业、工业、商业和运输业都很发达，阿拉伯帝国经济一片繁荣，国泰民安，繁花似锦。

农业是国家财政收入的主要来源。阿拔斯王朝的首都就坐落在以塞瓦德著称的冲积平原中最肥沃的地方。因此，哈里发政权大力奖励农耕，积极兴修水利。各地修复和新开了许多河道，灌溉系统十分完备，荒芜田园逐渐恢复了种植，不毛之地多能耕种收获。埃及自古就有"粮仓"之称。阿拔斯王朝修复了古埃及的水利工程，改进了原有的耕作方法，一些沙漠地带和贫瘠高地也得到灌溉，农业发展很快，埃及成为全国富庶的行省。

两河流域沼泽棋布，水渠纵横，沃野千里，物产丰富。阿拉伯诗人把两河流域形容为碧绿的绒毯，青翠欲滴；他们把两河比作绒毯上的两把宝剑，光芒锋利。两河下游是传说中的伊甸园的所在地，富饶之至。从幼发拉底河分出来的许多运河，构成一个名副其实的河道网。

第一条大运河叫作伊萨运河，因曼苏尔的亲戚伊萨而得名。伊萨重新开凿了这条运河，在安巴尔和巴格达两地把幼发拉底河与底格里斯河连接起来。第二条大运河是萨尔运河，在泰西封北面流入底格里斯河。第三条运河是国王运河，在泰西封南面流入底格里斯河。此外，还有其他许多运河。

两河流域的主要农作物有小麦、大麦、稻子、椰枣、芝麻、棉花、亚麻等，南面的塞瓦德冲积平原特别肥沃，出产大量水果和蔬菜，还出产大量甘蔗、羽扇豆、蔷薇、紫花地丁、核桃、巴旦木、榛子、开心果等。

除尼罗河流域和两河流域外，呼罗珊、河外地区、法尔斯、俄波拉和大马士革也是农业发达、物产富饶的地区。呼罗珊农业上非常丰饶，为阿拉伯帝国提供的地税在各行省中居首位。撒马尔罕和布哈拉之间的粟特河谷、法尔斯的包旺山峡、俄波拉运河区和大马士革的库塔，号称四大乐园，出产各种水果、蔬菜和香花，主要作物有椰枣、苹果、杏、桃、李子、柠檬、柑子、橙子、橘子、无花果、葡萄、油橄榄、石榴、茄子、萝卜、黄瓜、蔷薇、罗勒、西瓜等。

西亚现在种植的各种果树和蔬菜，大多数在当时就已普遍种植，只有从美洲和欧洲输入的杧果、马铃薯、番茄等除外。西瓜是从花剌子模运到马蒙和瓦西格的宫廷里的，运输的方法是把西瓜装在塞满冰块的铅罐子里。橙子和柠檬是同科植物，从南亚传入西亚和地中海盆地，最后由西班牙阿拉伯人传入欧洲。甘蔗也从南亚传入西亚，法尔斯和叙利亚沿海地区出现了甘蔗园和制糖厂。后来，法兰克入侵军从这里把甘蔗和制糖术传入欧洲。

园艺术并不限于果木和蔬菜，鲜花的栽培也受到奖掖。私家小花园里，百花争艳。这种花园的中央有发出音乐般悦耳声音的喷泉。用蔷薇、睡莲、橙子花、紫花地丁等香花制造的香水或精油，在大马士革、设拉子、朱尔和其他城市，是一种兴旺的工业，远销到东方的中国和西方的马格里布。由紫花地丁提炼的精油，在伊斯兰世界非常普及。

在群芳谱中，蔷薇格外受到欢迎。《一千零一夜》里面说，蔷薇和紫花地丁是最好的香花，石榴和香橼是最好的水果，菊苣是最好的蔬菜。

受人喜爱的花朵还有水仙花、紫罗兰、素馨花等。

阿拉伯帝国的手工业兴旺发达，纺织业占有重要地位。埃及、波斯和伊拉克的纺织厂生产各式高级纺织品。埃及的亚麻布，库法的金丝缠头巾，波斯的波纹绸，巴格达的条纹绢，法尔斯的刺绣、羊毛斗篷、地毯和锦缎，胡泽斯坦的呢绒和帷幕，呼罗珊和亚美尼亚的床单、帘子、沙发套、椅套，布哈拉的礼拜毯，大马士革的缎子等，畅销各地，举世闻名，阿拉伯纺织品深受西方欢迎。

叙利亚出产的玻璃薄而透明，玻璃器皿实用美观，天下闻名。带题词的彩色加釉玻璃灯笼，悬挂在各大清真寺里。色彩绚烂的加釉玻璃在法兰克入侵战争中传入欧洲，成为欧洲各大教堂中所用的彩绘玻璃的母版。

大马士革是镶嵌画业和瓷砖业的中心。瓷砖有正方形、六边形，彩绘着常见的花卉，主色是靛青、甸子青和绿色，用来铺地或镶嵌墙壁。巴士拉的肥皂总厂规模庞大，分厂遍及全国。其他，如兵器、皮革、珠宝、家具等制造业，也很兴旺。

在采矿业方面，呼罗珊出产黄金、白银、大理石和水银，河外地区出产红宝石、青金石和石棉，克尔曼出产铅和银，巴林出产珍珠，内沙布尔出产甸子，萨那出产光玉髓，黎巴嫩出产铁，大不里士出产高岭土，伊斯法罕出产皓矾，格鲁吉亚出产沥青质和石油精。

公元8世纪中叶，中国的造纸术传入阿拉伯半岛，阿拉伯人首先在撒马尔罕建立造纸厂。该地生产的纸张精美绝伦。此后，巴格达、大马士革、埃及、马格里布、西班牙等地，也相继设厂造纸。大马士革生产的纸张，质地优良，不仅供本国需要，而且远销欧洲。造纸术后来从西班牙传入欧洲。

工农业生产的发展为商品交换提供了前提，交通运输的发达为商品流通的扩大提供了便利条件。阿拔斯王朝全盛时期，不仅国内市场繁荣，对外贸易也空前活跃。

阿拉伯商人精于海上贸易。他们远航到东南亚、东亚、欧洲和非洲，贩卖各种纺织品、宝石、铜镜、玻璃器皿、香料、蔗糖、药材、钢铁用具等，买回阿拉伯帝国境内各族人民必需的日用品和供皇室贵族享用的高档商品。那个时代，东西方的国际市场几乎完全操纵在阿拉伯商人手里，里海、伏尔加河流域和中亚是阿拉伯商人重要的通商地区，印度、锡兰、马来亚、苏门答腊等地也有阿拉伯商人频繁往来的足迹，中国的广州、泉州、扬州聚居着大量阿拉伯商人。

根据阿拉伯文献记载，早在曼苏尔时代，阿拉伯人就从巴士拉到达中国。这证明了阿拉伯商船队十分强大。其实，在阿拉伯商人之前，阿拉伯半岛与中国就有了外交往来。相传，征服波斯的赛尔德曾奉穆罕默德之命，出使中国。公元8世纪中叶，阿拉伯帝国和中国屡次交换使节。阿拔斯王朝时期，有不少穆斯林在中国安居乐业。

国内外贸易的发展，促使大城市很快兴起起来，巴格达、巴士拉、西拉夫（公元977年毁于大地震）、开罗、亚历山大等港口，成为水陆贸易的中心。巴格达是中古时代世界上少数几个国际商业贸易中心之一。巴格达与当时世界各大著名地区几乎都有联系，这里长达数千米的码头经常停泊着几百艘各式各样的船只，有战舰，也有游艇，有中国的大船，也有当地的羊皮筏子。

巴格达市场上有从中国运来的瓷器、丝绸和麝香，有从印度和马来群岛运来的香料、矿物和染料，有从中亚运来的红宝石、青金石、织造物，有从斯堪的纳维亚半岛和俄罗斯运来的蜂蜜、黄蜡、毛皮，有从非洲运来的象牙、金粉。对此，各国史书多有记载。

巴格达城里有各行各业的专门市场，还有专卖中国货物的市场。阿拉伯帝国各行省，用驼队或船舶把本行省的物产运到首都，如从埃及运来的大米、小麦和夏布，从叙利亚运来的玻璃、五金和果品，从阿拉伯半岛其他地区运来的锦缎、红宝石和武器，从波斯运来的丝绸、香水和蔬菜。巴格达城东西两部分之间的交通由三座浮桥联系起来，商人从巴格达出发，航行到东亚和东南亚、欧洲和非洲，贩卖织造物、宝石、铜镜、珍珠、香料等。世界各地，如俄罗斯、芬兰、瑞典和德国，都发现了阿拉伯钱币。这证明这个时代和此后穆斯林的足迹之所至。《一千零一夜》中的辛巴达航海记，就是那时穆斯林不畏险阻远航的写照。

五、文化成就

在世界历史上，阿拉伯帝国占有举足轻重的地位，并非仅仅在于它的军事征服，更在于它的智力觉醒，即它所创造的光辉灿烂的阿拉伯-伊斯兰文化。

阿拉伯帝国政教合一。在这个帝国里，阿拉伯语为官方语言，伊斯兰教为国教，所有著作都是用阿拉伯语写成的，绝大多数作者都是穆斯林。因此，这一时期的文化带有显著的阿拉伯-伊斯兰色彩。阿拉伯-伊斯兰文化孕育于倭马亚王朝时期，形成和昌盛于阿拔斯王朝时期。

阿拉伯人聪明好学和社会实践迫切需要，是阿拉伯-伊斯兰文化诞生的基本原因。伊斯兰教兴起时，他们只有很少科学、哲学和文学的根底。但是，他们拥有敏锐的感官，强烈的好奇心，旺盛的求知欲和深厚的才智潜能。当他们征服或接触到更古老、更先进的民族的时候，他们很快就变成了那些古老文明的受益人和继承人。

从沙漠来的征服者，并没有把什么科学遗产和文化传统带到他们所征服的国家去。他们在叙利亚、埃及、伊拉克和波斯,坐在他们所征服的人民的讲座下,当他们的学生。他们证明了自己是何等好学的学生!①

古希腊人花了几百年才发展起来的东西,阿拉伯学者在几十年内就完全消化了。

  没有阿拉伯人对古代学问的文明嗜好,任何智力的进步简直不能实现或维持。②

  国家要长治久安,上层建筑要起到维护政权、巩固经济基础的作用。伊斯兰世界的意识形态要适应新的社会状况,生产要发展,经济要繁荣,人民要友好往来,对外关系要正确处理,凡此种种,都向科学文化提出了迫切要求,成为科学文化发展的原动力。

  军事扩张和对外交往,推动了地理学的研究;农业的兴旺和海上航行的繁荣,促进了天文学的发展;天文和地理的研究,农田水利的兴办和国家财政经济的筹划,加速了数学研究的开展;政治体制和典章制度的确立,促成了历史学研究的类别化和深入化;东西方各种思想文化的挑战,导致了伊斯兰教教义的理论化和系统化,以及伊斯兰哲学体系的形成。

  古代东西方文化遗产是阿拉伯-伊斯兰文化诞生的文化基础。阿

---

① 希提.阿拉伯通史:上册[M].马坚,译.2版.北京:商务印书馆,1990:277.
② 法赫里.伊斯兰哲学史[M].陈中耀,译.上海:上海外语教育出版社,1992:1.

拉伯人征服的印度西北部、波斯、两河流域、叙利亚、埃及等地，都是世界先进文化的发祥地。

印度西北部诞生了古老的印度河流域文明，也是著名的贵霜文化影响的区域之一。伊朗高原最古老的居民创造了自身的文字和陶器。波斯帝国时期的艺术作品已相当精美。两河流域的苏美尔人、巴比伦人、阿摩尔人、迦勒底人、亚述人，都创造了高度的文明。叙利亚是受过巴比伦文化和希腊文化熏陶的地区，文化相当发达。埃及早就创造了灿烂的文明。古希腊、古罗马统治时期，埃及文化发展到一个更高的阶段。

阿拉伯-伊斯兰文化就是在上述文化基础上诞生的。不过，古代东西方文化对阿拉伯-伊斯兰文化影响的方面和程度有所不同。大体说来，印度文化的影响多在文学、哲学、数学、天文学等方面，波斯文化的影响主要在文学、艺术等方面，而古希腊文化的影响则偏重于自然科学、哲学等方面。

东西方学者在谈到阿拉伯-伊斯兰文化的形成发展时，往往忽视了中国文化的贡献。中国人和阿拉伯人之间，早在汉代就有了友好往来。在长期的交往过程中，阿拉伯人和中国人互相学习，使各自的文化得到了充实和发展。阿拉伯的天文历学、医药学等对中国产生过影响，中国的医药学、绘画艺术、造瓷技术等也对阿拉伯帝国产生过影响。

公元8世纪中叶，阿拉伯人引入了中国的造纸术，改变了使用无法大规模生产的纸莎草纸和羊皮纸书写的状况，促进了阿拉伯-伊斯兰文化的发展。中国的指南针传入阿拉伯帝国后，便利了阿拉伯人的航海事业，对阿拉伯-伊斯兰文化的发展起了积极作用。

除了上述因素之外,阿拉伯-伊斯兰文化的诞生,与下述几个重要条件密不可分。

首先,统治者重视并奖励科学文化工作者。

阿拉伯统治者为了巩固政权,发展生产,满足自己经济上的需要,对科学文化非常重视。阿拔斯王朝最初几任哈里发,提倡教育,奖掖科学。他们不分畛域,重金延聘人才,尊重知识分子。学者开展不同意见的自由讨论,学术空气非常浓厚。巴格达哲人荟萃,学者云集,成为举世著称的文化名城。

哈里发曼苏尔特别重视天文学和医学,特设专门机构来管理这两个学科的研究工作。根据记载,公元765年,曼苏尔得了胃病,他的御医束手无策。于是,他从君迪沙浦尔请来了当地著名的医学院院长朱尔吉斯·伊本·伯赫帖舒。这是一位景教徒。

君迪沙浦尔为波斯萨珊王朝国王沙浦尔一世所建,意为"沙浦尔的营房",地处今伊朗胡泽斯坦的沙哈巴德村。君迪沙浦尔以其医学院和哲学院而闻名当世。该院的科学研究以古希腊的古老传统为基础,教学使用阿拉米语,东西方来此求学者甚多。

朱尔吉斯·伊本·伯赫帖舒来到曼苏尔的宫廷,很快就得到曼苏尔的信任,成为御医。曼苏尔劝他改奉伊斯兰教,亡故后可以进天国。他如此回答道:

> 我愿守祖教而去世,我的祖先归落何处,我愿归落何处,在天堂里也好,在地狱里也好。①

---

① 希提.阿拉伯通史:上册[M].马坚,译.2版.北京:商务印书馆,1990:360.

朱尔吉斯·伊本·伯赫帖舒在巴格达成为一个显赫家族的奠基者。这个家族连续兴盛了12代，直到13世纪仍在阿拉伯帝国宫廷里独占御医的职位。

在那个时代，医学和珠宝细工与其他手艺一样，是父子相传、独家经营的行业。

哈里发哈伦爱好哲学和自然科学，他周围聚集了许多文人学者。哈伦将波斯创始的医院引入伊斯兰世界，在巴格达建立了第一座医院。后来，全国各地纷纷仿效，建立了医院和诊所，甚至边远的村镇都设立了医疗站。

第七代哈里发马蒙时期，阿拉伯-伊斯兰文化发展到一个新的阶段。这时，大量古希腊文著作译成了阿拉伯语，阿拉伯帝国的科学研究涉及各个学术领域，并开始放射出异彩。阿拉伯的科学文化事业取得了巨大成就，与马蒙的倡导有很大关系。

马蒙自幼受过良好教育，拥有丰富的文史哲知识，喜欢天文学和数学。马蒙十分关心并积极支持科学文化的发展。他创建两座天文台：一座位于大马士革附近，一座位于巴格达近郊。他创办了著名的智慧馆（又译哲理大学、益智宫）。智慧馆由图书馆、科学院和翻译局三个机构组成。它是公元前3世纪亚历山大博学园成立以来伊斯兰世界最重要的学术机构。

马蒙曾派智慧馆馆长萨拉姆等人不远千里前往君士坦丁堡，向拜占庭皇帝利奥五世索取古希腊语著作，其中包括欧几里得的《几何原本》。马蒙还鼓励学者把这些著作译成阿拉伯文。马蒙在学术上采取兼容并蓄、百家争鸣的方针。他的宫廷里有基督徒、犹太教徒、袄教徒等。但在伊斯兰教派斗争中，他支持穆尔太齐赖派，对逊尼派进行迫害。他对穆尔太齐赖派学说（主张伊斯兰教法应该与理性判断相结合）的偏袒，促使他到古希腊人的哲学著作里去寻找证据，来为自己的立场辩护。根据记载，他在梦中看见亚里士多德对他保证，理性和伊斯兰教法之间没有真正的分歧。

阿拔斯王朝初期推行的科学文化政策，适应了社会发展的需要，对阿拉伯-伊斯兰文化的产生和发展起了很大的促进作用。

其次，教育事业发达。

伊斯兰教诞生以前，阿拉伯半岛的绝大多数阿拉伯人不会读书写字。伊斯兰教诞生后，穆罕默德及其继承人提倡学习，这种状况有所改变。那时，学习场所主要是清真寺，学习内容主要是《古兰经》和《圣训》。

倭马亚王朝时期，教育虽有一定程度的发展，但统治者对内忙于巩固政权，对外忙于争城夺池，教育仍不普及。

阿拔斯王朝时期，随着经济的繁荣，文化教育事业蓬勃兴起。当时，相当于小学校的库塔卜已经非常普及，校内课程以《古兰经》为主，学生既学习朗读，又学习书法。此外，库塔卜里的学生还学习语法、先知故事、初等算术、诗词等。学校对成绩优良的学生给予荣誉：骑在骆驼身上，到大街上游行，观众向他投掷巴旦木。

女孩子接受初级宗教教育，受到政府鼓励。皇室和富裕之家，由家庭教师教授子弟宗教学、纯文学和作诗方法。

值得注意的是，热心办教育、设馆办学者也不乏其人。城市和农村的清真寺继续起着学校的作用，成为普及伊斯兰教育的主要力量。清真寺里设有圣训学的课程，还有由宗教学者和文学家主持的各种学习小组和集会，讲授各种学科，每个穆斯林都可自由听讲。与这种小组类似的，是文人和学者举行的文学会和学术会。这种学术集会早已存在，到阿拔斯王朝时期更为普遍。

马蒙在巴格达建立的智慧馆，既是伊斯兰世界的第一所学术机关，也是伊斯兰世界的第一所高等教育学校。担任过该馆图书馆长和科学院院长的侯奈因是一位伟大的翻译家和学者。担任过智慧馆馆长的萨拉姆是有名的数学家，马蒙曾任命萨拉姆注释托勒密的《占星四书》。著名数学家和天文学家阿尔·花剌子模，也担任过该馆的图书馆长。智慧馆培养的学生，成绩优秀，有的精通几何学、天文学和逻辑学。智慧馆续存到尼采米亚大学创建（1065—1067）。此后，智慧馆并入该校，仍为伊斯兰学术中心。

除智慧馆外，一些科学研究机构也是培养人才的中心。例如：天文台和医院就是教授天文学和医学的学校，它们相当于专科学校和大学，不少著名学者曾在巴格达各专科学校和大学教授高级课程。在智慧馆的影响下，各地区的独立王朝为了与巴格达争锋，也相继创建了类似智慧馆的高等教育机构和大学。例如：后倭马亚王朝建立的科尔多瓦大学、法蒂玛王朝建立的科学馆等。

公元9世纪至10世纪，阿拉伯帝国的教育事业已发展到很高水平，朝野上下求知若渴。他们重视学习，或出自敬事安拉，或为了培养人才，或旨在提高威望，或意欲穷究事理，或指望拥有专长。尽管目的各不相同，客观上都起到了推动教育事业发展，提高阿拉伯帝国科学文化水平的作用。

相传，哈里发哈伦曾到大教长马立克家请教，马蒙经常亲自主持学术讨论会。一般学子为求名师，不惜远离家乡，备尝艰辛。一位学问渊博的学者其门下学生可多达数百名，他们当中不全是富家子弟，也有家境清贫却刻苦发奋的青年。贫民出身，苦读成名的学者，伊斯兰史籍中多有记载。

阿拔斯王朝时期，不但教育事业发达，作为保存和传播文化的机构、图书馆和书店也很兴盛。清真寺图书馆的藏书非常丰富，私人藏书也形成风气，很多学者把私人藏书遗赠给公众。国家、显贵或富商出资，各地兴建的许多图书馆，收藏着关于逻辑、哲学、天文学等学科的书籍。有的图书馆免费供给纸张，有的图书馆主人慷慨发给研究工作者生活费。图书馆还被用作科学研究和科学讨论的场所。智慧馆的图书馆为学生和科学家提供了大量学习资料和参考文献，成为科研阵地。

相传，哈伦喜欢读书，也喜欢藏书。他对书籍的使用价值有着深刻的认识，希望能把各种书籍储藏在一个地方，供文人学者查阅和研究。于是，他出资在首都巴格达建立了一座大型图书馆。他对图书馆的管理组织格外重视，任命天文学者法德勒·伊本·诺伯赫特为图书馆馆长。这位馆长为哈伦把几篇波斯文天文著作译成阿拉伯文。他们家族的许多人都以天文学著称于世。哈伦带头向图书馆捐赠书籍，并号召文人学者将他们手中多余的写本献给图书馆，使之成为人们的共同精神财富。在哈伦的号召下，图书馆的藏书量与日俱增，吸引了许多文人学者前来从事科学研究和讨论。

书店作为保存和传播文化的机构，早在阿拔斯王朝初期即已出现。到了公元9世纪末，巴格达已有书店100家。书商本人多是书法家和天文学家。有些大书店成为古籍鉴定家和藏书家的"俱乐部"和文学讨论会的中心。

总之，阿拉伯-伊斯兰文化诞生和发展，阿拔斯王朝教育事业的发达是一个非常重要的因素。

一种智力的活动，伴随着物质的发展而爆发；这种活动，是东方人从未见过的。上自哈里发，下至平民，所有的人仿佛忽然间变成学者或文学的奖励者。一般人为求学而游历欧、亚、非三洲，然后犹如蜜蜂一般，载蜜而归，把他们所储蓄的宝藏，分给发奋的学生们，并且孜孜不倦地编辑许多典籍，其卷帙之伟大，与内容之丰富，不亚于现代百科全书，而其对于现代科学的贡献，远非一般人的想象所能及。①

再次，翻译运动兴起。

阿拉伯-伊斯兰文化发轫于古印度、波斯和古希腊的书籍的翻译。肥沃新月地带和埃及给阿拉伯人留下了宝贵而丰富的古希腊文化遗产。古希腊书籍的翻译占有重要地位。

在翻译的过程中，译者大多附注自己的见解。这种译评，有不少具有很高的学术价值。

早在倭马亚王朝时期，少数古希腊关于医学、天文学、炼金术等方面的书籍即已译成阿拉伯语。阿拉斯王朝时期，翻译事业发展很快。曼苏尔曾命天文学家法萨里把古印度的天文学论文《悉檀多》译为阿拉伯文。法萨里是阿拉伯的第一位天文学家。法萨里还翻译了一篇古印度的数学论文。这篇论文把印度数字传入阿拉伯帝国，又由阿拉伯帝国传入欧洲，阿拉伯人称之为印度数码，欧洲人称之为阿拉伯数字。著名的翻译家和文学家波斯人伊本·穆格法，将古波斯语写成的《列王纪》和《卡里来和笛木乃》译成了阿拉伯语，其中《卡里来

---

① 郭应德.阿拉伯中古史简编[M].北京：北京大学出版社，1987：236.

和笛木乃》的原本是古印度哲学家白德巴用梵语写成的。这本书的梵语原本和波斯语译本早已散佚。因此，阿拉伯语译本具有特殊价值。伊本·穆格法的译本本身就是具有特殊的艺术风格的作品。

自阿拔斯王朝以来，阿拉伯文的散文就具有波斯风格的特征。这种特征是高度优雅、精彩比喻和华丽辞藻，原来具有刚健、尖锐、简洁等特色的阿拉伯风格，大部分被波斯帝国萨珊王朝时代华丽矫饰的措辞代替。伊本·穆格法原本是一个祆教徒，后改奉伊斯兰教。但他的信仰受到怀疑，他于公元757年被处以火刑。

阿拉伯人不懂古希腊语，最初只能依靠犹太教徒、基督徒，特别是基督徒中的景教徒来翻译古希腊著作。这些叙利亚景教徒，先把古希腊著作从古希腊语译成叙利亚语（阿拉米语），再从叙利亚语译成阿拉伯语。他们就变成了古希腊文化和阿拉伯-伊斯兰文化之间的桥梁，成为中古时期文化传播者，把古希腊文化大量传播给世界各国人民。只有通过翻译叙利亚语，古希腊文化才进入阿拉伯人的脑海。译成阿拉伯语的古希腊著作绝大多数是关于哲学和自然科学的著作。

早期翻译家艾布·叶哈雅·伊本·伯特里格翻译了西方医学奠基人希波克拉底和克劳迪亚斯·盖伦的主要著作，以及托勒密的《占星四书》。亚里士多德关于逻辑的著作、欧几里得的《几何原本》，也可能在这一时期被译成了阿拉伯语。古希腊语原本中难译的段落，他采用逐字逐句直译，专门术语如无相应的阿拉伯词则采用音译。这些早期的译本，错误不少，以致哈伦和马蒙统治时期不得不对它们进行校订或重新翻译。

哈伦非常向往古希腊和波斯民族的历史文化。在他看来，那里似乎蕴藏着无穷无尽的奥秘和取之不尽的知识。他要揭开那里的重重奥秘，攫取其中的知识，给穆斯林以启迪，进而发展应用之。为此，他一面在被征服的叙利亚、埃及、波斯等地注意搜寻和收买珍本，一面在对拜占庭的入侵活动中号召官兵不要只把眼睛盯在敌方的牲畜、生活用品上，还要注意搜集各种古希腊写本，对缴获写本者给以奖励。

在他的号召下，官兵从拜占庭的阿摩利阿姆和安卡拉带回了不少写本。哈伦见后大喜，重奖写本获得者。哈伦不计宗教之嫌，以贤能者为师，重用处于保护民地位的其他宗教的信众学者，翻译整理古希腊写本。叙利亚基督徒叶海亚·伊本·马赛维，古希腊语功底深厚，又精通医学。哈伦闻知此人后便派侍从将他请到宫廷，热情款待，然后将自己的意图一一道给他听，并陪他参观古希腊珍本收藏室。

哈伦对科学知识的执着追求和礼贤下士的精神，令叶海亚·伊本·马赛维十分感动和敬佩。他愉快地接受了哈伦的请求，并表示愿意竭尽全力完成好这项工作。为了保证这项翻译工作的顺利进行，哈伦给他提供了一套环境幽雅的工作室，配备了几名娴熟的抄书员及一些助手。哈伦在翻译期间经常前去了解他们的工作情况和生活情况。哈伦的关心，激励了这位学者。他兢兢业业，勤奋工作，向哈伦交去了一份又一份古希腊文医学著作译文，受到了哈伦的嘉奖和赞赏。

哈伦治学严谨，精益求精。他在阅读早期的某些翻译作品时，一旦发现文理不通，或者怀疑存在翻译问题时，便及时组织人力对这些作品进行修订，甚至重新翻译。欧几里得的《几何原本》和托勒密的

《占星四书》这两部伟大著作的早期译本就被重新校订了一番。

叶海亚·伊本·马赛维是吉卜利勒·伊本·伯赫帖舒的学生，也是侯奈因·伊本·伊斯哈格的老师。在哈伦的几个继承者的时代，他仍继续为阿拉伯帝国服务。

马蒙于公元830年建立智慧馆后，阿拉伯帝国的翻译运动进入了高潮。在此之前，翻译工作是一种自由散漫的工作，由基督徒、犹太教徒和新皈依伊斯兰教的穆斯林独立进行。自马蒙统治时期开始，以及他的几个继承者的时代，翻译工作主要集中在智慧馆的翻译局进行，从而结束了过去那种分散无组织的状态。

翻译局是由政府领导的全国性翻译和学术机构，主要翻译人员是哈里发从各地聘请来的，有阿拉伯人，也有非阿拉伯人；有穆斯林，也有非穆斯林。他们既是翻译家，也是研究工作者。他们不仅翻译，而且通过译注阐述原著的论点或表明自己的看法。翻译局的人员还从事古籍的搜集、注释和校勘工作。

侯奈因·伊本·伊斯哈格是这个时代最伟大的翻译家、最优秀的学者和最高尚的医生之一。阿拉伯人称他为"翻译家的最高长老"。他精通古希腊语、波斯语、阿拉伯语和叙利亚语。

侯奈因·伊本·伊斯哈格的译作深得马蒙赏识。马蒙派他到智慧馆做翻译。不久，马蒙把他擢升为图书馆馆长兼科学院院长，负责全部科学的翻译工作。他为了搜集珍本和校勘写本，遍访了伊拉克、叙利亚、埃及等地。他以把克劳迪亚斯·盖伦的全部科学著作译成叙利亚语和阿拉伯语而闻名于世。克劳迪亚斯·盖伦的解剖学古希腊语原本，早已遗失，幸亏有阿拉伯语译本，才得以流传至今。

侯奈因·伊本·伊斯哈格的译本无论就其数量还是就其质量来说，均远胜于他人。他译作等身，品德高尚，被誉为"科学的源泉""道德的宝库""公元9世纪最伟大的人物""历史上少见的若干高尚聪明的人士之一"。

稍逊于侯奈因·伊本·伊斯哈格的翻译家是哈兰的萨比教徒——翻译家萨比特·伊本·古赖。据说，萨比特和他的学生曾翻译过一批古希腊语的地理和天文历算书，还修订过侯奈因译的欧几里得的《几何原本》。哈里发穆阿泰迪德非常器重萨比特，把这位翻译家和科学家当作至交和清客。萨比特去世后，继承他的事业的是他的儿子、孙子和曾孙。他们都是杰出的翻译家和科学家。

经过阿拔斯王朝100多年的翻译工作，古希腊重要的哲学和自然科学著作差不多都译成了阿拉伯语。

当哈伦和马蒙在钻研古希腊和波斯的哲学的时候，与他们同时代的法兰克王国的查理曼大帝和他的大臣，仍在欧洲练习拼写他们的名字。丰富的古希腊学术思想和科学成就连同各大古国的文化遗产，一经被阿拉伯帝国各族人民吸收、消化和提高，具有自身特色的阿拉伯-伊斯兰文化时代便诞生了。

六、群星闪烁

在经历一个时期的外国著作的翻译工作之后，阿拉伯人进入了一个创造性时代——创作和著述的时代。

阿拉伯人不仅消化了波斯的各种学问和古希腊的古典遗产，而且使两者都适用于自身的特殊需要和自身的思维方式，把东西方文化冶为一炉，创造出具有自身特色的灿烂辉煌的阿拉伯-伊斯兰文化。

阿拉伯-伊斯兰文化，最初以巴格达为中心，尔后学术西渐，又形成开罗和科尔多瓦两个中心，巴格达、开罗、科尔多瓦成为阿拉伯-伊斯兰文化的三大源泉。

阿拉伯-伊斯兰文化昌盛时期，人才辈出，群星璀璨，巨著珠联，繁花似锦，学术巨擘更仆难数，文化典籍汗牛充栋。下面择其要者，走马观花，略陈一二。

阿拉伯帝国建立后，阿拉伯人从阿拉米语、希伯来语、埃塞俄比亚语、波斯语、古希腊语、拉丁语、突厥语、梵语等语言中汲取许多他们所需要的词汇，从而使阿拉伯语成为随着时代发展而发展的富有活力的交际沟通工具。阿拔斯王朝时期，阿拉伯语是国际性语言。那个时代，伊斯兰世界在科学文化、政治、外交、商业、宗教等领域都广泛使用阿拉伯语。阿拉伯帝国之内凡是想接受高等教育的人，必须学习阿拉伯语。

阿拉伯语对许多民族的语言产生了不同程度的影响，不少信仰伊斯兰教的民族都曾经使用或仍在使用阿拉伯字母来拼写自己的语言，前者有印度尼西亚语和土耳其语，后者有波斯语和乌尔都语。现代波斯语、普什图语、印度尼西亚语、乌尔都语、土耳其语、维吾尔语、西班牙语、葡萄牙语、英语、拉丁语，以及非洲一些民族的语言，都或多或少含有阿拉伯语词汇。

阿拔斯王朝时期，阿拉伯文学丰富多彩，绚丽夺目。这一时期，阿拉伯散文发生了很大变化，原来那种简洁、尖锐、明快、朴实的风格逐渐被优雅、华丽、精巧、矫饰的波斯散文的特征代替。

阿拉伯散文经巴士拉文学家查希兹到哈利里，发展到了登峰造极的境界。

查希兹出身贫寒，学习刻苦，富有创造精神，以学问渊博，才思敏捷，以尖刻讽刺著称。他写了几十篇论文、一部修辞学巨著和一本名为《动物书》的短论集。他的作品妙趣横生，生气勃勃，经常被后世学者引用。

哈利里是新文学体裁"麦卡玛特"（意为"集会"）的创作者的杰出代表。这种体裁是一种戏剧性故事，由韵文和曲调组成，由押韵的散文发展而来。哈利里博学多才，他的成名作《麦卡玛特集》，健笔凌云，匠心独具，辞藻丰富，妙语如珠，被认为阿拉伯文学宝库中仅次于《古兰经》的名著。

阿拔斯王朝时期最著名的新诗体诗人是艾布·努瓦斯和艾布·阿塔希叶。

艾布·努瓦斯少年时师从巴士拉派诗人学诗，后到巴格达，被选为宫廷诗人，成为哈里发哈伦和阿明的酒友和清客。他才华横溢，自由放纵，漠视旧礼教，不受宗教约束，有"自然诗人"之称。他的诗题材广泛，诙谐生动，描述深刻，文辞优美，最为人称道的是爱情诗和咏酒诗。

艾布·阿塔希叶的诗带有浓厚的悲观厌世的思想，与艾布·努瓦斯表现宫廷生活豪华放荡的诗形成鲜明对照。艾布·阿塔希叶是他的绰号，意为"狂士"。他在宫廷住了较长时间，哈伦给他5万第尔汗年俸，但他痛恨自己所居住的巴格达城里的那种挥霍放荡的生活，反对他同时代的人创作轻薄的诗句。他穿上苦行者的衣装，创作大量道情诗，歌颂苦行生活。他的诗不受传统的束缚，语言朴实自然，被誉为"阿拉伯宗教诗之父"。

另一位具有代表性的诗人为艾布·阿拉·麦阿里。他被誉为"诗人中的哲人""哲人中的诗人"。麦阿里4岁那年因患天花双目失明。他记忆力惊人。他曾到巴格达,受精诚兄弟社的思想影响较深。他不愿为哈里发和皇室唱赞歌,一生都过着贫穷的生活,晚年素食隐居,主要著作有《作茧集》《宽恕书》等。他的诗表现了对当时政局混乱的悲观情绪。

故事小说是阿拉伯文学百花园中一朵永不凋谢的奇葩。《一千零一夜》是一部脍炙人口的世界文学名著,全书分为三部分:波斯古代的《一千个故事》,阿拔斯王朝的故事和埃及的故事。《一千零一夜》的内容有寓言、童话、恋爱故事、冒险故事、历史故事、名人逸事等,反映了不同时期和不同地区的生活习俗、风土人情和社会制度。

《一千零一夜》刻画的人物形形色色,涉及社会的各个阶级和阶层。它以朴素的现实主义和浪漫主义相结合的创作方法,歌颂了劳苦大众纯朴善良的高贵品质和爱憎分明的感情,揭露鞭笞了社会的黑暗不公,表达了人民对美好生活的憧憬。它的艺术魔力和人民性,使它得以在世界各国普遍流传,深受广大群众的欢迎。

无论天真烂漫的读者,还是阅历高深的读者,如果他读了这部作品完整的译本,他就会品尝到葡萄酒般的香甜,得到罕有的享受。[1]

---

[1] 马茂德.伊斯兰教简史[M].吴云贵,金宜久,戴康生,等译.北京:中国社会科学出版社,1981:177.

阿拉伯文学在形式、内容和写作风格上，对欧洲文学都有广泛的影响。欧洲 13 世纪的寓言、逸事和训诫故事，同源于印度和波斯的早期阿拉伯作品极为相似，西班牙和意大利的歹徒故事和流浪汉故事很像阿拉伯帝国的"麦卡玛特"文学体裁。欧洲文艺复兴时期，但丁的《神曲》显然受到穆罕默德的登霄故事和麦阿里《宽恕书》的影响，薄伽丘的《十日谈》汲取了阿拉伯的故事，乔叟的《坎特伯雷故事集》中的《情郎的故事》就完全取材于《一千零一夜》的一个故事，塞万提斯的《堂吉诃德》来源于阿拉伯帝国的资料。诸如此类的例子，不胜枚举。

阿拔斯王朝时期，阿拉伯的历史学达到了前所未有的水平，特别是泰伯里和麦斯欧迪的著作，更是登峰造极。

泰伯里出生在里海南岸的泰伯里斯坦，故以泰伯里之名闻世。泰伯里曾到巴士拉、库法、叙利亚、埃及等地游学求师，搜集传说逸事，后返回巴格达定居。据说，有一次，他没有吃的了，只好把衬衫套筒取下来，换取了糊口度日的食物。

泰伯里从事教学和研究工作达 40 年之久。他治学勤奋，著作等身，是著名的历史学家、《古兰经》注释家、圣训学家和伊斯兰教法学家，是创作阿拉伯编年体史书的鼻祖。他的代表作有《历代先知和帝王史》和《古兰经解总汇》。前者是一部不朽的世界编年通史，内容丰富，文字优美，对后世阿拉伯-伊斯兰史学家影响很大，为阿拉伯史学史上划时代的作品；后者被公认为最完善的《古兰经》注释作品，后世的《古兰经》注释家无不从中汲取养分。

麦斯欧迪是中古时期杰出的历史学家和地理学家，被誉为"阿拉伯的希罗多德"，有"百科全书家"之称。麦斯欧迪勤奋好学，博闻强识。他既重视书本知识，又重视实地考察，大半生时间都花在当时盛行的学术旅行中，足迹遍布西亚、中亚、南亚、东南亚、北非、东非等地。他每到一处，对当地的历史、地理、政治、宗教、风俗、文物、典章等，都进行深入调查和翔实记述。

他用人生最后10年把所有搜集到的资料编成30卷巨著，但保存至今的只有一部，名叫《黄金草原和珍玉宝藏》。这是一部包罗宏富的史地百科全书，所引资料不少是其他史籍中找不到的，非常珍贵。麦斯欧迪是用纪事本末体编写历史的第一个阿拉伯学者，也是善于利用历史逸事的第一个阿拉伯学者。

伊本·赫勒敦是世界著名的历史学家。他生逢战乱年代，历尽仕途坎坷，备尝人间艰辛。于是，他愤而著述，察古今之变，究治乱之理，最终写成包罗宏富的巨著《阿拉伯人、波斯人和柏柏尔人史》。他在《绪论》部分详细探讨了历史学的一些理论问题。阿拉伯的历史学家多重视史实的铺陈，而较少有人探索历史发展规律和历史现实的内在联系。伊本·赫勒敦克服了这一弱点，把阿拉伯的历史学提高到了一个新的水平。伊本·赫勒敦的历史观在当时可以说是凤毛麟角，绝非同时代的历史学家所能望其项背。在他以前，没有任何一个阿拉伯著作家像他那样钻研历史，提出有见地的结论。

总之，伊本·赫勒敦是划时代的阿拉伯-伊斯兰历史哲学家，也是阿拉伯帝国最伟大的历史学家之一。

阿拉伯历史学家以他们丰硕的研究成果，为历史学做出了很大贡献，他们的著作保存了很多极为宝贵的史料，成为研究中古时期的阿拉伯史、中亚史、西亚史、北非史、西班牙史等的重要文献。

阿拉伯人有独具特色的哲学，他们以阿拉伯半岛原有的哲学为基础，吸收东西方的某些哲学观点，熔为一炉，形成更加理论化、系统化的阿拉伯哲学体系。著名的阿拉伯哲学家首推艾布·肯迪（又译铿迭）、艾布·法拉比、伊本·西拿和伊本·路世德。

肯迪具有纯粹的阿拉伯血统，被称为"阿拉伯哲学家"。他年少时曾在巴士拉学习，后又游学巴格达。这两座城市都是当时的文化中心。肯迪博闻强识，博览群书，著作等身。他既是哲学家，又是数学家、占星学家、地理学家、医学家、物理家和音乐学家。肯迪一生著述宏富，涉及哲学和自然科学的各个领域，据传有200多部，但大多失传。

在哲学上，肯迪深受亚里士多德、新柏拉图主义和新毕达格拉斯主义的影响。他力图把柏拉图和亚里士多德的哲学观点融合起来。他断言，新毕达哥拉斯派的数学是一切科学的基础，不研究数学就不能成为哲学家。在他的著作中，他常常幻想飞奔，玩神秘的数字游戏。

艾布·法拉比半身像

法拉比学识渊博，著述丰富，不仅是哲学家，而且是公认的医学家、数学家、音乐学家和神秘学家。法拉比搜集、编译并注释了亚里士多德的多部著作，对亚里士多德有深入研究，被誉为仅次于"第一教师"亚里士多德的"第二教师"。

法拉比的哲学思想是折中主义的，是柏拉图、亚里士多德、新柏拉图派和苏菲派思想的融合物。据传说，他曾以苏菲派学者的身份在阿勒颇的赛弗·道莱的辉煌宫廷里享有盛名。

在这里，有必要简要介绍一下苏菲派。

"苏菲"意为"穿羊毛衫的人"，是伊斯兰教的一个神秘主义派别，因其成员身着粗羊毛织的衣服以示简朴苦行而得名。苏菲派经历了禁欲主义—神秘主义—神智教—泛神论的演进过程。

七、科学巨子

在人文社会科学领域，阿拉伯-伊斯兰文化可谓群星闪烁，光彩夺目。在自然科学领域，阿拉伯-伊斯兰文化同样人才辈出，灿烂辉煌。

阿拉伯帝国的地理学兴盛于10世纪前后。阿拉伯地理学家在理论上的真知灼见和实践上的创造发明，为地理学的发展做出了重要贡献。

著名天文学家艾尔·花剌子模根据托勒密的《地理学》，编纂了《大地形状》一书，并附有一幅地图。这是自伊斯兰教创立以来伊斯兰世界第一张关于天空和地球的地图。这幅地图记载了500多个地方及其经纬度,并划分各地的地形和气候区,阐发了地球偏圆形状的创见,为伊斯兰世界地理学的发展奠定了基础。艾尔·花剌子模的地理学对伊斯兰世界的地理学家产生了深远影响,一直持续到14世纪。

伊本·西拿不仅是阿拉伯帝国最负盛名的医学家和哲学家,而且是成就卓著的地理学家。他曾著文讨论山岳、岩石和矿物的形成及其他地理现象。这篇论文是欧洲人地理知识的一个重要来源。

雅鹘特是伊斯兰世界最伟大的地理学家之一。他出生在小亚细亚,父母都是希腊人。童年时期,他在战争中被俘虏到巴格达,贩卖给哈马地区一个商人做奴隶,因此他以哈马为姓。雅鹘特曾为主人到叙利亚、波斯等地经商,并接受教育。几年之后,他被主人释放。

获得自由后,雅鹘特到处流浪,以抄写名著和出售古籍为生。藏书丰富的木鹿城图书馆吸引了他,他在那里潜心攻读,收益颇大。

成吉思汗西征时,他仅以身免。他逃离木鹿,到了毛绥里,继续从事古籍研究工作。

雅鹘特的代表作有《地名辞典》等。《地名辞典》的初稿完成于毛绥里,最后的编纂工作完成于阿勒颇。《地名辞典》文笔生动,涉及内容广泛,除地理学外,还有历史学、人物志和自然科学,实为一部百科全书。它所据古籍多遭焚毁和散佚,而书内引用资料极为宝贵。因此,他被视为伊斯兰世界最伟大的地理学家。

易德里斯也是阿拉伯帝国著名的地理学家。他出生在休达,乃后倭马亚皇室后裔。他一生勤奋学习,努力钻研,根据各地测量的最新报告和托勒密、麦斯欧迪等人的著作中的地理知识,绘制了地图集《直通天空台》,将世界划分为70个区域并附有7幅地图,为地理大发现提供了宝贵资料。此外,他还编写了地理巨著《世界地理》。在对资料的校勘中,易德里斯目光远大,能够理解地球浑圆等基本事实。他曾派人探寻尼罗河的发源地,并在地图上绘制出来。

穆斯林中出了不少著名旅行家。他们在旅行游记中记载了丰富的地理知识,堪称文学地理学家。下面是其中的几位佼佼者。

公元9世纪,有个到印度、中国等地做生意的阿拉伯商人,名叫苏莱曼。别人根据他的叙述写成《苏莱曼东游记》,记载了阿曼到中国之间的海洋和岛屿,以及阿曼到中国之间各地的风土人情,是中古时期关于远东史地的重要著作之一,也是第一部介绍中国的阿拉伯语著作,有英语、法语、汉语等译本。

麦格迪西出生在耶路撒冷。耶路撒冷的阿拉伯名称为麦格迪西(意为"圣地"),故他以麦格迪西为姓。这位旅行家几乎遍游整个伊斯兰世界,仅西班牙、锡吉斯坦(今伊朗、阿富汗之间的锡斯坦)和印度没有去过,他把自己20年的旅行记录整理成《全国各地区最佳分类》一书,内容翔实,丰富多彩,颇具学术价值。

伊本·祖拜尔是瓦伦西亚人。从西班牙格拉纳达到麦加朝觐期间,他游历了埃及、伊拉克、叙利亚和西西里岛。他曾两次到阿拉伯本土游历。第二次游历途中,他在亚历山大去世。他根据第一次旅行整理的《伊本·祖拜尔游记》,是阿拉伯重要的游记之一。

伊本·白图泰出生在马格里布丹吉尔,是中古时期著名的大旅行家。他曾4次到麦加朝觐,游历了整个伊斯兰世界。他曾到过北非、埃及、巴勒斯坦、叙利亚、伊拉克、麦加、麦地那、也门、波斯、小亚细亚、中亚、印度、斯里兰卡、苏门答腊和中国。在最后一次旅行中,他曾深入中非。

伊本·白图泰的旅行游记《伊本·白图泰游记》,脍炙人口,举世闻名,是研究中古时期地中海东岸地区、西亚、南亚、东南亚、中亚、北非等地的珍贵史地资料,已经被译成多种文字,在世界各地广为传播,主要有英语、法语、德语、葡萄牙语、土耳其语、汉语等译本。

总之,阿拉伯地理学家对地理学做出了巨大贡献。他们在制图方面达到了很高的水平,在地学理论方面亦有创见。他们的著作成为研究东亚、南亚、东南亚、中亚、西亚、撒哈拉沙漠以南的非洲,乃至北亚的重要材料。特别重要的是,他们保持了古代的"地圆说"。他们从印度获得这样一种观念:世界上这个已知的半球,有一个"圆顶"或者"顶点",坐落在与4个方位基点距离相等的地方,这就是世界的中心。这一理论,写进了1410年出版的一本拉丁语著作里。哥伦布从这本著作里知道了这一学说。因此,他相信大地像一个梨子,在西半球上与已知半球的"圆顶"相对的地方,有一个相应高耸的地方。有学者认为,没有这一学说,发现新大陆就是不可能的。①

天文学发源于占星学。阿拉伯人系统研究天文学始于阿拔斯王朝。农业的发达,海上航运的兴盛,统治者对天文学的重视,加快了天文学研究。

当时,天文学和数学、医学、哲学一样被列为重点学科。这些学科的研究人员都算作国家官吏,享受优厚待遇。阿拉伯人在学习和吸收古希腊、古印度和波斯天文学的基础上,经过数世纪观测研究,充实丰富了世界古代天文学知识宝库。

阿拔斯王朝时期,特别是在马蒙时代,巴格达、大马士革、开罗、

---

① 希提.阿拉伯通史:上册[M].马坚,译.2版.北京:商务印书馆,1990:681.

科尔多瓦、腊卡、马拉盖、设拉子、君迪沙浦尔、内沙布尔、撒马尔罕等城市,均建有天文台,许多天文学家受聘进行天体的观察实测。在天文观察研究中,阿拉伯人制造了不少比较精密的天文仪器,如象限仪、星角器、星盘、日晷仪、地球仪、天球仪、平纬仪、方位仪、观象仪等,经过长期观测研究,阿拉伯天文学家取得了一系列重大成果。

阿尔·花剌子模出生在中亚的花剌子模,是中古时期最伟大的伊斯兰科学家之一,精通天文学和数学。他以法萨里的天文表为基础,综合印度和希腊的天文学成就,再加上自己的创见,制定出著名的花剌子密天文表。这个天文表被使用百余年之后,西班牙的天文学家曾加以校正,后由英国人译成拉丁语,代替了古希腊和古印度的各种天文表,成为东西方各种天文表的蓝本。

白塔尼出生在美索不达米亚的哈兰附近,原系萨比教徒,后皈依伊斯兰教。他是一位拥有独创精神的伟大天文学家。他修正了托勒密天文著作中的一些错误,改进了月球和某些行星轨道的计算方法,证明了日环食的可能性,较精确地确定了黄道、黄道面和赤道面的夹角度数,以及回归年和四季的时长,并第一次提出了关于决定新月可见度的理论。他创制的《萨比天文表》及其撰写的专著《论星的科学》被译成拉丁文,对欧洲影响巨大。哥白尼和拉普拉斯都在他们的著作里引用过白塔尼的实例。

比鲁尼出生在花剌子模。他是一位学识渊博而又富于创造性的伊斯兰学者,精通突厥语,懂波斯文、梵文、希伯来文和叙利亚文。他的贡献是多方面的,而以天文学和数学最为突出。他的主要天文学著作有《麦斯欧迪的天文学和占星学原理》和《古代遗迹》。前者是为他的保护人——中亚的伽色尼王朝君主麦斯欧迪写的,是一部天文学百科全书;后者主要记述古代各族人民的历法、纪元和节日。

比鲁尼也是著名的天文地理学家。他把地理学和天文学密切结合起来,见解独到。他提出了地球绕太阳运转的学说,并以赞成的态度讨论了地球以地轴为中心自转的理论。他还对地球的经纬度做出精密计算,比古希腊人更为准确。他侨居印度多年,所著《印度志》一书有重要学术价值,是研究古印度历史不可缺少的资料。

阿拉伯的天文学成就对欧洲产生了重大影响。他们制造的天文仪器,直到16世纪依然为欧洲人所采用。他们的许多天文历表和天文学著作,从12世纪开始被译成拉丁文,对西方产生了巨大影响。西方天文学家雷吉奥蒙塔努斯、哥白尼等,都采用过阿拉伯帝国的天文学成果。阿拉伯天文学对中国天文学也产生过较大影响。元朝初期,有关阿拉伯天文仪器和天文学书籍传入中国,郭守敬创制中国古代最优秀的历法——授时历时,就汲取了阿拉伯天文历算的成就。

伊斯兰学者在数学方面的成就和贡献也是巨大的。他们以古印度和古希腊的著述为基础,将这一学科向前推进了一步。他们的贡献首先是吸收并传播了古印度人发明的数字和十进制。今天,全世界广泛使用的阿拉伯数字和十进制并非阿拉伯人的首创,而是由印度数码改进而成。阿拉伯帝国幅员辽阔,在使用数字的过程中出现书写差异,形成阿拉伯东部地区和阿拉伯西部地区两种不同的数字。前者演变为今日伊斯兰世界通用的数字,阿拉伯人称之为尘土数字;后者发展为今天全世界通用的阿拉伯数字,阿拉伯人称之为印度数码。阿拉伯数字借助穆斯林数学著作的翻译,传入欧洲。到13世纪末,阿拉伯数字在运算中取代了罗马数字,继而传遍整个世界。

阿拉伯学者在代数、几何学、三角学等方面的成就可以说是空前的。"代数"一词就来自阿拉伯语。穆斯林数学家已知一元二次方程有两个根，他们用圆锥曲线解一元三次方程和一元四次方程。在几何学方面，他们研究了面积和体积，画出有规则的多边形，并把多边形与代数方程联系起来求未知数。在三角学方面，他们对平面三角形和球面三角形进行了深入探讨，提出了"三角比"的概念，并确立了三角函数和角的公式。在测量角度和三角学中，他们最先使用正切、余切、正割、余割、正弦、余弦等概念。穆斯林学者在这些方面取得的成果及其著作传到西方，促进了西方数学的发展。这是对人类文明的重大贡献。

阿尔·花剌子模是中古时期最有影响力的数学家。他不仅编辑了最早的天文表，而且编写了世界第一部关于算术和代数的书籍，为伊斯兰世界和西方的数学奠定了基础。他在主要著作《积分和方程计算法》中总结了前人的成果，并有所发展。全书有例题800多道。此书于12世纪被热拉尔译成拉丁文，被欧洲各大学用作数学教科书，一直用到16世纪。阿拉伯数字也是通过阿尔·花剌子模的著作传到西方的。12世纪传入欧洲的阿拉伯数字，后来演变为世界各国通用的阿拉伯数字。这是他对人类的一大杰出贡献。所有科学史家都把阿尔·花剌子模的名字排在中古时期科学家前列。

艾布·瓦法出生在波斯布冉，20岁那年到伊拉克学习数学，后来成为伟大的数学家，成名作是《办事人员和官员必读的算书》，主要论述手算问题，使手算建立在正确的数学运算的基础之上，成为当时各行各业的人学习算术的向导，是研究10世纪之前阿拉伯数学史的重要参考书。他还对欧几里得的数学著作和阿尔·花剌子模的《积分和方程计算法》做了注释。他在三角学和代数方面的成就也是显著的，曾发明了一种计算正弦的方法，计算出了正切表，发明了正割和余割，首次确立了三角函数和角的公式，用几何算法解一元四次方程式，以圆锥曲线解一元三次方程式。

奥马尔·海亚姆出生在波斯东部城市内沙布尔，是一位伟大诗人、哲学家和天文学家，也是伊斯兰世界最卓越的数学家之一。他在数学方面的成就远远超过他的前辈阿尔·花剌子模。他用代数、几何和方程组的方法解一元二次方程，并确立了解一元三次、一元四次方程式的方法，甚至试图解各种方程。他还发展了解析几何学，主要著作有《代数问题的论证》《算术问题》等。

阿拉伯化学是由古代炼金术逐渐发展起来的。这门学科的杰出研究者首推阿拉伯人。阿拉伯学者在这方面做出了伟大贡献，最著名的阿拉伯化学家为查比尔和拉齐。

查比尔是中古时期最著名的阿拉伯化学家，在化学理论和实践方面都取得了显著成就，被誉为"现代化学之父"。他提倡化学实验，对前人的理论和假设认真考察并加以验证，曾对亚里士多德关于金属成分的理论加以修正，而经他修正的理论一直流传到18世纪现代化学产生。他遗留下的化学著作有100多种，对东西方化学学科都有很大影响。

医学家、哲学家和化学家拉齐，著有《医学集成》。该书被译成拉丁文后被当作化学知识的宝库，沿用到14世纪。罗杰·培根曾引用过这本书的理论。现代化学术语，仍在沿用阿拉伯语词汇。

在物理学方面，尤其是光学方面，阿拉伯学者也做出了重大贡献。他们对一些物质的比重加以研究，发明了测定物质比重的方法。他们应用物理知识和力学原理制造了杠杆、天平、水钟和自动供水机。他们通过实验和推理，提出了光的折射和反射学说，纠正了欧几里得和托勒密关于眼睛放射出视线的错误说法，大大推进了光学的发展进步。

马蒙统治时期的科学家

肯迪不仅是著名哲学家，也是有创见的物理学家。他以欧几里得的《光学》一书为蓝本，写了一部将几何光学和生理光学相结合的光学著作。这部著作在东西方曾被广泛采用，有拉丁语译本。肯迪的光学理论对罗杰·培根产生了一定影响。

伊本·西拿，这位多才多艺的穆斯林学者，在物理学方面的贡献也是杰出的。他研究了在物质内部发挥作用的能量、真空、物体的可分性，以及原子论。他写出了有关光线的扩散、光和热的关系、热运动、空间的有限性等方面的论著。

伊本·海赛姆是著名的物理学家，也是杰出的数学家和哲学家。他在光学研究上颇有成就，主要著作有《光学之书》。这部书于12世纪译成拉丁文，不仅对西方的物理学界产生巨大影响，甚至连哲学家罗杰·培根和画家达·芬奇都从中受到了启发。

阿拉伯医学在阿拔斯王朝时期发展很快，成就卓著。在此期间，阿拉伯人开办制药厂，创建药剂学校，建立医院，编写药方集子，大大提高了医药学水平。许多医学家潜心研究，硕果累累。其中，拉齐和伊本·西拿的名字，犹如高矗的山峰，名垂青史。

拉齐是巴格达医院的院长，中古时期伊斯兰世界最伟大的临床医生，也是著名的化学家和哲学家，著作达150多部，被誉为"阿拉伯的盖伦"。他被认为外科穿线法的发明者，同时对天花、麻疹、儿科疾病及解剖学也有研究。他的名著《论天花和麻疹》是这方面最早的著作，被译成多种语言，在多个世纪里一直是这个学科的经典之作。他的名著《医学集成》是一部医学百科全书，内容十分丰富，被译成拉丁文，并多次再版，影响西方长达几个世纪。

伊本·西拿是继拉齐之后最著名的阿拉伯医学家，同时也是伟大的哲学家、天文学家和诗人。伊本·西拿在医学方面取得了卓越成就，被誉为"世界医学之父"。他的医学名著《医典》不但论述了医学原理及治疗方法，而且对药物学做了深入研究，是一本系统的医学百科全书。《医典》于12世纪被译成拉丁文，成为医学界的权威参考书，取代了盖伦、拉齐的著作，成为欧洲各大学的医学教科书，一直持续到17世纪。它被当作"医学《圣经》"的时间比其他任何著作都要长。

总之，当时的阿拉伯医学已经达到了很高的水平，并对欧洲医学产生了很大影响：阿拉伯人曾与基督徒和犹太教徒一起，创办了欧洲的第一所医科学校。阿拉伯医学家的著作，数百年间成为欧洲的医学教科书，为欧洲医学的建立奠定了基础。欧洲各国建立医院，也是从伊斯兰世界学来的。西方医学中至今还保留着许多阿拉伯语术语。

对阿拉伯-伊斯兰文化的贡献,曾有两种各趋极端的评价:某些推崇古希腊文明的代表人物,倾向于低估阿拉伯-伊斯兰成就中的创造性,只承认他们保存古希腊的学术遗产,并把它传给中世纪后期的西欧的功绩。近代阿拉伯作家,还有一些欧洲科学史家,则在反对研究古典学者过分推崇古希腊文明的做法方面走得太远,对中古时期阿拉伯科学家扬誉过当,夸大了他们的创造性成就,而不恰当估计他们从古希腊或他们的西亚前辈那里承袭的东西。

其实,将阿拉伯-伊斯兰文化的成就分为保存和创造两个截然不同的方面,对其做不同的评价,本身就是不可取的。在阿拉伯-伊斯兰文化的成果中,哪些是翻译的,哪些是创作的,要想划一条分界线,往往是划不清楚的。有许多翻译家本人也有新的贡献。

事实上,不管是保存还是创造,都包含阿拉伯-伊斯兰文化对人类文明和世界文化的卓越贡献。

阿拉伯人建立帝国,发展生产,繁荣文化,正值欧洲战乱频仍、民不聊生、文化衰退之时。当时,在欧洲,辉煌的古希腊典籍已荡然无存;而阿拉伯学者通过翻译把大量古希腊学术著作保存了下来。这一功绩,从文化史的观点来看,传述的重要性并不亚于创作,因为亚里士多德、盖伦托勒密等人的研究成果,假若佚散了,就相当于他们根本没有创作过什么,而世界也就很贫乏了。①

赛义德·菲亚兹·马茂德认为,长期为世界公认的一个事实是:若没有穆斯林发现、整理和汲取希腊哲学的成果,并做出自己有价值

---

① 希提.阿拉伯通史:上册[M].马坚,译.2版.北京:商务印书馆,1990:425.

的注释和宝贵贡献的话,人类很可能失去一笔巨大的文化遗产。[①]

阿拉伯学者不仅保存了古典文化,而且把东西方文化融为一体,创造出具有自身特色的阿拉伯-伊斯兰文化。他们在自然科学领域做出了不可磨灭的贡献。他们的社会科学著作是世界文化宝库中的重要组成部分,占有重要地位。

阿拉伯-伊斯兰文化经由西班牙和西西里岛传入欧洲,点燃了欧洲智慧的火炬,促进了欧洲文艺复兴的兴起和近代自然科学的建立,在科学文化史上居于承先启后、继往开来的重要地位。阿拉伯人把中国的造纸术、指南针、火药等重大发明,印度的糖、稻米、棉花等,传入欧洲,丰富了欧洲人民的经济文化生活,加速了欧洲精神财富和物质财富的生产,推动了欧洲社会发展的进程。他们不愧为值得全世界人民永远铭记的东西方文化交流的伟大使者。

总之,阿拔斯王朝初期,阿拉伯帝国进入了鼎盛时期。阿拉伯帝国的重心由叙利亚转移到伊拉克。阿拉伯帝国采取远交近攻策略,扩大和巩固了原有版图。阿拉伯帝国政治稳定,经济繁荣,文化灿烂,社会生活多姿多彩。伊斯兰化和阿拉伯化进一步强化。然而,阿拉伯帝国的繁荣昌盛也潜藏着危机。

[①] 马茂德.伊斯兰教简史[M].吴云贵,金宜久,戴康生,等译.北京:中国社会科学出版社,1981:128.

下 篇
衰落与灭亡

阿拉伯帝国衰落于内部分崩离析，灭亡于外族不断入侵。

阿拔斯王朝后期，阿拉伯帝国昔日的光辉逐渐暗淡，日趋衰落。哈里发大权旁落，形同虚设。突厥人组成的禁卫军掌握实权，干预朝政，任意废立哈里发。他们专横跋扈，争权夺利，互相倾轧。他们的出现是哈里发政权式微的开端。阿拔斯王朝统治的是一个多民族、多宗教、多种社会形态并存的庞大而松散的帝国。即使在阿拉伯帝国强盛时期，巴格达的哈里发政权也不能统治全国，对边远行省更是鞭长莫及。随着哈里发中央集权的衰弱和突厥禁卫军首领的当政，阿拉伯帝国国势日衰，西班牙、埃及、马格里布等地的独立王国和王朝如雨后春笋般建立，群雄并起，各据一方。阿拉伯帝国犹如一个病入膏肓的垂暮老人，被瓜分豆剖得体无完肤，奄奄一息。

正当阿拉伯帝国气息奄奄、危在旦夕之际，外族入侵者明火执仗地打进来。先是什叶派波斯布韦希人，随后是逊尼派突厥塞尔柱人，他们相继闯入阿拉伯帝国首都，挟持哈里发，使阿拉伯帝国中枢受制于人，犹如一把利剑刺入阿拉伯帝国的心脏。接着是身穿甲胄的法兰克入侵军，在阿拉伯帝国西部横行逞凶，肆意踩躏，旷日持久，长达两个世纪。最后是骑马射箭的蒙古人，从东方卷起了一场来如闪电、去如流星的撼世风暴，铺天盖地席卷而来，苟延残喘、奄奄待毙的阿拉伯帝国最终葬身于这场风暴。

第五章
帝国的分裂

一、禁卫军主政

第九代哈里发瓦西格去世之后,阿拔斯王朝昔日的光辉渐趋暗淡,哈里发的权力日趋旁落,突厥人组成的禁卫军逐渐掌握了实权。

阿拔斯王朝早期,哈里发的禁卫军主要由呼罗珊人组成。因为阿拔斯家族主要是靠波斯人,特别是呼罗珊人的武装力量上台的。第八代哈里发穆阿泰绥姆是哈伦与一个突厥女奴所生。他为自身的安全着想,同时也为了削弱呼罗珊军队的势力,首次用河外地区的4000名突厥新兵组建自己的禁卫军。

但也有人认为,实际上,在此之前,哈里发马蒙在位时,就出于同样的原因,组建了一支由突厥奴隶组成的卫队,只是他挑选了阿拉伯人或波斯人担任这支卫队的长官;而穆阿泰绥姆则更进一步,他将那些有才干的突厥人直接晋升为军官。哈里发可能没有想到,这支突厥禁卫军竟构成了对阿拉伯帝国更大威胁,逐渐成为幕后真正握有权柄的人。一旦时机成熟,他们就干预朝政,废立哈里发。

曼苏尔建立的"和平之城"巴格达,变成了一座"骚乱之城"。

巴格达城的居民不满禁卫军骄横跋扈，随时可能起来暴动。面对这种危险，穆阿泰绥姆于公元836年把中央政府所在地向北迁到了距巴格达约97千米的萨迈拉城。该城位于底格里斯河畔，穆阿泰绥姆给它起名"见者喜"。

当时，曾有人幽默地说，这座城的新名应该这样解释："见者喜"，是因为看到突厥禁卫军迁居此城，而巴格达城获得了安宁，皆大欢喜。

穆阿泰绥姆和他的儿子穆塔瓦基勒在萨迈拉修建了许多宫殿和清真寺。尽管这座新城不同于作为国际文化中心、工业中心和商业中心的巴格达，但在豪华程度上堪同巴格达相媲美。这座新城曾做首都长达56年（836—892），有8代哈里发曾在这里继位。这座古城的遗址是现存阿拔斯王朝古迹中最富丽堂皇的。

这支以突厥军人为主体的禁卫军在阿拉伯帝国扮演的角色，与罗马禁卫军和土耳其禁卫军并无差别。他们的出现，标志着哈里发权力终结的开端。哈里发住在新都里，几乎等于他们的囚徒。突厥将领阿夫信，趁穆阿泰绥姆远征拜占庭之际，举兵反叛。哈里发只好停止对拜占庭的军事行动，回师对付阿夫信，将其逮捕下狱，关押至生命结束。

瓦西格继位后，同他父亲一样，犯了同样的致命错误。他授予他的突厥卫队中一个名叫阿斯纳斯的军官以哈里发副官的高级职务。这是相当于副埃米尔的官职。瓦西格去世后，阿斯纳斯俨然一个独裁者，神气十足。

瓦西格仅在位5年。随着他早亡，阿拔斯王朝的荣光亦不复存在。

有人认为，瓦西格是一位豁达的君王。倘若他能活得更长久一些，他是能够继承哈伦和马蒙的传统的。瓦西格身后的哈里发，不再拥有多少权威。他们成为那些握有实权的强大突厥将领手中的傀儡。

瓦西格去世后，哈里发副官阿斯纳斯大权在握。起初，他把瓦西格年幼的儿子穆罕默德扶上哈里发之位。后来，他又改变了主意，选择了年幼的穆罕默德的叔叔穆塔瓦基勒。穆塔瓦基勒是阿拉伯帝国衰亡时期的第一代哈里发。他执政时期，突厥近卫军首领策动了一场哗变，原因是卫士对长官拖欠他们的军饷不满。哈里发惊恐万状，当即逃离都城萨迈拉，派遣呼罗珊世袭总督穆罕默德率军前往萨迈拉平息叛乱。

哈里发穆塔瓦基勒企图偏安大马士革。但是，那里也不安全，穆塔瓦基勒不得不返回萨迈拉。

公元861年12月10日夜里，穆塔瓦基勒在萨迈拉被突厥卫士戕害。据说，这是他儿子策划唆使的。这是一系列事件的开端。在那些事件中，阿拔斯王朝的大厦，根基既已动摇，便面临着极速崩溃。

在此后的岁月里，突厥禁卫军走马灯似的废立哈里发。禁卫军将军多半是奴隶，争权夺利，互相倾轧。宫廷女子，凭借着自身对这些突厥奴隶将军的影响，在政治斗争中扮演了重要角色，使整个局面更加复杂混乱。

> 土崩瓦解的哈里发200年的历史，呈现出一幅混乱的图景……。如果还有和平安宁的话，要在边远的省区里才能享受到，那里的省长，实际上是独立的，他以钢铁般的手执掌着政权。①

---

① 希提.阿拉伯通史：上册[M].马坚，译.2版.北京：商务印书馆，1990：558.

穆塔瓦基勒被害后，突厥禁卫军首领拥立他的幼子蒙塔希尔为哈里发，仅6个月后便废而黜之，另立其弟穆斯泰因为哈里发。穆斯泰因统治了4年，暂时逃脱了突厥禁卫军的毒手，但禁卫军围困了他的住所，逼他逊位，交出政权。

优柔寡断的穆斯泰因在被围困之后逃往巴格达，结果又被禁卫军追回，最后不得不逊位。他在位期间，他那奴隶出身的母亲和两个突厥将军共享了哈里发权力。

他的继承者穆阿泰兹真可谓如坐针毡，过着提心吊胆的日子，只获有很小的统治权力。穆阿泰兹当政三年后，被禁卫军谋害。他的母亲不肯交付禁卫军5万第纳尔，以赎取自己的哈里发儿子的性命。尽管她在地下室的贮藏处收藏着100万第纳尔，还收藏着无法估价的珠宝和珍玩。

瓦西格的另一个儿子——穆赫塔迪被推上哈里发之位。但是，突厥军官对他也不满意，第二年就废黜了他，把哈里发穆塔瓦基勒幸存的长子推上御座，尊号穆塔米德。穆塔米德着手做的第一件事，就是把首都从萨迈拉迁回巴格达。

穆塔米德的迁都之举在一个时期内有助于削弱突厥禁卫军的权力。尽管如此，他执政期间，阿拉伯帝国出现了叛乱。他的最大忧患是巴士拉南部盐场的黑奴起义。

阿拔斯王朝时期，社会生产中仍广泛使用奴隶。有许多奴隶是从东非输入的黑奴。他们在幼发拉底河下游开采硝石矿，从事繁重的劳动，过着非人的生活。

公元869年，黑奴首领阿里·伊本·穆罕默德利用首都巴格达的动荡局面发动对悲惨生活不满的矿工，在巴士拉附近发动了震撼阿拉伯帝国心脏的黑奴大起义。

阿里·伊本·穆罕默德信奉哈瓦利吉派教义。他自称伊玛目侯赛因的后裔，是安拉派遣的使者；他的使命是使黑奴获得自由，享有财富。他号召奴隶起来废黜无道的哈里发，主张人人平等，善良的人，即使是黑奴，也可以取得哈里发之位。

阿里·伊本·穆罕默德的宣传具有很大的吸引力，成群结队的黑奴加入了起义队伍，许多从城乡逃出的奴隶、镇压起义军的黑人雇佣军、附近的游牧部落及农民，也加入了起义队伍，起义人数达20多万。

起义军以迅猛之势，先后占领了商港俄波拉和胡泽斯坦的阿瓦士。公元871年，起义军在聚礼日攻入巴士拉城，将该城劫掠一空，然后付之一炬。

起义军势力不断壮大，控制了底格里斯河下游，占据了伊拉克南部和波斯西南部，切断了巴格达东南部的交通线，给阿拔斯王朝造成了很大威胁。

哈里发穆塔米德惊慌失措，急忙派兵镇压起义军，但宫廷纠纷和大封建主叛乱分散了统治者的力量，哈里发的骑兵也不擅长在沼泽地带作战，起义军利用港汊芦塘的有利地形，夜间出击，屡战屡胜。

起义军打败了一支又一支奉命前来围剿他们的哈里发军队，并处决了所有战俘和非战斗人员。公元878年，起义黑奴占领军事重镇瓦西特。第二年，他们进至距巴格达仅有28千米的地区，阿拉伯帝国首都岌岌可危。

为了挽救败局，哈里发穆塔米德的弟弟穆瓦法格亲自出征。穆瓦法格提出了黑奴可获自由、起义者可得到宽大处理、起义军将领可领取国家薪俸等诱降条件，遣人劝说阿里·伊本·穆罕默德放下武器，但遭到拒绝。

于是,穆瓦法格造战船、练水兵,平定胡泽斯坦,切断起义军左翼,并于公元881年围攻起义军大本营穆赫塔赖。公元883年8月,穆赫塔赖陷落,阿里·伊本·穆罕默德就义,起义军遭到残酷血腥的镇压。

这次黑奴大起义持续了14年,屡挫政府军,阵亡的人数据说有50万。在一场战斗之后,无人认领的政府军头颅太多,黑奴只好把那些头颅投进运河,以便随水漂流到巴士拉城,让他们各自的亲戚朋友去辨认。西亚历史记载的流血最多、破坏最大的起义就这样结束了。

穆塔米德的继承者是侄子穆阿泰迪德。穆阿泰迪德执政时期,他从临时首都萨迈拉,迁回故都巴格达。这虽然改变了地点,但没有改变形势的进程,实际权力仍然从哈里发手中落到军人手里。穆阿泰迪德的功绩在于,他趁埃及图伦王朝国势衰竭之际,顺利收复了埃及,将其重新置于阿拔斯王朝哈里发的统治之下。

穆阿泰迪德的继承者穆克塔菲(史称穆克塔菲一世),是统率阿拔斯军队击退拜占庭人的最后一任哈里发。他甚至率军强攻令人生畏的亚得里亚要塞,令拜占庭人着实惊恐了一阵。

穆阿泰迪德之后,他的表兄伊本·穆阿泰兹与他的远房堂弟穆格泰迪尔争夺哈里发之位,他的举世罕见的荣誉就是只做了一天哈里发(公元908年12月17日),随之便被废黜并残害。仅在位一天的哈里发,与其说是一位政治家,不如说是一位诗人和文学家。他著述颇丰,但留存下来的却很少。

穆格泰迪尔是尚能控制伊拉克、美索不达米亚、叙利亚、埃及和库吉斯坦(今伊朗西部)的最后一代阿拔斯王朝哈里发。这时,国家岁入日减,穆格泰迪尔往往不得不采取相当卑劣的策略以获取足够的财政收入。他常常对富人突然抽税或罚款，或根据捕风捉影的报告没收珠宝商或金匠的财产，法律的尊严受到极大削弱，民众的生命和财产皆无保障。

那些习惯于奢华生活的上等阶层，现在沦落到仅能维持小康生活的地步，下等阶层日益贫困，而当权者却愈加贪婪，也愈加专横残暴。逊尼派和什叶派之间的宗教斗争有增无减，老百姓或者失去信仰，或者加入秘密组织和非正统组织。

穆格泰迪尔在位24年。其间，他那突厥人出身的母后经常干预朝政。他历经13位维齐尔，其中有些被处以极刑。这13位维齐尔中，有阿拉伯书法奠基者伊本·穆格莱，还有阿里·伊萨。阿里·伊萨在一个贪污腐化、暴虐压迫的时代任职，但他公正廉明，富有才能。阿里两次任职，长达5年，曾厉行节约，显著改进了国家财政，树立了一个高效率的榜样，可惜没有人仿效他。

穆格泰迪尔的本义是"刚毅者"。然而，他本人却是地道的懦弱无能之辈。他将国家大事交给禁卫军统领穆尼斯·穆赞法尔。穆尼斯·穆赞法尔是一名宦官，有"百胜将军"之称。

穆格泰迪尔创设了一个新官职，叫作大元帅或者指挥官中的指挥官。这个官职通常由禁卫军首领担任，但也可以是帝国军队最有权势的将军。最早获得这个职位的就是穆尼斯·穆赞法尔。

不久，穆尼斯·穆赞法尔就变成了幕后的摄政王和实际的统治者。他废黜了穆格泰迪尔，立其异母弟弟卡希尔为新哈里发。穆格泰迪尔后来被害身亡。

卡希尔的日子并不比他的前任好过。他仅执政两年即被废黜，并被挖掉双眼，撵出王宫，沦为巴格达大街上的乞丐。

卡希尔的继承者拉迪是阿拔斯王朝第二十代哈里发。拉迪统治时期,大元帅专横跋扈更是变本加厉。他公然要求穆斯林在聚礼日祈祷时将他的名字和哈里发的名字一起加以颂扬。这在伊斯兰教史上是没有先例的,也是破天荒的。

拉迪是这一时期中幸免于被废黜的少数哈里发之一,但他最后仍不免遭军人戕害。阿拉伯编年史家称他为最后的实际哈里发。因为在他之后,哈里发连聚礼日的说教和国家的某些宗教事务也不能主持了。在他之后,留给哈里发的权力和尊严的最后痕迹完全消失了,哈里发仅仅被视为伊斯兰世界的宗教领袖,其原有的世俗权力丧失殆尽。大元帅成为阿拉伯帝国的真正统治者。

拉迪的继承者穆泰基和穆塔克菲,和卡希尔一样,被送入双目不见天日的黑暗之国,后被逐出王宫。

有一段时间,三位被废黜的双目失明的哈里发,同时流落在外,沿街乞讨,接受信众的布施。在这种情况下,哈里发在人们心目中的形象和威望,也就可想而知了。

其时,阿拉伯帝国大势已去。阿卜杜勒·拉赫曼三世在西班牙,艾布·阿卜杜拉·侯赛因在北非各自自封独立的哈里发。这就是说,伊斯兰世界出现了三个敌对的哈里发同时并存的异常局面:科尔多瓦的逊尼派哈里发,开罗的什叶派哈里发,巴格达的逊尼派哈里发。这三个哈里发国家形成三足鼎立之势。

二、后倭马亚王朝

阿拉伯人在一个世纪的时间征服了亚非欧三大洲的广大领土,形成了一个多民族、多宗教、多种社会形态并存的庞大而松散的帝国。但是，即使在强盛时期，阿拔斯王朝的哈里发也不能统治全国。对边远行省，他们更是鞭长莫及。

实际上，阿拔斯王朝时期，阿拉伯帝国的边远行省从一开始就处于半独立状态。随着哈里发中央权力衰弱和突厥禁卫军首领当政，阿拉伯帝国国势日衰，皇室大权旁落，形同虚设，西南欧、北非、南亚等地，独立王朝和王国纷纷建立，阿拉伯帝国四分五裂，土崩瓦解。对此，赛义德·菲亚兹·马茂德形象地写道：

> 人们好像看到了一座有着许多可爱的房间、华丽的装潢和精致的庭院的漂亮建筑物，其根基正在不断被无数只老鼠、白蚁和各色各样的害虫蛀蚀着，它的院墙正在一块一块地坍落，色彩和装饰也在渐渐消退，直到整个建筑物全部倒塌。①

西班牙是阿拔斯王朝大厦中倒塌下来的第一堵院墙。

这堵院墙倒塌在亡命之徒阿卜杜勒·拉赫曼之手。

前面讲过，阿拔斯家族对倭马亚家族进行灭绝性屠害的时候，阿卜杜勒·拉赫曼侥幸逃脱，开始了戏剧性胜利大逃亡，历经艰险，最终到达科尔多瓦，揭开了西班牙历史上新的一页。

公元756年，阿卜杜勒·拉赫曼自称埃米尔，建立后倭马亚王朝。阿拉伯编年史家称这位昔日的亡命之徒为"潜入者"。阿卜杜勒·拉赫曼

---

① 马茂德.伊斯兰教简史[M].吴云贵，金宜久，戴康生，等译.北京：中国社会科学出版社，1981：142.

建立的后倭马亚王朝持续了近 300 年（756—1031）。

公元 757 年，阿卜杜勒·拉赫曼下令停止聚礼日为阿拔斯王朝哈里发祈祷和祝福，他和他的几个继承者虽然自主进行统治，但仍称埃米尔。直到公元 929 年，阿卜杜勒·拉赫曼三世晓谕全国，自立为哈里发。

阿卜杜拉·拉赫曼统治时期，西班牙已摆脱阿拔斯王朝哈里发的管辖，成为第一个独立的行省。

阿卜杜勒·拉赫曼是一位精明强干的政治家。他建立了一支纪律严明、训练有素的军队。这支军队约有 4 万人，主要来自非洲的柏柏尔人。他给予他们以优厚的待遇，依靠他们的忠诚来建立政权，维护统治，巩固后倭马亚王朝的江山。

他毫不留情地镇压了先前的同盟者——什叶派也门人的叛乱和柏柏尔人的暴动，决然除掉了阿拔斯王朝哈里发曼苏尔派到西班牙的总督，成功击退了法兰克人的进攻，统一了伊比利亚半岛 2/3 的地区。据说，他装备了一支舰队，要从阿拔斯家族手中抢夺叙利亚，后因内部出了问题而放弃。

阿卜杜勒·拉赫曼随之偃武修文，着手国内的经济和文化建设。他整修城市，开凿运河，引种外国植物，改进农业技术，美化首都市容。这些措施收效显著。他修建了一座引水桥，把清水引入首都科尔多瓦。他在科尔多瓦四周修建城墙，并在科尔多瓦郊区修建鲁萨法宫。他把清水引入鲁萨法宫，引种了桃子、石榴等。

他的花园里有一棵椰枣树，据说是从叙利亚输入的第一棵。他曾咏了一首温柔的诗，表达自己对这棵椰枣树的感情。

他为科尔多瓦大清真寺举行了奠基仪式。他的继承者完成了科尔多瓦大清真寺的建造，并加以扩建。科尔多瓦大清真寺很快成为

"西方伊斯兰世界的克尔白",堪与耶路撒冷阿克萨清真寺和麦加大清真寺相媲美。这座清真寺后来被改造为科尔多瓦大教堂,一直保存至今。

阿卜杜勒·拉赫曼不懈致力于阿拉伯－伊斯兰文化运动,企图消灭阿拉伯人、叙利亚人、柏柏尔人、西哥特人之间的差别,把他们融为一个民族。他的目的没有达到,但他在语言、文化、风俗、习惯等的阿拉伯化,以及宗教信仰的伊斯兰化等方面相当成功。

由他开启的文化运动,经过长期发展,最终于开出了灿烂花朵,结出了累累硕果,使西班牙在两百多年里成为世界文化的一大中心,使科尔多瓦一跃成为与巴格达并列的伊斯兰世界东西方交相辉映的两颗明珠。

阿卜杜勒·拉赫曼采取了刚柔相济、恩威并施的政策,西班牙原有居民和外来统治者之间,阿拉伯人和柏柏尔人之间,基督徒和穆斯林之间,新旧穆斯林之间,农民和封建主之间,矛盾均有所缓和,国内形势在一定时期内相对安定。

阿卜杜勒·拉赫曼之后的埃米尔,既没有他那样的魄力,更缺乏处理各种关系的正确政策,征服者对被征服人民的种族歧视和宗教迫害日益加重,致使各种矛盾激化,暴动迭起,内乱频仍。在错综复杂的内乱中,原有居民和外来统治者之间的矛盾跃居主要地位,而表现的形式则为宗教斗争。

新皈依伊斯兰教的穆斯林,日益对他们所处的低下地位和遭到的残酷压迫强烈不满。他们当中有相当一部分人表面上承认伊斯兰教,实际上仍是基督徒。这些人,在不少城市里占居民的大多数。他们率先起来反抗现有政权。暴动最先起自首都科尔多瓦。因为科尔多瓦南郊的绝大多数居民为新穆斯林。他们深受伊斯兰教教义和教律学家的影响。

后倭马亚王朝第三代哈里发哈卡姆一世是一个放荡不羁的人，酷爱狩猎和饮酒。他挑选了一批黑人和其他外籍人组成禁卫军。这些禁卫军不懂阿拉伯语，被人们贯以"哑子"的绰号。他经常在这些"哑子"的簇拥下招摇过市。

哈卡姆一世淫乱放荡，禁卫军骄横跋扈，成为科尔多瓦民众暴动的导火线和诱发因素。

公元805年某一天，哈卡姆一世在禁卫军的前呼后拥下走过大街时，群众用石块袭击了他们，一些教义学家在旁边拍手喝彩。后来，禁卫军发现有人密谋废黜这位埃米尔，有11人被控与这次密谋有关，遭到了逮捕，而后被处决。

新穆斯林所在地区的暴动接二连三地爆发，最后酿成公元814年的大暴动。这次暴动由柏柏尔教律学家叶哈雅领导，暴动群众包围了哈卡姆一世的宫廷。

哈卡姆一世的骑兵残酷镇压了这次暴动，有300个起义首领被处决，整个居民区被夷为平地，不许任何人在那里重新建造房舍，全部居民被驱逐出西班牙，其中有8000户人家在马格里布落户，其余1.5万人在埃及亚历山大定居。后来，定居埃及的那部分人被阿拔斯王朝哈里发马蒙赶走。公元824年，他们渡海来到克里特岛，征服该岛，并建立王朝。直到公元961年，希腊人才收复该岛。

托莱多也接二连三地出现了暴动。托莱多这座骄傲的"王城"，在被征服者眼中，无论从政治方面还是从宗教方面来说，都是最重要的城市。这座城市从被征服之日起，从来没有安定过，无论新穆斯林还是基督徒，都处在长期叛乱之中。

公元807年，哈卡姆一世任命阿穆卢斯为托莱多长官，平定那里的叛乱。阿穆卢斯借招待前来托莱多访问的14岁王储之机，举行大宴会，邀请托莱多的好几百位知名人士作陪。

他新建的城堡的院子里，有一条建造城堡时保留下来的壕沟。他把刽子手安排在壕沟畔上，每个客人走进院子，大刀就落在他的脖子上，尸体随即被抛进壕沟。

阿卜杜勒·拉赫曼二世的几位继承者执政时期，新穆斯林和阿拉伯化基督徒，四处举行骚乱和起义，有些地方甚至脱离中央政权，纷纷宣布独立。

在北部边疆，早已改奉伊斯兰教的一个古老的西哥特部落——贝尼·盖西人，统治着独立的阿拉贡。他们于公元9世纪中叶并吞了萨拉戈萨、图德拉和其他重要的边区城市。

在南方，以阿奇多纳为首都的山中之国马拉加，土著大半是伊斯兰化西班牙人。公元873年，该国统治者与阿卜杜勒·拉赫曼二世的继承者穆罕默德一世订立条约。实际上，穆罕默德一世承认了它的独立主权，只不过它每年要缴纳贡赋罢了。

在西南部，加利西亚、梅里达和巴达霍斯有一个大胆的叛教者，名叫阿卜杜勒·赖哈曼·伊本·麦尔旺·吉利基。他建立了一个领地，得到一切反对阿拉伯统治的起义者的天然盟友——莱昂国王阿尔丰沙三世的援助。他遍地散播恐怖消息。

托莱多是一座动乱多而太平少的城市。在这座城市四周的地区中，柏柏尔族的贝尼·左农人，率领着一批匪帮，到处害人放火。还有其他许多叛教者摆脱了后倭马亚王朝的宗主权，自立为王。在所有反叛者中，威胁最大的是奥马尔·伊本·哈弗逊。

奥马尔是一个西班牙贵族后裔，他表面上改奉了伊斯兰教，实际上仍是一个基督徒。他曾在科尔多瓦王家军队里服役。退役回乡后，他纠集了大批心怀不满的基督徒，举起了反后倭马亚王朝的旗帜，一跃成为西班牙南部反抗后倭马亚王朝统治运动的领袖。

奥马尔以伯巴斯特罗山上的要塞为大本营，在阿维拉山区居民的支持下，迅速发展势力，以一系列游击活动来反对中央统治，逐渐成为西班牙南部的统治者。在西班牙南部的基督徒和不满分子看来，奥马尔是一个长期受压抑的民族的斗士；在阿拉伯人看来，他是一个"讨厌鬼"和"流氓"。穆罕默德一世、蒙齐尔等都被他的反叛搞得神魂不安。

奥马尔的武装反叛接二连三地震撼了后倭马亚王朝宝座的基础，使科尔多瓦政权陷入困境。后倭马亚王朝政权危如累卵，不绝如缕，迫切需要一个中兴之主。

三、后倭马亚王朝的中兴之主

就在后倭马亚王朝叛乱四起、分崩离析之际，一位力挽狂澜的中兴之主出现在历史舞台上。

他就是后倭马亚王朝的第八代统治者阿卜杜勒·拉赫曼三世。

这位中兴之主继位时，后倭马亚王朝的辖地仅有一城之大，即科尔多瓦及其附近地区，称之为弹丸之地，并不夸张。

这位年轻的君主，只有23岁，但他拥有不同寻常的品质：坚毅而勇敢，坚定而仁慈，刚强而宽厚，精明而坦率。他身处逆境，但他励精图治，审时度势，旋转乾坤，用卓著的成就证明自己是一个风云人物。

阿卜杜勒·拉赫曼三世以收复失地为己任。他从一城一池开始，步步为营，逐一收复失去的行省。这场决战耗费了 20 年时间，但他毫不动摇。

公元 912 年年末，埃西哈率先投降，接着阿维拉投降，哈恩放弃抵抗，阿奇多纳愿意缴纳贡税。公元 913 年年底，塞维利亚开门迎降，马拉加在负隅顽抗后被攻克。

公元 917 年，在西班牙南部称雄 37 年的奥马尔·伊本·哈弗逊故去，伯巴斯特罗要塞被彻底摧毁。公元 932 年，托莱多这座长期动乱的故都，在被围困到弹尽粮绝的情况下，被迫投降，开门迎降。

就这样，阿卜杜勒·拉赫曼三世恢复了后倭马亚王朝对西班牙大部分地区的统治。作为一位坚韧不拔的斗士和一位精明强干的统治者，他为自己赢得了声誉。

阿卜杜勒·拉赫曼三世随即对埃及的法蒂玛王朝和西班牙北方的基督教王国，发动了强大攻势，以解除外敌威胁。

公元 917 年，阿卜杜勒·拉赫曼三世率先迫使马格里布柏柏尔人接受了他的宗主权。接着，他于公元 931 年占领休达，乘势将后倭马亚王朝的势力扩张到阿尔及利亚海岸，获得了柏柏尔海岸大部分地区。因为他体会到一个敌人在北非强大起来的时候，他在西班牙的统治地位是不稳固的。

此后，他与法蒂玛王朝进行了一系列海战，成功抑制了法蒂玛王朝海军对西班牙沿岸的袭击。这些海战贯穿他的整个当政时期。公元 956 年，他还派遣一支由 70 艘舰船组成的舰队侵扰了法蒂玛王朝的国土，蹂躏了非洲海岸的几个地方，以报复法蒂玛王朝哈里发指挥的西西里舰队对西班牙海岸进行的侵略。

阿卜杜勒·拉赫曼三世对西班牙北部兴起的基督教诸王国，发动了一系列征战。当时，西班牙北部主要有4个基督教王国：阿拉贡王国、纳瓦拉王国、卡斯蒂利亚王国和莱昂王国。这4个王国实际上是西班牙的4个自治区，居民大部分为基督徒。而那里又大部分是山区，当地人素来秉性刚烈，独立不羁，不受管束。

阿卜杜勒·拉赫曼三世在位不到三年，莱昂王国国王奥多尼奥二世就利用后倭马亚王朝的动荡局势，侵扰蹂躏西班牙南部地区，造成极大危害。阿卜杜勒·拉赫曼三世派遣一位能干的将军率军前往平叛，但这支军队在圣埃斯特班城遭到围攻，这位将军被俘牺牲。

阿卜杜勒·拉赫曼三世听到战果后，怒不可遏。公元920年，他亲率一支大军北上，夷平了圣埃斯特班城和其他要塞，彻底粉碎了莱昂王国国王奥多尼奥二世和纳瓦拉国王桑乔一世的联军，蹂躏了基督教王国的几个地区，然后心满意足地班师返回首都。

公元924年，阿卜杜勒·拉赫曼三世再度远征北方，进入纳瓦拉王国，摧毁了它的首都潘普洛纳，纳瓦拉王国国王桑乔一世此次战败之后在一个很长时期内一蹶不振，衰弱不堪。

公元939年，阿卜杜勒·拉赫曼三世进行最后一次北征，他的军队遭到了莱昂王国国王罗米罗二世和纳瓦拉王后托达（桑乔一世的遗孀）联军的反击，使他在27年里几乎没有中断过的战争第一次遭受失败，他的大军几乎全部被歼灭，他自己仅以身免。

然而，他十分强大，他的威望未受到任何损失，唯一一个结果是，他同北方的基督教王国之间互相宣布停战，彼此之间的敌意一度消失，并曾有过友好往来的佳话，史书对此大加记载。

纳瓦尔王后托达后来来到了阿卜杜勒·拉赫曼三世的宫廷，受到很高的礼遇。原来，托达王后有一个孙子，绰号"胖子桑乔"，被一个篡权者驱逐到国外。这时，桑乔极度肥胖，就是这种严重的肥胖症，使他丢掉了王冠。他曾向许多大夫求医，但无人能治好他的病。后来，他听说科尔多瓦有许多名医。于是，托达王后便携带孙子来到了科尔多瓦宫廷，请求阿卜杜勒·拉赫曼三世设法医治桑乔并帮他恢复王位。她与她的儿子、孙子及随行人员受到了极高的礼遇和隆重的接待，并参观了科尔多瓦的壮观市容。医术精湛的御医萨普鲁治好了桑乔的肥胖症，阿卜杜勒·拉赫曼三世派遣军队帮助桑乔恢复了他失去的王位。

经过20余年的艰苦奋斗，阿卜杜勒·拉赫曼三世统一了伊比利亚半岛大部分地区。他无情惩治顽抗的敌人，而宽待普通的基督徒和犹太教徒。他严厉打击骄横跋扈的阿拉伯旧贵族，大胆起用有才干的非穆斯林。他不但善于用兵，而且长于治国。他在位的50年间，后倭马亚王朝相当繁荣，历史学家誉之为后倭马亚王朝的中兴时期。当时，巴格达的阿拔斯王朝已似西风残照，而科尔多瓦的后倭马亚王朝犹如旭日东升，一派繁荣。

公元929年1月16日，阿卜杜勒·拉赫曼三世晓谕全国，宣布他是穆斯林的哈里发，一切公共礼拜中和公文都应该这样称呼他。他选择了"保卫安拉宗教的哈里发"的头衔，获得了"信士的长官"的称号，并采用了"纳赛尔"（意为"征服者"）这个尊号。

这时，阿卜杜勒·拉赫曼三世在伊斯兰世界的地位已经登峰造极。欧洲国家对他也另眼相看，拜占庭、德意志、意大利和法兰西的使节不断来到他的宫廷修好报聘。

当时，哈里发的宫殿是全欧洲最富丽的宫殿之一。这座宫殿名叫宰海拉宫，位于科尔多瓦西北部郊区，以阿卜杜勒·拉赫曼三世的宠妻宰海拉（意为"最美的佳人"）的名字命名。相传，宰海拉宫的修建费用来自阿卜杜勒·拉赫曼三世的另一个宠妻的遗产。他最初打算用这笔资金赎取基督徒手中的战俘。后来，没有战俘可赎了，他便在宠妻宰海拉的建议下，修建了这座宫殿，并以她的名字命名。

根据记载，宰海拉宫是当时最豪华的建筑物，参加这项巨大工程的工匠达一万余人，花费20年时间才建成，建造墙壁、圆柱和地面用的大理石、花岗石及其他珍贵石头，是从遥远的外地运来的：大理石料来自努米底亚和迦太基，石柱、石盆和黄金雕像来自君士坦丁堡，载运这些材料的牲口达1500头。

宰海拉宫建筑在阿雷纳山麓，分为三层：下层是花园，中层是宫廷侍从的房屋，上层是哈里发的宫殿。这座宫殿的大殿完全以彩色大理石和黄金建成，中央挂有一颗璀璨夺目的珍珠。这是拜占庭帝国皇帝利奥六世赠送的礼物。大殿有8扇大门，门闩是色彩缤纷的大理石和水晶石制成的，拱形门廊是用镶有宝石的黑檀和象牙做成的。

哈里发的寝宫里有一个水盆，盆上饰有12个赤金动物。整座宰海拉宫共有1500扇门，4300根柱子，全部由镀金的铁或铜包装，金光闪闪。阿卜杜勒·拉赫曼三世的两个继承者又加以扩建，宰海拉宫变成了皇家宫廷的核心。这座宫殿的遗址自1910年起被发掘出一部分，供人们游览。

阿卜杜勒·拉赫曼三世以70岁高龄去世，在位近50年。他在遗书中说，他生平只有14天是快乐的。环绕在阿卜杜勒·拉赫曼三世宫廷四周的晕轮，不断把荣光反射在他的继承者哈卡姆二世的宫廷。

宰海拉宫遗址局部

哈卡姆二世是一位聪明博学的正直君主。他当政期间，国泰民安，繁荣富强，学术昌明。

莱昂王国的前任国王奥多尼奥四世，曾来到宰海拉宫，请求哈卡姆二世帮助他恢复王位。奥多尼奥四世身穿白袍，头戴镶饰珍珠宝石的帽子，率领着他的王公贵戚，从密集排列在道旁的士兵行列中间走进皇宫。在接见厅中，哈里发哈卡姆二世端坐在宝座上，两旁和身后站立着皇室成员和高级官吏。这些基督徒，肃然起敬。

奥多尼奥四世上前行跪拜礼，亲吻哈里发哈卡姆二世的手背，自称仆人，乞求援助。然后，他倒退着走到门口，和他一起去的那些王公贵戚也遵行了同样的礼节。哈里发哈卡姆二世答应在条件允许时给予他帮助。根据记载，哈卡姆二世后来曾对莱昂王国发动过几次进攻，但没有帮奥多尼奥四世夺取王位。

哈卡姆二世是伊斯兰世界十分博学的哈里发之一。他阅读过大量书籍。他在页边上写的批注为后世学者所珍视。他给予学者丰厚的恩惠，并在首都创办了27所免费学校。他扩建了阿卜杜勒·拉赫曼三世创建的科尔多瓦大学，从阿拔斯王朝高薪聘请教授任教。来自西班牙各地和亚非欧三大洲的学生云集在科尔多瓦大学，在知识的海洋里畅游。

哈卡姆二世不仅是一位学者，也是一位出色的统帅。他继续与西班牙北部的基督教王国作战，迫使他们求和，并成功征伐埃及法蒂玛王朝，开始在马格里布地区行使统治权。

哈卡姆二世去世后，他的儿子希沙姆二世继位。

希沙姆二世当时年仅12岁，由他母亲摄政。这位摄政名叫苏布卜哈（意思是"黎明""曙光"）。她是一位漂亮能干并有着西班牙北部血统的贵妇人。她的朝臣中有一位富有才干、聪明伶俐、发奋有为的青年，名叫穆罕默德·伊本·艾布·阿米尔。他起初是一个地位低微的文书，后来凭借勇气、才干和毅力成为后倭马亚王朝的实际统治者，独揽大权。

一旦大权在握，阿米尔便逐步独揽一切权力，并开始以哈里发希沙姆二世的名义发号施令。

他建立了由马格里布雇佣兵组成的禁卫军，以代替原来的斯拉夫禁卫军。他废除了军队原来按部族划分的体制，而代之以分队的组织形式。

他在科尔多瓦东郊为自己建造了一座壮丽的公馆，取名"扎希拉城"（意为"辉煌宫"），并开始在那里理政。宰海拉宫失去了昔日的重要地位。

他把哈卡姆二世图书馆中的一切有关哲学的书籍和一些教义学家

列入黑名单的书籍付之一炬。

他通过权谋、手段和重金收买把都城里的诗人和其他有影响的人统统拉到自己一边。

他把冲龄（年幼继位）的哈里发希沙姆二世关在皇宫里，逼迫希沙姆二世在聚礼日的礼拜仪式中提及他自己的名字，并把他的名字铸刻在金币上，与哈里发希沙姆二世的名字并列在一起。

他还穿着用金线织着他的名字的礼服。这原来是哈里发独享的一种特权。

他僭取了"曼苏尔"的尊号。

公元982年，他又下令，凡枢密院发出的公文一律改用他的印信，从而彻底剥夺了哈里发希沙姆二世的权力。

他没有做的事情只有一件，就是推翻有名无实的后倭马亚王朝哈里发，建立阿米尔家族的哈里发王朝。

在军事上，他取得了辉煌成就。他毕生出征50多次。同阿卜杜勒·拉赫曼三世一样，他最先把注意力放在马格里布，把这个地区置于他的控制之下。

当时，埃及法蒂玛王朝的权力中心已迁至新建成的开罗。

此后，他转向西班牙北部的基督教王国。当时，那些基督教王国内部倾轧不已，为他的军队提供了良机。每年春秋两季，他都会向莱昂王国、卡斯蒂利亚王国、加泰罗尼亚公国等发动进攻，并取得了重大成就。

公元981年，他夺取了萨曼拉卡。

公元985年，他夷平了巴塞罗那。

公元988年，他摧毁了莱昂城，所有结实的城墙和高大的碉堡均被拆除，莱昂王国变成一个称臣纳贡的行省。

公元997年，他冒险推进到加利西亚山区的各隘口，并拆除了壮丽的圣地亚哥-德孔波斯特拉大教堂。该教堂是整个基督教世界的欧洲朝圣者经常朝拜的圣地。

当他耀武扬威地班师回朝的时候，最引人注目的是他的队伍押解着一大群基督徒战俘。这些战俘掮着教堂的门和钟。那些门后来被安装在科尔多瓦大清真寺，那些钟被改造成各大伊斯兰建筑物的吊灯。那些基督徒战俘戴着脚镣，被派去修缮科尔多瓦大清真寺。

阿卜杜勒·拉赫曼三世时代以来，西班牙伊斯兰文明再也没有放射过如此绚丽的异彩。

阿米尔于1002年第56次出征卡斯蒂利亚王国，班师途中逝世，实现了他阵亡沙场的愿望。他每次出征回来，都会把盔甲上的尘土扫下来积存起来，准备做殉葬物。现在，这些尘土被放在他的墓穴里，以实现他的夙愿。他被葬于麦地那市郊的撒利木河谷。

四、世界珍珠

历史学家公认，阿卜杜勒·拉赫曼三世和他的继承者哈卡姆二世，以及侍从长阿米尔当政的时代，是后倭马亚王朝的鼎盛时期，是伊斯兰政权在西方统治的极盛时代，伊斯兰西班牙在欧洲和非洲事务中的政治影响，此前和此后，都没有如此重大。

这一时期，科尔多瓦的华丽繁荣不在巴格达和君士坦丁堡之下。科尔多瓦有居民50多万，郊区20多个，清真寺约700座，公共澡堂约 300 间，图书馆约 70 座，还有许许多多书店、学校和宫殿。

当时，科尔多瓦铺砌的街道长达数千米，道旁的路灯在夜晚把大街照得通明，而 700 年后的伦敦连一盏路灯也没有，就连巴黎，过了几百年之后，下雨天如果有人敢出门走一走，街上深及脚踝的烂泥会让他们寸步难行。当牛津大学仍然认为沐浴是一种"野蛮人"的风俗的时候，科尔多瓦的科学家早已在富丽堂皇的澡堂里享受好几个世代了。

当时，在西班牙的阿拉伯人眼中，欧洲人无异于野蛮人。他们对这些人的看法，从学识渊博的托莱多法官赛义德的言论可见一斑。

> 由于太阳光不能直射在他们的头上，所以他们的气候是寒冷的，终年在弥漫的云雾中过日子。因此，他们的气质变得很冷酷，他们的性情变得粗鲁，他们的身体长得高大，他们的皮肤发亮，他们的头发长得老长。而且，他们缺乏机智和洞察力，愚蠢和拙笨在他们中间是普遍的。①

科尔多瓦获得了国际声誉，并使外宾感到敬畏惊叹，莱昂、纳瓦拉、巴塞罗那等地的统治者，常到科尔多瓦来聘请外科医生、建筑师、裁缝等。后倭马亚王朝首都的声誉，深入辽远的德意志地区。有个萨克森修女称科尔多瓦为"世界的珍珠"。科尔多瓦成为后倭马亚王朝的政治中心、经济中心、文化中心和宗教中心，成为世界名城。

科尔多瓦政权的最高统治者为埃米尔/哈里发。他们掌握着全国的军事、行政、司法和宗教大权，实行世袭制，但军事首领和贵族常

---

① 希提.阿拉伯通史：上册［M］.马坚，译.2 版.北京：商务印书馆，1990：626.

常推举他们拥护的人为哈里发。

哈里发之下为侍从长，大臣必须通过他们才能与埃米尔/哈里发接触，大臣之下有秘书，大臣和秘书共同组成国务会议迪万，首都科尔多瓦以外的行省共有6个，负责各行省和重要城市的军政事务的长官称为瓦里。

司法权由埃米尔/哈里发行使，但他们通常委托法官卡迪行使这一权力。职位最高的卡迪是科尔多瓦的总卡迪。刑事案件和公共案件由特别法官（警察长）审理。后倭马亚王朝还有一种特别法官，叫作听讼法官，专门审理老百姓对公职人员的控诉和告发。

常见的判决有罚款、鞭打、监禁、断手等，而犯亵渎、异端、叛教等罪者通常被处以极刑。有一个有趣的官吏是检察官，他的职责除了指导警察外，还监督商务和市场，检查度量衡，查禁赌博、奸淫和奇装异服。

全国有10万常备军和几千人保卫哈里发的禁卫军。禁卫军由斯拉夫人、法兰克人、加利西亚人和伦巴第人组成，统称斯拉夫人。哈里发还有一支装备精良的庞大舰队。这支舰队平时在亚洲、非洲、南欧等地区执行交通和贸易任务，战时负责保卫海岸，打击敌人。作为国家机器，这些军队在对付国内外敌人、捍卫哈里发政权中起着极为重要的作用，发挥了极大的职能。

后倭马亚王朝极盛时期，西班牙是欧洲最富庶的地区之一，工业、农业、商业和文化教育事业都很发达。伊比利亚半岛东南部的平原地带，气候温和，土地肥沃，盛产各种谷类、水果和油橄榄。阿拉伯人对发展西班牙的农业做出了不可磨灭的贡献。

阿拉伯人开凿运河，兴修水利，种植葡萄，把稻子、杏子、桃子、石榴、苦橘、甘蔗、棉花、番红花等植物及其耕作方法引入西班牙，丰富了西班牙的作物品种。他们研究土壤，改良品种，合理划分作物种植地区，提高了西班牙的农业技术水平，许多从阿拉伯半岛传入西班牙的农产品都沿用了阿拉伯名字。

当时，在欧洲，西班牙工业首屈一指，后倭马亚王朝首都科尔多瓦有纺织工人1.3万多名。科尔多瓦、马拉加、阿尔梅里亚的毛织业和丝织业都很发达。养蚕业由中国人发明，阿拉伯人把这种工艺传入西班牙，很快发展起来。

西班牙的制革业远近驰名。鞣革和革皮浮花艺术从西班牙传入马格里布，再从这两个地区传入法国和英国。至今，英国人还把高级皮革叫作科尔多瓦皮革，把鞋匠和硝皮匠叫作科尔多瓦皮革制造工人，把山羊皮制成的鞣皮叫作摩洛哥革。

当时，西班牙用金银镶嵌铜、铁等金属的工艺相当发达。这种工艺从大马士革传入西班牙后，又传到欧洲其他地区，因而英国人把这种工艺叫作大马士革金属镶嵌法。

此外，伊比利亚半岛制造的玻璃、黄铜器皿、陶瓷、宝剑等也非常出名。在矿业方面，有哈恩和阿尔加维出产的金银，托莱多出产的铁铝，马拉加出产的红宝石。

伊比利亚半岛内外贸易非常活跃，内陆有塞维利亚、哈恩等庞大的货物集散地，沿海有马拉加、阿尔梅里亚等重要国际贸易港口。伊比利亚半岛当时的主要进口商品有虎皮、象牙、金沙、丝绸、布匹、鞍具、檀香木、乌木、香料、铅、锡、宝石、珍珠等。伊比利亚半岛当时的主要出口商品有棉花、橄榄油、番红花、无花果、蔗糖、大理石、皮革、金银镶嵌品等。

伊比利亚半岛同西欧、拜占庭、埃及、叙利亚、伊拉克、汉志地区等都有密切的商业联系。伊比利亚半岛的产品通过亚历山大和君士坦丁堡远销中亚和印度,现代国际上通用的许多海上用语,如海军上将、兵工厂、海损、海底电缆、海防舰、单桅帆船、关税等都来自阿拉伯语。这足以证明阿拉伯人从前在海洋上拥有过优势和霸权。

著名地理学家伊德里西记载了一个故事:有8个受骗的堂兄弟从里斯本出发,到"黑暗的海洋"去探险,向西南方向航行了35天,到达了一些奇异的岛屿上。

根据这个故事,我们可以想见阿拉伯人当年在大西洋开展的规模宏大的航海活动。

后倭马亚王朝依照阿拉伯半岛的式样铸造货币,以第纳尔为金币的单位,以第尔汗为银币的单位。伊斯兰时代早期的铜币弗里斯同样流通。西班牙北方的基督教王国都使用阿拉伯货币。这些王国在近400年中,除阿拉伯货币和法兰西货币外,没有任何货币。

阿卜杜勒·拉赫曼三世与哈卡姆二世提倡教育,鼓励学术研究,大大提高了西班牙的科学文化水平。在哈卡姆二世时代,阿卜杜勒·拉赫曼三世在科尔多瓦大清真寺里创办的科尔多瓦大学跃居世界著名大学前列。科尔多瓦大学的教学水准比开罗的爱兹哈尔大学和巴格达的尼采米亚大学还要卓越。它吸引了许多学生,他们不仅来自西班牙各地,而且来自欧亚非三大洲的广大地区。

哈卡姆二世扩大了科尔多瓦大清真寺内的校舍。他用铅管把泉水引到科尔多瓦大清真寺里,还用拜占庭的艺术家带来的镶嵌画装修了科尔多瓦大学。这些修建工作花费了20多万第纳尔。他从阿拉伯半岛聘请了许多教授到科尔多瓦大学里来任教，并捐赠大量资金，作为他们的薪俸。这些教授当中，有历史学家伊本·孤帖叶，有文学家艾布·阿拉·麦阿里。

麦阿里一生中的一段颇有戏剧性的插曲就发生在这一时期：哈里发纳赛尔举行盛会，欢迎拜占庭的使节，让麦阿里致即席欢迎词。麦阿里十分怯场，他在说完赞颂真主和祝福先知穆罕默德的开场白之后，一句话也说不下去了。最后，蒙齐尔·伊本·赛义德代替他发表了一篇雄辩的即席演说。

哈卡姆二世在科尔多瓦建造了一座规模宏大的图书馆，派人到亚历山大、大马士革、巴格达等地购买或抄写各种手稿。据说，他最终共得到 40 万册书籍。这些书籍的目录就有 44 册。为了获得《诗歌集成》的第一部手稿，哈卡姆二世给正在伊拉克编写这部巨著的作者艾布·法拉吉·伊斯法哈尼寄去 1000 第纳尔定金。

阿拉伯人统治西班牙 700 多年间，阿拉伯人和其他各族人民创造了辉煌的阿拉伯-伊斯兰文化。西班牙学者以聪明才智和辛勤汗水在阿拉伯-伊斯兰文化史上，在欧洲文化史上，甚至在世界文化史上，都写下了光彩夺目的篇章。

当时，科尔多瓦可谓巨匠云集，学子芸芸，文化发达，学术昌明，是阿拉伯-伊斯兰文化源泉之一，有"世界宝石"之称。

西班牙是阿拉伯-伊斯兰文化传入欧洲的一座十分重要的桥梁。阿拉伯-伊斯兰文化的各类学术著作，无论伊斯兰世界东部的还是伊斯兰世界西部的，很多都在托莱多被译成拉丁语，再从托莱多越过比利牛斯山，进入欧洲各国。欧洲其他地区到西班牙各大学学习的留学生，成为把阿拉伯-伊斯兰文化传入欧洲的使者。阿拉伯-伊斯兰文化传入欧洲后,点燃了欧洲智慧的火炬,对欧洲文艺复兴的兴起产生了巨大的促进作用。

五、分崩离析

穆罕默德·伊本·艾布·阿米尔去世后,后倭马亚王朝开始走向衰落。

最早由阿卜杜勒·拉赫曼三世建立,后来又由阿米尔改组的禁卫军,在后倭亚王朝扮演了罗马帝国近卫军和巴格达的阿拔斯王朝禁卫军所扮演的同样的角色。他们争权夺利,内讧不已,任意废立哈里发,使中央政权处于混乱瘫痪的状态。在短短几十年时间里,后倭马亚王朝被柏柏尔人、阿拉伯人、斯拉夫人和西班牙人弄得分崩离析。

阿米尔去世后,侍从长职位由他的儿子阿卜杜勒·马立克继承,从而使这一官职变成世袭。阿卜杜勒·马立克也是一位能干的侍从长。他把持朝政不到 6 年,但成功维护了后倭马亚王朝的统一和威信,战胜了西班牙北部的基督教王国,获得了"穆札法尔"(意思也是"胜利者",与"曼苏尔"意思相近)的称号。

1008 年,阿卜杜勒·马立克中毒身亡,据说是他弟弟下的毒。他的弟弟阿卜杜勒·拉赫曼,外号"山朱勒",意思是"小桑乔",因为他是纳瓦拉国王桑乔二世的外孙。

阿卜杜勒·拉赫曼成为侍从长后,立即宣布自己是后倭马亚王朝哈里发的继承人。这一举动激起了众怒,给他带来了亡身之祸。

从此以后,后倭马亚王朝陷入长期混乱内讧的局面,许许多多的王位争夺者纷纷登场。在国家事务方面，阴谋权术和罪恶活动随处可见，人们在阅读这一时期有代表性的历史学家伊本·赫勒敦、伊本·阿西尔、伊本·伊德里斯等人的著作时，不禁感到战栗。

此后 21 年间，后倭马亚王朝走马灯似的废立了许多哈里发，有的是科尔多瓦人的傀儡，有的是斯拉夫人的傀儡，有的是柏柏尔人的傀儡，甚至连卡斯蒂利亚人也参与过废立哈里发之事，实权操纵在禁卫军首领的手里。

倒霉的哈里发希沙姆二世被阿米尔打入冷宫。他曾于 1008 年被废黜，后来又曾于 1010 年至 1012 年再度成为哈里发。1008 年至 1031 年，禁卫军曾经 9 次废立哈里发。

希沙姆二世第一次被废黜后，他的堂侄穆罕默德继位，史称穆罕默德二世。穆罕默德二世在宫殿中酿酒，是一个酒鬼，获得了"酿酒者"的绰号。

穆罕默德二世只做了几个月哈里发，但他并非无所作为。他夷平了阿米尔建造的阿米尔家族大本营"辉煌宫"，处决了北部边疆不肯臣服他的几个首领。

穆罕默德二世的儿子阿卜杜勒·拉赫曼五世是一位可怜虫，是庸中佼佼。他的维齐尔是有学问的伊本·哈兹姆。这个可怜的哈里发曾躲避在浴室的热水间里，从那里面被拖出来，当着他的继承者穆罕默德三世的面，被人砍下了脑袋。

穆罕默德三世也是一位庸碌之辈。两年之后，他也遭遇了同样冷酷的命运。1025 年，他乔装成一个歌伎，戴着面纱逃跑，逃到边境上一个无名村庄后被害，给他下毒药的人是他手下的一个官员。

穆罕默德三世的女儿韦拉黛，是一位著名的女诗人。她凭借姿色和才能，成为后倭马亚王朝宫廷的焦点人物。这让她名垂青史，万世流芳。

在后倭马亚王朝大厦轰然倒塌前十几年里，政权一度落入哈穆德家族。这个家族的奠基者是阿里·伊本·哈穆德。此人有柏柏尔血统，但他佯称伊斯兰教先知穆罕默德的堂弟阿里的后裔。

哈穆德曾任休达和丹吉尔的总督。他乘后倭马亚王朝崩溃之机，征服了马拉加，在那里建立哈穆德王朝。1016年7月，他在科尔多瓦宣布即位为哈里发。

1018年，哈穆德遇刺。此后，他的继承者在科尔多瓦行使着朝不保夕的权力，他的8个子孙则相继在马拉加割据一方。

1027年，一直过着隐居生活的后倭马亚皇室后裔希沙姆，夺回后倭马亚皇室的宝座，回到了科尔多瓦执政，史称沙希姆三世。

然而，这位时年54岁的君主，已无力应付这个扰攘的局势了。科尔多瓦人对政权不断更迭深感厌倦，对哈里发失去了信心。最后，后倭马亚王朝大臣会议决定彻底废除哈里发制度，由国务会议取而代之，行使最高权力。

1031年，后倭马亚王朝最后一任哈里发——希沙姆三世被废黜，他和家人被监禁在科尔多瓦大清真寺的一间阴暗的圆顶屋内。大臣举行公开会议，决定宣布永远废除哈里发体制，由艾卜勒·哈兹木·伊本·哲赫尔领导的国务会议行使最高统治权。此后，后倭马亚王朝分裂为20多个由封建主掌权的小国，史称泰法王国。

由亡命之徒阿卜杜勒·拉赫曼一世创建，并在阿卜杜勒·拉赫曼三世时期成为世界最强大、最文明的后倭马亚王朝，续存275年之后，陷入分崩离析状态。

后倭马亚王朝的废墟上兴起了20多个泰法王国。这些国家的创建者都是首领和王公，阿拉伯人称之为泰法国王，穆斯林治下的西班牙陷入了小国林立的局面。

这些小国互相征战，有些小国变成了柏柏尔人在马格里布建立的穆拉比特王朝和穆瓦希德王朝的征服对象，其余小国一个接一个地屈服于西班牙北方崛起的基督教王国。

在众多泰法王国中，最有文化、最为强大、最值得一书的是阿巴德家族建立的塞维利亚王国。

这个王国是塞维利亚的一个法官创立的。他自称希拉城莱赫米诸王的苗裔，他的始迁祖原为叙利亚军队中的一名军官，在阿卜杜勒·拉赫曼征服西班牙不久就来到了西班牙。他利用一个酷似已故哈里发希沙姆二世的人，作为他的傀儡和代理人，他自己以侍从长的身份掌握实权。

他的儿子阿巴德继任他的侍从长职位后，揭开了伪希沙姆二世的面具，以自己的名义称王，公开执政，自称穆阿泰迪德，建立阿巴德王朝。

穆阿泰迪德是一位诗人，又是文学的庇护者，喜好结交朋友，生活放荡不羁。他和好友互相唱和，即席创作精美的小曲。他有一个由近800个后妃组成的后宫。

穆阿泰迪德的继承者是穆塔米德。据历史学家记载，穆塔米德是西班牙泰法诸王中最慷慨、最得人心、最有势力的国王。

继位不久，穆塔米德就开始以他自己的方式重理朝政。他推翻了哲赫尔建立并为他的继承者所沿袭的国务会议共和政府，吞并了科尔多瓦。在充分扩大他的统治权之后，他就以其决心和策略行使统治权,过着安适美好的生活。

穆塔米德拥有多愁善感的诗人气质。他任命诗人伊本·奥马尔为他的维齐尔,并从平民中挑选了一个名叫伊耳帖马德的女子为他的宠妻。据记载,他的宫廷是旅行家的休息地,是诗人的集合场,是一切希望的寄托处,是优秀人物常游的胜地。①

穆塔米德的早年是快乐的,晚年却是悲惨的。他统治晚期,北方基督教诸王国缓和了内部纠纷,重新与伊斯兰政权敌对,莱昂王国和卡斯提尔王国建立联合王国,吞并了加利西亚和纳瓦拉,势力日增,基督教诸王纷纷承认其宗主权,联合王国国王阿尔丰沙六世遂自称皇帝。

阿尔丰沙六世的继承者阿尔丰沙七世,不以皇帝称号为满足,还加上一个新的尊号,自称全西班牙皇帝。

阿巴德王朝统治下的塞维利亚王国,不断受到来自北方的侵扰。

为了保卫国土,对付北方基督教国家的骚扰,穆塔米德向马格里布的穆拉比特家族的首领优素福·伊本·塔什芬求援。他这就犯了一个致命错误,无异于引狼入室。许多人已经预见到将来的危险,向他发出了警告,但他不以为意。

此时,来自柏柏尔人的穆拉比特家族,势力范围这时已从阿尔及尔扩大到了塞内加尔。

优素福接受了穆塔米德的邀请,率领两万大军进军西班牙。1086年,在扎拉卡战役中,这支军队重创阿尔丰沙六世所率军队,使其遭到惨重失败。

---

① 希提.阿拉伯通史:上册[M].马坚,译.2版.北京:商务印书馆,1990:641.

阿尔丰沙六世只带领300人逃亡，身后抛下了30万具尸体。狂欢席卷了西班牙所有的泰法王国。

这次胜利之后，优素福成为捍卫伊斯兰世界的先锋，受到热烈赞颂。这个英雄不懂塞维利亚诗人的华丽颂辞。他依照当初许下的诺言，未在西班牙久留，率军返回了马格里布。

然而，撒哈拉大沙漠培育的士兵，在文明舒适的西班牙饱尝可口的食品之后，食欲大振，胃口大开。他们需要更多可口的食品。他们开始讨厌沙漠的荒凉，连做梦都想重返西班牙。

1090年，优素福果真又统率着他的士兵出现在西班牙。但这次他的身份不是同盟者，而是征服者。

1090年11月，优素福征服格拉纳达。次年，他夺取塞维利亚和其他重要城市。

到1094年，几乎整个泰法西班牙都被吞并了。托莱多和萨拉戈萨落入基督徒手里。

穆塔米德成为阶下囚，被押解到马格里布。他在那里带着锁链，生活极端贫困。他的宠妻和女儿与他一起遭受流刑，依靠纺织糊口。

1095年，阿巴德王朝末代国王在艾格马特去世。柏柏尔人在西班牙称霸的时代开始了。

六、穆斯林在西班牙的最后岁月

优素福·伊本·塔什芬开启了穆拉比特王朝在西班牙的统治。他以塞维利亚取代科尔多瓦，作为新政府的所在地。

他号称埃米尔，但仅保留了国家世俗首脑的地位。在宗教事务方面，他在名义上承认巴格达阿拔斯王朝哈里发的权威。这一权威在后倭马亚王朝在西班牙当政以来从来未被承认。

他铸造的金币第纳尔正面印有"穆斯林的长官"的字样，背面印有阿拔斯王朝哈里发的名字，而且前面加有"伊玛目"的头衔。卡斯蒂利亚－莱昂王国国王阿尔丰沙八世，仿造这种第纳尔，保存了阿拉伯文字，但他把题词改成了基督教信条。

优素福的统治强而有力，卓有成效。他终生是伊斯兰文明的全力捍卫者。这项工作，后来由他的儿子阿里继续下去。阿里甚至比优素福更加虔诚。

在50多年里，穆拉比特家族的势力在非洲西北部和西班牙南部是最为强大的。有史以来，柏柏尔人首次在世界舞台上扮演起了主角。

穆拉比特家族当政时期，他们在处理同当地西班牙人的关系方面遇到了麻烦。这些西班牙人已经接受了阿拉伯人的生活方式。他们讲阿拉伯语，穿着像阿拉伯人，像阿拉伯人那样举行割礼，实行多妻制，起阿拉伯语名字，热爱诗歌和艺术，并像穆斯林那样过着舒适的生活。但他们保留了自己的宗教信仰。他们仍然信奉基督教。

这些西班牙人占有很大比例，变成了受限制的特殊对象。1099年，优素福曾根据他的教律学家的主张，下令把一座优美的教堂夷为平地。这座教堂是西哥特人统治时代建造的，为格拉纳达的基督徒所占有。这些基督徒一部分被处决，一部分被流放到马格里布，后来又有一批基督徒被驱逐。

阿里·伊本·塔什芬统治时期，许多基督徒、犹太教徒，甚至不太愿意受清规戒律约束的穆斯林，都遭到了灾难。在西班牙和马格里布，安萨里的著作被列入黑名单，或被投入烈火之中化为灰烬。因为他的某些意见损伤了格拉纳达教律学家的威信，包括穆拉比特家族宠幸的马立克派教律学家的威信。

阿里·伊本·塔什芬去世后，穆拉比特王国开始衰亡。正如亚非欧三大洲各王国的命运一样，开基创业者一代雄才大略，英勇善战；后世继承者苟且偷安，腐化堕落，以致国家土崩瓦解。穆拉比特王室成员成长于沙漠的粗犷艰难生活之中，一旦迁徙到马格里布和西班牙的舒适地区，很快就屈服于当地的各种享乐，变得虚弱无能，锐气顿失。到1147年，他们变成另一支柏柏尔人建立的穆瓦希德王朝的攻击目标。

穆瓦希德王朝在5年内征服了西班牙的全部泰法地区，结束了穆拉比特王朝的统治，成为泰法西班牙的新主人。

穆瓦希德王朝不仅征服了西班牙，而且征服了马格里布地区，在伊斯兰历史上第一次把自大西洋至埃及边境的整个地中海沿岸地区与安达卢西亚连接起来，构成一个独立的王国。

穆瓦希德王朝君主自立为哈里发，不承认任何国家的宗主权。在聚礼日的仪式中，穆瓦希德王朝哈里发的名字取代了阿拔斯王朝哈里发的名字。这个广阔的王国使已解体的西班牙伊斯兰政权又实现了一个世纪的统一。而在同基督教王国的战争中，穆瓦希德王朝也取得了辉煌战果，而哈里发的名号竟然成为伊比利亚半岛人民闻之色变的事物。

1212年，穆瓦希德王朝的末日来临了。西班牙所有基督教国家组成一支强大的联军，在卡斯蒂利亚国王阿尔丰沙八世统率下，在科尔多瓦东面的托洛萨与穆瓦希德所部军队会战，史称托洛萨会战。结果，穆瓦希德所部军队覆灭，穆瓦希德王朝灭亡。

穆瓦希德王朝退出西班牙后，西班牙被基督教王国和一些泰法王国瓜分。在诸多泰法王国中，格拉纳达的奈斯尔王朝，即格拉纳达埃米尔国的续存时间最长，达255年之久，是西班牙泰法政权的最后代表，扮演着伊斯兰文明的堡垒和捍卫者的角色。

奈斯尔王朝的奠基人是穆罕默德·伊本·优素福·伊本·奈斯尔，别称伊本·艾哈麦尔（意思是"红人之子"），因此他的家族又叫作艾哈麦尔家族，是麦地那著名的赫兹莱吉部族的后裔。

穆瓦希德王朝崩溃后，当卡斯蒂利亚人唆使泰法诸王互相倾轧以便各个击破的时候，奈斯尔与基督徒缔结联盟，向卡斯蒂利亚国王称臣纳贡，设法在格拉纳达创立了一个国家。

这个国家的辖地很小，政治上也不强大，但它继承了塞维利亚王国的光荣传统，坚守自己的地盘，建设自己的政权，并在此后的250多年中在基督教王国的"收复失地运动"中成为伊斯兰文明的最后捍卫者和堡垒。

穆罕默德·伊本·优素福·伊本·奈斯尔自称"加里卜"（意思是"胜利者"）。他把首都设立在富庶的格拉纳达。格拉纳达被阿拉伯人比作大马士革，为西班牙诸城之冠。这座城市靠近伊比利亚半岛南部海岸，气候良好，雨水充沛，河渠纵横，林木繁茂，物产丰富。

格拉纳达被称为"织女星的草原"，为许多水量充沛的溪流所灌溉，呈现出一种奇异的景象，永远苍翠绚丽，可以和大马士革迷人的果木园相媲美。

加里卜在美丽的首都格拉纳达东南部一个险要高地上建筑了举

世闻名的城堡——阿尔罕布拉宫（意为"红堡"）。阿尔罕布拉宫的宫墙上建成时涂着一层红色灰泥，这可能是因为人们惯常用他的别称伊本·艾哈麦尔称呼他。

阿尔罕布拉宫几经扩建和修饰，最终成为西班牙的珍贵古迹之一。这座雄伟壮丽的城堡，和雅典卫城一样，犹如一名哨兵，巍然屹立在西班牙南部的内华达山山麓，俯瞰着周围的平原，外部有华丽的装饰和阿拉伯风格的墙垛，至今仍令人赞叹不已，称奇不绝。

阿尔罕布拉宫有丰富多彩的装饰，如镶嵌画、穹顶彩绘等。阿尔罕布拉宫尤为富丽堂皇，里面有排成一圈的12头石狮，每头石狮都会从口里喷出清澈的水柱，潺潺流入相应的大厅之中。

阿尔罕布拉宫外围有赫内拉里菲公园。这座花园天下闻名，里面有广阔的树荫，倾注的泉水，温和的微风。这座花园建在台地上，仿佛一座圆形剧场，用泉水灌溉，泉水构成许许多多小瀑布，最后消失在花树、丛林和乔木之间。这处遗迹，现在还有几棵高大的丝柏树和桃金娘遗留下来。

奈斯尔王朝的宫廷就设在阿尔罕布拉宫。在一个时期里，这座宫廷复兴了先前时代西班牙伊斯兰政权的荣光。这里庇护科学和艺术，吸引了众多学者，特别是北非的学者和艺术大师。这些人在科学、艺术等方面做出了突出贡献，使格拉纳达在阿拉伯-伊斯兰文化史上占有一定的地位，继科尔多瓦之后成为艺术和科学的发祥地。奈斯尔王朝鼓励贸易，特别是伊比利亚半岛同意大利的丝绸贸易，格拉纳达因此成为西班牙最富饶的城市。同时，格拉纳达当时也是躲避基督徒迫害的穆斯林的避难所。

然而，这一切不过是西班牙伊斯兰时代的"回光返照"。奈斯尔家族的统治毕竟是薄弱的,他们无力抵抗基督徒的进攻,也就不可能挽回西班牙伊斯兰时代江河日下的颓势。奈斯尔王朝中后期,王室成员争夺王位,为西班牙基督王国的"收复失地运动"的胜利提供了十分有利的条件。

西班牙基督王国把他们"收复失地运动"叫作"列康吉斯达运动",意为"再征服运动"。这一运动始于公元8世纪初。

西班牙历史学家认为,公元718年的科法敦加战役是"收复失地运动"的真正开端。在这场战役中,阿斯图里亚斯贵族佩拉约阻止了阿拉伯人的攻势。阿拉伯人若在公元8世纪摧毁西班牙北方山区的基督教势力,西班牙后来的局面可能会完全不同。

从公元8世纪初开始到15世纪末卡斯蒂利亚-阿拉贡联合王国攻占格拉纳达为止,"收复失地运动"一直延续了7个多世纪,而以11世纪至13世纪的斗争最为激烈。

阿拉伯人占领西班牙后,退踞北部和东部山区的西班牙封建主建立了几个小国。这些小国的统治者,亟欲夺取土地,扩大统治区域,就不断发动"收复失地"的战争。

10世纪初,北部的阿斯图里亚斯人南进到莱昂城,创建莱昂王国。11世纪初,另一部分西班牙人扩张到杜罗河流域,建立了卡斯蒂利亚王国。

13世纪,卡斯蒂利亚王国和莱昂王国合并为卡斯蒂利亚-莱昂王国(简称卡斯蒂利亚王国),成为反抗阿拉伯人统治的主要力量。东北部山区的阿拉贡王国和巴塞罗那伯国从阿拉伯人手中夺回萨拉戈萨后,合并为阿拉贡王国,成为反抗阿拉伯统治的另一支重要力量。

此外,杜罗河下游的葡萄牙王国在反抗阿拉伯人统治的斗争中也起了很大的作用。

此后,这些基督王国加快了"收复失地"的进程,托莱多、科尔多瓦、塞维利亚、瓦伦西亚等地纷纷落入它们的统治范围。

到14世纪末,西班牙很多地区被基督徒征服,只有奈斯尔王朝在做最后的顽抗,阿拉伯人仅保有格拉纳达及其附近地区。

1469年10月,阿拉贡王国国王斐迪南二世和卡斯蒂利亚王国女王伊莎贝拉一世结婚。这一联姻把这两个王国的两顶王冠永久结合在一起,阿拉贡王国和卡斯蒂利亚王国合二为一。西班牙统一王国的形成,给西班牙伊斯兰势力敲响了丧钟,标志着奈斯尔王朝即将终结。

此后,西班牙基督王国以锐不可当之势,向南猛进。

1486年,卡斯蒂利亚-阿拉贡联合王国军队攻占了奈斯尔王国末代国王穆罕默德十二世的叔叔艾布·哈桑踞守的马加拉城。在绝望中,艾布·哈桑向穆罕默德十二世和非洲的伊斯兰君主发出最后的呼吁,但他们正忙于内乱,无力他顾。艾布·哈桑战败,隐退到非洲的特莱姆森,在贫困中度过风烛残年。

1491年冬,西班牙基督教王国的军队包围了穆斯林的最后堡垒——格拉纳达。当时,天寒地冻,粮食匮乏,形势非常严峻。

> 当隆冬来临的时候,天气严寒,大雪纷飞,外面的一切入口都被堵塞,粮食稀少,物价飞腾,生活苦不堪言。当此之际,敌人夺取了城外的每一小块土地,使被围困者不可能种一点蔬菜,收一点粮食。城中情况日益恶化,人民的艰难已达于极点。①

---

① 希提.阿拉伯通史:上册[M].马坚,译.2版.北京:商务印书馆,1990:661.

最后，格拉纳达守军陷入重重包围之中，西班牙基督徒联军迫使他们献城投降。

1492年1月2日，卡斯蒂利亚－阿拉贡联合王国军队进入格拉纳达，所有清真寺宣礼塔上的新月标志均被十字架代替。奈斯尔王朝末代国王穆罕默德十二世穿着绚丽的盛装，带着随从人员，泣别宏伟壮丽的阿尔罕布拉宫，逃往马格里布，一去不复返。

就这样，伊斯兰世界失去了西班牙——一个在一片荣光中被他们统治长达700多年之久的地方。

七、埃及的嬗变

自公元9世纪下半叶起，阿拉伯帝国最富庶的行省之一——埃及，也脱离阿拔斯王朝而独立，先后经历了图伦王朝、伊赫什德王朝、法蒂玛王朝、马穆鲁克王朝和阿尤布王朝的统治，历经沧海桑田。

图伦王朝由突厥人艾哈迈德·伊本·图伦创建，其父原是阿拔斯王朝派驻河中地区的总督纳斯尔·伊本·艾哈迈德（萨曼王朝的奠基者）的一个奴隶，被当作礼物送给了哈里发马蒙。图伦出生在巴格达，他长大后随侍马蒙左右，深得马蒙欢心，以致后来干预国事。哈里发穆阿泰绥姆时期，他出任禁卫军统领。

图伦曾在边境城市塔尔图斯供职。公元868年，他的继父巴亚克巴克被任命为埃及总督。巴亚克巴克命令图伦以其代理人的身份执行总督职务。图伦以埃及总督助理的名义来到埃及，很快就站稳了脚跟，夺取了大权，宣告埃及独立。同年，哈里发穆塔米德因国库空虚，向图伦要求财政援助，结果什么也没有得到。

一般认为，这件事是埃及政治生活的转折点，标志着一个独立国家在尼罗河流域的重生。这个新国家自中古时期以来在绝大部分时间里一直保持着独立自主。

图伦入主埃及之前，埃及总督更迭频仍，前后多达100多位，平均任期仅两年零三个月。这些人横征暴敛，竭泽而渔，中饱私囊，致使埃及的财富日益枯竭，埃及人民困难已极。

在位16年间，图伦巩固政权，锐意革新，整顿财政，兴修水利，振兴工业，埃及生产力有所发展，埃及人民安居乐业，埃及进入了一个比较繁荣的时期。

图伦建立了一支组织严密、训练有素的军队。这支军队以突厥奴隶和黑人奴隶组成的禁卫军为核心，队伍不断扩大，多达10万人，成为图伦政权的支柱和对外扩张的工具。他要求他的军队、奴隶和老百姓向他宣誓，永远忠于他个人。

图伦制伏桀骜不驯的巴勒斯坦长官，利用叙利亚总督阿马祖尔去世，巴格达又忙于对付黑奴起义之机，出兵占领叙利亚，建造巴勒斯坦的阿克海军基地，维持对叙利亚的控制，并重建亚历山大军港。

自托勒密王朝灭亡以来，埃及首次成为一个主权国家。自法老时代结束以来，埃及首次统治叙利亚。在此后的几个世纪中，叙利亚一直是埃及的辖地。

图伦在首都弗斯塔德东北部按伊拉克萨迈拉城的模式建立了一个新城区，取名格塔伊耳（意思是"世袭地"）。建造在悬崖上的城堡控制着整个新城区。新城区点缀着许多壮丽的宫殿，还有图伦创建的一座宏伟医院。

图伦花费12万第纳尔修建了伊本·图伦清真寺。这座清真寺，特别是它的宣礼塔，深受萨迈拉建筑学派的影响。它的砖砌宣礼塔和尖拱格外引人注目，大殿的墙壁镶着木质饰带，上面有用优美的库法体雕刻的《古兰经》经文。伊本·图伦清真寺现今犹存，是伊斯兰世界的重要古迹之一。

自阿拉伯人征服埃及以来，图伦王朝首次把伊斯兰埃及变成一个著名的艺术中心和一个文化灿烂辉煌的朝廷的所在地。

图伦去世后，他的儿子胡马腊韦继位。公元885年，胡马腊韦平定了巴格达支持的大马士革行省和北美索不达米亚行省的叛乱。次年，胡马腊韦和阿拔斯王朝哈里发穆塔米德签订条约。该条约规定，胡马腊韦每年向哈里发穆塔米德缴纳少量贡赋，哈里发穆塔米德则承认胡马腊韦对埃及和叙利亚的统治权，为期30年。

胡马腊韦一味奢侈腐化，滥用国帑（国家公款），把图伦遗留的财富挥霍在宫廷建筑和奢华生活上。久而久之，他的名字竟成为"追求美酒、女人和歌舞"的同义语。

他不惜花费巨资，修建豪华的胡马腊韦宫。胡马腊韦宫设备齐全，无比奢华，里面的花园、稀有树木、雕像、精美窗饰、蓄水池、禽兽馆、动物园等，简直就是《一千零一夜》中虚幻王宫的人间再现。其中，金厅的墙壁全系金箔贴成，并用胡马腊韦及其妻子和歌伎的半身浮雕像加以装饰。同时，金厅里还有胡马腊韦和他妻子的木质等身雕像，头上戴着金冠。这种雕像，当时在伊斯兰世界的艺术中是非常罕见的。

这座宫殿耸立在一座瑰丽的花园里。而这座花园中有不少供胡马腊韦观赏的奇花异草和珍禽异兽,各种香花和花坛构成阿拉伯语词句的形状,各种外来的稀有树木种植在贴金箔的水池周围。

图伦是在阿拔斯王朝边疆地区建立起来的许多小王国的奠基者的典型。这些小王国要么完全脱离中央政府,要么只在名义上仍旧依附巴格达的哈里发政权。

图伦的例证充分说明,任何一个部下或者奴隶随从,只要有强硬手段和坚强意志,就能够削弱庞大笨重的阿拉伯帝国,而获得军事上和政治上的实力。

然而,图伦王朝和其他类似的大多数王朝一样,注定是短命的。图伦王朝的统治者本是外来的突厥人,他们军队也是从其他地区招募来的,缺乏民族基础,依靠当权者的精明强悍和暴力手段,政权才得以维持。一旦当权者失去控制力,国家就随之解体。

胡马腊韦奢侈浪费,耗尽国力。他的几个儿子又昏庸无能。这就注定了图伦王朝极速崩溃的命运。

公元905年,阿拔斯王朝军队攻陷弗斯塔德,格塔伊耳被夷为平地,伊本·图伦的子孙被带到巴格达,图伦王朝灭亡。

阿拔斯王朝恢复对埃及和叙利亚的统治不久,埃及又出现了另一个突厥王朝——伊赫什德王朝。

伊赫什德王朝的奠基者是穆罕默德·伊本·突格吉。他的祖先是中亚古国拔汗那的突厥人,他的祖父和父亲都曾在阿拔斯王朝哈里发的宫廷任职。阿拔斯王朝哈里发任命他为埃及总督,并授予他"伊赫什德"的头衔。这是一个古波斯王侯的尊贵称号。

伊本·突格吉迅速平定了埃及的内乱,随后两年里又把叙利亚、巴勒斯坦并入这个半独立国家的版图。第四年,他又把麦地那和麦加置于他的军队的特别保护之下。此后几百年间,东西方争夺不已的一片土地——汉志地区的命运,和埃及的命运紧密联系在一起。

伊本·突格吉巩固自己的地位后,和其他强大而富有的地方领主一样,生活富足,广宴宾友,慷慨施舍。相传,他的厨房的日常供应为:绵羊100只,羊羔100只,鹅250只,鸡500只,鸽子1000只,甜浆100罐。

公元946年,伊本·突格吉去世。后世历史学家把他建立的地方政权叫作伊赫什德王朝。

伊本·突格吉的两个继承者懦弱无能,没有管理才能,只是名义上的统治者。出身卑微的黑人宫廷总管艾布·米斯克·卡夫尔以其卓绝的能力执掌朝政。

卡夫尔原是伊本·突格吉从一个油商手中买来的奴隶。这个黑奴,以卑微的身份,一跃而掌握绝对的权力。这种事例在伊斯兰历史上是空前的,但不是绝后的。

卡夫尔成功保卫了埃及和叙利亚,使其免遭伊拉克北部崛起的哈姆丹王朝的侵略。

公元968年,伊赫什德王朝陷入内乱,国势大衰,第二年为法蒂玛王朝所灭,退出了历史舞台。

法蒂玛王朝是什叶派中的伊斯玛仪派建立的王朝。这个王朝的奠基者是艾布·阿卜杜拉·侯赛因。公元909年,他在伊斯玛仪伊玛目赛义德·伊本·侯赛因的支持下,在埃及被柏柏尔人拥立为哈里发。他自称穆罕默德的女儿法蒂玛的子孙,什叶派第七代伊玛目伊斯玛仪的后裔。后世史家把他建立的王朝叫作法蒂玛王朝。

法蒂玛王朝奠基者是一位精力充沛、颇为能干的统治者。他对内镇压叛乱，对外征服，很快就成为马格里布到埃及的地中海沿岸地区的主人。他在凯鲁万东南的突尼斯海岸，建立新都马赫迪亚。他的继承者继续向外扩张，法蒂玛王朝的舰队横行意大利、法兰西和西班牙海岸，舰队司令把大西洋的活鱼养在瓦罐里寄给他们的哈里发。

公元969年，法蒂玛王朝大将昭海尔·绥基利（意为"西西里人昭海尔"）率军进攻埃及，攻克首都弗斯塔德，推翻伊赫什德王朝，开启了法蒂玛王朝在埃及的统治。伊赫什德王朝的属地叙利亚、巴勒斯坦和汉志随之并入法蒂玛王朝版图。

昭海尔原是基督徒，出生在拜占庭帝国属地西西里岛。他从那里以一个奴隶的身份被带到凯鲁万。昭海尔入主弗斯塔德后，立即在连接尼罗河、苏伊士运河和穆盖塔姆山之间，另建新的城区，取名开罗（意为"战胜"）。这个新城区又分为若干小区，分别由希腊人、亚美尼亚人、柏柏尔人、库尔德人、突厥人、阿拉伯人等居住。

公元973年，法蒂玛王朝迁都开罗，埃及遂成为法蒂玛王朝的政治中心。早先巴格达是一座光辉灿烂的城市，如今开罗取代了昔日兴旺发达的巴格达，伊斯兰世界没有哪一座城市胜过它。

今天，开罗依然是非洲人口最多的城市。

昭海尔成为法蒂玛王朝的第二个奠基者。他建成新城区后，又兴建了爱兹哈尔大清真寺。公元988年，法蒂玛王朝在这里设立伊斯兰教经学院，而后更名为爱兹哈尔大学，设有许多学院和图书馆，如今依然是伊斯兰世界享有盛名的最高学府。

第五代哈里发阿齐兹在位时期，法蒂玛王朝达到了极盛时期，其版图既包括埃及、叙利亚和汉志地区，也包括地中海上的诸多岛屿，以及直至大西洋岸的非洲地区，成为幅员比阿拔斯王朝还要辽阔的大帝国，成为东地中海沿岸唯一一个伟大的伊斯兰国家。大西洋到红海的广大地区，以及也门、麦加、大马士革，甚至毛绥里，一度在每个星期五的聚礼仪式上都提念他的名字。

他统治时期，埃及的哈里发王朝不仅变成了巴格达哈里发王朝的可怕对手，而且使后者黯然失色。

阿齐兹野心勃勃，对巴格达虎视眈眈，企图有朝一日攻克巴格达，生擒他的对手——阿拔斯王朝的哈里发。据说，他花了200万第纳尔在开罗修建了一座宫殿，准备在他攻克巴格达后用来接纳被俘的阿拔斯王朝的哈里发及其眷属。

阿齐兹本人始终没有实现这一企图。他去世60余年后，法蒂玛王朝的将军白萨西里一度占领巴格达，使法蒂玛王朝哈里发的名字在逊尼派的堡垒——巴格达大清真寺里举行的星期五聚礼中连续40天被提及。他还将阿拔斯王朝哈里发的缠头巾、伊斯兰教先知穆罕默德的斗篷和巴格达宫廷的一扇美丽的窗户转交给开罗的法蒂玛王朝哈里发。

100多年后，萨拉丁把缠头巾和斗篷归还巴格达，那扇窗户后来被安装在马穆鲁克王朝一个苏丹的陵墓中。

阿齐兹甚至以贪婪的目光虎视眈眈地注视着辽远的西班牙后倭马亚王朝，但是科尔多瓦骄傲的哈里发哈卡姆二世，亦非无识之辈，并不好惹。

在法蒂玛王朝的历代哈里发当中，阿齐兹是最英明、最仁慈的。他过着奢侈的生活。他在开罗及其郊区建造了一些新的清真寺、宫殿、桥梁、沟渠等。他让自己统治下的基督徒享受他们在埃及从来没享受过的宽大待遇。他的这种态度显然受到两个人的影响：一个是他信奉基督教的大臣,第二个是他来自基辅罗斯的妻子。

阿齐兹既是诗人,又是学术爱好者。正是他在爱兹哈尔大清真寺创建了爱兹哈尔大学。他延聘伊斯兰学者到爱兹哈尔大学任教。这所大学经过长期发展,逐渐成为伊斯兰世界的学术文化中心。世界各地的学生,负笈来此求学者,历代不绝,人才辈出。

直到现在,爱兹哈尔大学在伊斯兰世界仍有很大的影响力。目前,该大学有十多万学生。除开设关于伊斯兰教的传统学科外,爱兹哈尔大学还设有一些现代院系,开设工程、医学、农业等专业课程。

阿齐兹在开罗建立了一座王室图书馆,藏书达20万巨册。该图书馆收藏了大量珍本,其中有泰伯里的手稿,有2400册金泥写本《古兰经》,还有伊本·穆格莱等大书法家的手迹。这些珍本价值连城,非常宝贵。

在此后的岁月里,埃及战乱频仍,这座王室图书馆的许多图书散佚殆尽,造成不可估量的损失。

1068年,突厥军队劫掠了开罗,许多有价值的写本被用作突厥军官营帐里的燃料,许多精美的书卷被他们用作奴隶补鞋的材料。

100年后,阿尤布王朝的创建者萨拉丁胜利进入开罗的时候,阿齐兹创建的王室图书馆的藏书只剩下十多万册。萨拉丁将这些图书中的一部分,连同别的财宝,分给了他的将领。

阿齐兹的继承者哈基姆,是一个行为古怪、暴虐无道、极端狂热的人。他11岁登基,由宫廷大臣摄政。成年之后,他摆脱朝臣羁绊,成为一位无法自持的狂人和凶残无道的暴君。与他同时代的一些医生认为,他是一个有严重忧郁症的精神病患者。

他经常无端对一些亲信加以处罚,致其伤残,然后又对他们加以奖赏。他定期制止或开放酒的出售和消费。他禁止皮鞋匠做女鞋，使女性无法出门。他颁布白天关闭市场、商店和手工作坊的荒谬诏令，迫使开罗居民在晚间进行交易和从事手工业生产。

哈基姆要求穆斯林严格遵守伊斯兰教戒律，严禁宴会、音乐和其他娱乐。他甚至禁止下棋，禁止人们沿尼罗河散步。他滥施淫威，肆意谋害大臣。

不过，哈基姆生前也为埃及的文化发展做出了一定的贡献。为了传播什叶派教义，哈基姆于1005年创设智慧馆（又译科学馆）。哈基姆为这个机构设立了一项基金，每月拨款257第纳尔，用于手稿誊写、图书修复和一般开支。智慧馆与王宫相连，内有一座图书馆和几个会议室。智慧馆除开设伊斯兰教经学课程外，还开设天文学、医学等课程。

哈基姆宫廷有两个著名科学家：一个是伟大的天文学家伊本·尤努斯，另一个是物理学家和光学家伊本·海赛姆。尤努斯编著《哈基姆星表》（又译《哈基姆历数书》），依据实测结果修正了当时通行历表的错误。海赛姆有关数学、天文学、哲学、医学等的著作不下100部。他的成名作《论光学》，对世界中古时期的光学发展产生了巨大影响。

法蒂玛王朝在埃及文化史上占有十分重要的地位。法蒂玛王朝和此前的伊赫什德王朝、图伦王朝共同构成埃及的阿拉伯-波斯化时代，此前为纯粹阿拉伯化时代，此后为波斯-突厥化时代。

法蒂玛王朝在埃及政治史上开辟了一个新时代。自法老时代以来，埃及首次有了建在宗教基础上的完全自主的政权。此前的伊赫什德王朝和图伦王朝，都没有国内民族或宗教的基础，它们的崛起和存在，只是由于它们的奠基者的军事指挥才干突出，而阿拔斯王朝虚弱不已。

法蒂玛王朝兴盛时期，工商业和城市都很发达，工业以纺织业为主，生产出来的麻纱、呢绒、棉布、丝绸和绣花织品，远近闻名。此外，制糖业、制革业、冶金业、建筑业、铜器业、肥皂业、陶器业等，都很发达。法蒂玛王朝与地中海沿岸地区，特别是与意大利，商业关系非常密切。自12世纪起，法蒂玛王朝发展同印度的转口贸易，成功把印度同西亚的贸易从波斯湾沿岸转移到了红海沿岸。

工商业发达，促进了城市繁荣。在较短的时间内，开罗这座新建的城市一跃成为全国的政治中心、经济中心和文化中心，叙利亚的的黎波里、埃及的亚历山大、拜占庭的米迪亚特等沿海港口，帆樯林立，商贾云集。

法蒂玛王朝的黄金时代始于第四代哈里发马阿德·穆伊兹·迪尼拉，第五代哈里发阿齐兹统治时期达到顶峰。但即使到了第八代哈里发穆斯坦绥尔在位时期，人们仍然能感受到法蒂玛王朝的繁荣兴盛和安乐富庶。

自11世纪起，法蒂玛王朝开始衰落。哈基姆之后的哈里发，不是年幼无知，便是懦弱无能，终日只知嬉戏宴欢，朝政完全操纵在大臣手中。大臣则飞扬跋扈，为所欲为，钩心斗角，互相倾轧，党争阴谋层出不穷。为了争夺权势，大臣往往拉拢军方，作为他们政治斗争的工具。在军队中，突厥人、柏柏尔人、黑人等组成的禁卫军，经常发生利益冲突，内讧不已。军政上层一片混乱，国家政权陷入瘫痪。

军官掌握大量世袭领地，国家土地锐减，哈里发的经济实力大为削弱。海上贸易被意大利城市排挤,国家的重要财源受到影响。王室挥霍无度,国库储备耗尽,财政危机严重。大小封建统治者横征暴敛,敲诈勒索,人民竭其庐之入也难以满足他们。连年饥荒和鼠疫,使成千上万的老百姓亡故。饥荒期间,人民流离转徙。即使哈里发穆斯坦绥尔,也不得不把他的妻子和女儿送到巴格达逃避饥荒。

到了12世纪,法蒂玛王朝国势衰微,领土尽失,叛乱四起,风雨飘摇,朝不保夕。

1171年,库尔德人萨拉丁·优素福·伊本·阿尤布登上历史舞台,熄灭了法蒂玛王朝那盏昏暗欲灭的灯火,建立了阿尤布王朝。

八、马格里布与中亚诸王朝

在西班牙和埃及独立于阿拔斯王朝的同一时期,马格里布和亚洲诸地也群雄并起,纷纷宣布独立,阿拉伯帝国犹如一位垂暮老人,被肢解得体无完肤,奄奄一息。

在马格里布,早在阿拔斯家族上台执政之前,柏柏尔人就接受了什叶派和哈瓦利吉派的教义,掀起了一阵阵民族宗教运动的浪潮。什叶派和哈瓦利吉派在阿拉伯半岛受到正统派哈里发政权的沉重打击,不少人逃到了哈里发统治薄弱的马格里布。他们在马格里布大力宣传什叶派和哈瓦利吉派的教义,并把这种宣传和推翻哈里发的政治运动密切结合起来。

阿拔斯王朝时期,反抗运动风起云涌,此起彼伏,独立王朝纷纷崛起,阿拉伯帝国首都巴格达远离非洲,鞭长莫及,哈里发完全丧失了对马格里布的控制。哈瓦利吉派先后在马格里布建立了哈塔卜王朝、鲁斯塔姆王朝和萨杰拉马赛王朝。

公元758年，柏柏尔人在艾布·哈塔卜的领导下，在的黎波里地区举行起义。哈塔卜是哈瓦利吉派支派伊巴迪亚派的领袖。他乘守军不备，攻占了的黎波里城，并控制了整个的黎波里地区。接着，他夺取凯鲁万，任命阿卜杜勒·拉赫曼·伊本·鲁斯塔姆为凯鲁万长官。

哈塔卜在锡尔特附近连败阿拔斯王朝的讨伐军，俘获无算。

公元761年，埃及总督艾什阿斯奉哈里发曼苏尔之命，率三万呼罗珊军和一万叙利亚军，日夜兼程奇袭，前往讨伐哈塔卜率领的起义军，哈塔卜及大批将士阵亡。伊巴迪亚派残部逃到费赞，在祖伊拉建立哈塔卜王朝。这个王朝续存了近两个世纪，祖伊拉成为撒哈拉地区的主要贸易中心之一。

伊巴迪亚派起义失败后，凯鲁万的阿卜杜勒·拉赫曼·伊本·鲁斯塔姆弃城西逃，在提亚雷特建立鲁斯塔姆王朝。据说，鲁斯塔姆是波斯人，幼年随父母去麦加朝觐，父亲殁在麦加，母亲改嫁一个凯鲁万人，他的继父将他们母子俩带回了老家。鲁斯塔姆后来移居巴士拉，与哈塔卜一起，师从伊巴迪亚派教长，成为马格里布有名的学者之一。

鲁斯塔姆及其追随者在提亚雷斯地区广泛宣传伊巴迪亚派教义，吸引了诸多柏柏尔部落。他把这些部落组织起来，形成一支强大的力量。

公元776年，鲁斯塔姆被拥立为伊玛目，建立游牧的鲁斯塔姆王国。这个王国的版图，从提亚雷特向东一直延伸到的黎波里的奈富塞山。鲁斯塔姆兴建提亚雷特新城，定为首都。这个首都南临内陆，北靠海洋，水草丰富，牲畜成群，土地肥沃。

鲁斯塔姆依靠提亚雷特优越的地理条件，积极发展势力，并与西亚的伊巴迪亚派建立密切联系，赢得了他们的信任和支持。鲁斯塔姆逝世后，他的儿子瓦哈卜继位。瓦哈卜曾击败艾格莱卜王朝统治者，并将他围困在的黎波里城，迫使他承认鲁斯塔姆王朝对的黎波里毗邻地区的统治权。

后来，伊巴迪亚派内部因争夺伊玛目地位而陷入长期分裂。

公元908年，法蒂玛王朝军队攻占提亚雷特，鲁斯塔姆王朝灭亡。

大约在哈塔卜王朝建立的同一时期，哈瓦利吉派的另一支派——苏夫里耶派在马格里布中部的萨杰拉马赛建立政权，史称萨杰拉马赛王朝。该王朝奠基人为伊萨·伊本·叶齐德·艾斯沃德。

公元9世纪中叶，萨杰拉马赛王国征服了萨杰拉马赛附近的部族，把辖地扩张到南面的德拉河。这个王国的苏夫里耶派信众进入撒哈拉以南非洲地区进行传教活动，并在那里获得了大量财富。

10世纪下半叶，萨杰拉马赛被桑哈贾部族占领。

伊德里斯王朝是非洲西北部有史以来第一个什叶派王朝，由伊玛目侯赛因的曾孙伊德里斯于公元788年创建，定都非斯。

非斯位于塞布河西岸，始建于伊德里斯统治时期，后来发展为一座宏伟繁荣的伊斯兰城市。在漫长的历史时期，非斯对传播伊斯兰教和阿拉伯-伊斯兰文化起着重要作用，至今仍以马格里布的文化古都闻名于世。

伊德里斯王朝曾征服东起特累姆森、西至萨累河的广大地区，并迫使一些信奉基督教和犹太教的柏柏尔人改宗伊斯兰教。伊德里斯王朝前40年，国势最盛，社会秩序安定，汉志、安达卢西亚、突尼斯等地的穆斯林，纷纷来到伊德里斯王国境内定居，非斯城内有安达卢西亚穆斯林和凯鲁万穆斯林的聚居区。这些穆斯林的到来，加速了马格里布的伊斯兰化。伊德里斯王朝最后被后倭马亚王朝所灭。

非洲东北部的艾格莱卜王朝是逊尼派建立的，奠基人为易卜拉欣·伊本·艾格莱卜。

公元800年，艾格莱卜被阿拔斯王朝哈里发哈伦任命为北非总督。但他到任不久就把这个地方变成了独立王国，只是名义上承认哈里发的地位，每年上缴4万第纳尔的贡赋。艾格莱卜在凯鲁万以南5千米处兴建新城阿巴西亚，并招募黑人来代替原来的士兵。他和他的家属仆从、卫士及亲信部队，都住在阿巴西亚这座军营式城市。

艾格莱卜王朝的疆域东起的黎波里，西迄阿尔及利亚。艾格莱卜王朝建立了一支强大的海军，凭借自身的舰队优势，对外发动一系列海上侵略，袭击了法兰西、意大利、科西嘉岛、希腊等地的海岸，并占领了西西里岛、马耳他岛和撒丁岛。

北非地中海沿岸地区原本是一个说拉丁语系的基督徒居住区。阿拉伯人征服该地区之后，那里才逐渐阿拉伯-伊斯兰化。艾格莱卜王朝时期，大量阿拉伯人移居北非，特别是凯鲁万。他们在欧格白清真寺的遗址上修建了有名的凯鲁万大清真寺，并以凯鲁万为大本营，传播伊斯兰教，使凯鲁万成为仅次于麦加、麦地那和耶路撒冷的伊斯兰教圣地。正是在艾格莱卜王朝统治时期，北非完成了阿拉伯-伊斯兰化，基督教-拉丁文明的影响从这里消失了。

公元909年，艾格莱卜王朝为埃及法蒂玛王朝所灭。

11世纪中叶，非洲西北部兴起了柏柏尔人建立的穆拉比特王朝。穆拉比特是一个以宗教团体面目出现的武装政治团体，创始人是一位伊斯兰教长。这个团体最初居住在塞内加尔河中一座岛上的一座设防森严的修道院里，故称穆拉比特（意思是"防驻军"）。他们常常用面罩把眼睛以下的脸部遮盖起来，故又称穆莱泰赛蒙（意思是"戴面罩的人"）。现在居住在阿尔及利亚南部沙漠地区的图阿雷格人就是他们的后裔。

穆拉比特起初只有1000个武装的修行者，后来势力猛增，发展成为一支强大的队伍。优素福·伊本·塔什芬成为穆拉比特王朝的第一任国王。穆拉比特征服附近的柏柏尔部族和一些黑人部族后，向北扩张，攻占了马格里布南部的塔鲁丹特、艾格马特等城市。

1062年，优素福兴建马拉喀什城，把它作为穆拉比特王朝的首都，然后继续北进。1068年，他占领非斯。1078年，他攻克丹吉尔。1080年至1082年，他向东扩张到阿尔及尔。至此，穆拉比特控制了整个马格里布的广大土地。11世纪上半叶，后倭马亚王朝分裂为许多泰法王国。它们互相攻伐，势衰力微，无法抵抗西班牙北部的基督教王国的"收复失地运动"。优素福趁机率部进入西班牙，击败基督教王国，征服了西班牙。

优素福以马拉喀什城为国都，以塞维利亚为陪都，统治着一个横跨欧非两大洲的柏柏尔帝国。穆拉比特的历史，可以作为伊斯兰历史中又一个例证，说明信仰和刀剑结合起来会产生什么结果。

优素福去世后，他的继承者腐化堕落，贪图安逸，人民反抗情绪不断高涨。

12世纪中叶，穆拉比特王朝被柏柏尔人创建的另一个王朝——穆瓦希德王朝所灭。

穆瓦希德王朝也是一个武装的政治宗教团体建立的。这个团体在政治上谴责封建贵族的奢侈生活及其对人民群众的敲诈勒索，号召人民起来推翻穆拉比特王朝，建立公平正义的社会。在教律学上，他们反对为统治阶级制造法律根据的推理原则，主张严格遵守《古兰经》和《圣训》有关教律的传统。在教义学上，他们斥责圣徒、圣陵崇拜和当时流行的"神人同形同性说"，信仰独一无二的真主安拉。加入这个团体的信众被称为穆瓦希德，意为"信仰真主安拉独一无二的人"。穆瓦希德的宗教教义是实现其政治目的的理论武器，而它的政治纲领和武装斗争又反过来为它的宗教教义的传播开辟了道路。

穆瓦希德的创始人是柏柏尔传教士穆罕默德·突麦尔特。据说，突麦尔特的父亲曾在清真寺里做掌灯人。他本人曾游学科尔多瓦和巴格达。在巴格达完成他的神学研究后，他回到故乡马格里布，开始在阿特拉斯山区宣传他的教义和政治主张。他本人过着一种苦行生活，反对音乐、饮酒和其他行为。他自称伊斯兰教先知和马赫迪，声言他的使命是恢复伊斯兰教的纯洁性和正统性，只有接受他的教义的人，才是独一无二的安拉的信众。他的宣传在渴望改变困苦处境的群众中产生了巨大影响。后来，他就被推举为领袖。

1130年，突麦尔特逝世，他的门徒——穆瓦希德的军事负责人阿卜杜勒·穆敏成为领袖。

阿卜杜勒·穆敏东征西讨，南攻北伐，占领了整个非洲和伊比利亚半岛的全部伊斯兰地区，成为穆瓦希德王朝的奠基者和第一代哈里发。1144年至1146年，他攻克了特累姆森、非斯、休达、丹吉尔和艾格马特。1146年至1147年，经过11个月围攻，他占领了马拉喀什，消灭了穆拉比特王朝,马拉喀什成为穆瓦希德王朝的首都。到1149年,阿卜杜勒·穆敏已完全征服了所有敌对的柏柏尔部族。他派往西班牙的远征军,攻占了穆拉比特王朝崩溃后出现的泰法王国,阻止了卡斯蒂利亚国王阿尔丰沙七世南侵。此后10年里,阿卜杜勒·穆敏从西西里岛的诺曼人手中夺取了马拉喀什到的黎波里的整个沿海地区。

阿卜杜勒·穆敏的儿子和孙子在位时期,穆瓦希德王朝仍然保持强盛的国势。1170年,穆瓦希德王朝迁都塞维利亚,伊比利亚半岛北部的基督教王国面临更大的威胁。1195年,穆瓦希德王朝大败西班牙卡斯蒂利亚国王阿尔丰沙八世的骑士军,使西班牙基督教王国的"收复失地运动"严重受挫。

穆瓦希德王朝是马格里布有史以来疆域最大的王朝。这个帝国是非洲编年史上最大的帝国。

就在拥有许多阿拉伯血统的泰法王朝在阿拉伯帝国西部瓜分阿拔斯王朝领土的同时,拥有许多波斯和突厥血统的泰法王朝也在阿拉伯帝国东部的中亚地区瓜分阿拔斯王朝的领土。

在巴格达东面率先创建独立王朝的,是呼罗珊人塔希尔。塔希尔原本是马蒙的一个奴隶,后来成为马蒙颇为信赖的将军。公元820年,马蒙为奖励他的汗马功劳,任命他为波斯和东方行省的总督。

公元822年,塔希尔在聚礼日的祈祷词中删除了哈里发的名字,宣告他所辖的地区独立,创立塔希尔王朝。他辖有巴格达以东的广大土地,中心势力在呼罗珊,木鹿为其首府。塔希尔的继承者把塔希尔王朝的疆域扩展到信德地区附近,迁都内沙布尔。公元872年,塔希尔王朝被萨法尔王朝代替。

萨法尔王朝起源于锡吉斯坦，在波斯续存41年，奠基者是叶尔孤白·伊本·莱伊斯·萨法尔。"萨法尔"的意思是"铜匠"，因他原本以铜匠为业，兼事抢劫。他开创的王朝名为萨法尔王朝。

他年轻时是个强盗，后来成为绿林首领，但他和英国民间传说中的罗宾汉一样，颇有骑士风范，豪侠仗义，有勇有谋。

在镇压锡吉斯坦哈瓦利吉派的暴动中，萨法尔勇敢善谋，深受阿拔斯王朝锡吉斯坦行省总督的赏识，被任命为驻军司令，成为哈里发的得力将领。

萨法尔率先在自己的领地组织力量，建立起半独立的政权，然后向外扩张势力，逐步取代塔希尔王朝，成为波斯和东方行省的主人。

公元867年，萨法尔袭击塔希尔王朝的赫拉特南部。公元873年，他趁呼罗珊贵族叛变之际，几乎不战而下内沙布尔。他攻占了喀布尔，使今日阿富汗所在地区的大部分居民由信奉佛教改奉伊斯兰教，变成穆斯林。他还将莫克兰、俾路支和信德置于自身的统治之下。他甚至威胁哈里发统治下的巴格达，进军底格里斯河畔的代尔·阿古勒，北距巴格达仅20千米左右。

公元908年，萨法尔王朝被萨曼王朝所灭。

萨曼王朝由波斯巴里黑地区的祆教徒贵族萨曼的后裔建立。萨曼王朝的版图北达咸海，南至波斯东南部，东抵阿姆河和锡尔河上游，西迄里海，成为地跨中亚和西亚的强大国家。在萨曼家族的统治下，中亚细亚的居民几乎全都成为穆斯林。萨曼王朝时期，河外地区成为伊斯兰地区。

萨曼王朝的经济和文化都很发达，布哈拉、撒马尔罕、木鹿等城市和东西方的商业关系非常密切。布哈拉和撒马尔罕作为文化中心，较之巴格达毫不逊色。这两座姊妹城以培育两位天才人物——拉齐和伊本·西拿而享有盛名。首都布哈拉的王室图书馆藏书丰富，内有各种珍贵写本，堪称学术宝藏。阿拉伯语和波斯语写成的著作，同样受到保护。萨曼王朝培养了不少世界著名学者。

萨曼王朝在波斯各伊斯兰王朝中是最开明的，但它仍摆脱不了当时各伊斯兰王朝的致命弱点：突厥军事贵族专横涉政。萨曼王朝的封建政权主要依靠从突厥各部落招募来的军队与禁卫军支持，突厥军官成为各行省的统治者。他们获得很多领地，形成一个特殊的封建主阶层。宫廷内的突厥奴隶也日益得势，暗中把持朝政。

萨曼王朝最终被突厥人建立的伽色尼王朝所灭。

伽色尼王朝的创始人阿勒普特勤是深受萨曼王朝重用的一个突厥奴隶。阿勒普特勤才干出众，得到主人恩宠，由警卫晋升为警卫长，再晋升为呼罗珊行省总督。但不久，他失宠东逃，夺取阿富汗的伽色尼，建立独立王朝，后来发展为包括阿富汗和旁遮普在内的伽色尼帝国（又译哥疾宁王朝、加兹尼王国、鹤悉那王朝等）。

伽色尼王朝最著名的君主是马哈茂德。他以"强大的马哈茂德"著称。他极力鼓吹"吉哈德"，将"吉哈德"看作每个穆斯林的义务。他被阿拔斯王朝哈里发赐予"国家右臂"的尊号。他也是伊斯兰历史上第一个获得"加齐"（意为"大吉哈德者"）称号的人。

他利用首都伽色尼居高临下的有利地势，通过喀布尔山谷，向北印度平原发动了17次远征，占领了旁遮普首府拉合尔、木尔坦和信德的一部分。他俘虏了几万名印度男女，从印度神庙中抢走了无数金银珠宝。他还向西扩张自己的领土，夺取了波斯人治下的伊拉克，后

马哈茂德聆听波斯诗人朗读诗作

又占领花剌子模、伊斯法罕等。

伽色尼王朝极盛时期，辖地东起印度，西至波斯西北部，北达花剌子模，南迄锡吉斯坦。

伽色尼王朝的崛起标志着突厥势力在同波斯势力争夺伊斯兰世界的最终霸权中初次获胜。但是，伽色尼王朝与萨曼王朝或萨法尔王朝一样，也是依靠武力来维持的，没有稳固的基础，一旦挥动宝剑的强壮手臂放松了，组成这个政权的各部分便纷纷叛离。

马哈茂德去世后，伽色尼帝国开始瓦解，东部各省逐步独立出去，印度形成一些独立的泰法王朝。在北部和西部，突厥斯坦诸汗和波斯的塞尔柱人瓜分了伽色尼王朝的领土。在中部，日益强大的阿富汗古里人奋起战斗,于1186年摧毁了伽色尼王朝在拉合尔的最后统治。

总之,阿拔斯王朝后期,阿拉伯帝国开始失去往日的光辉,日趋衰落,中央集权分崩离析;哈里发大权旁落,形同虚设;禁卫军专横跋扈,干预朝政;各行省纷纷独立,疆土四分五裂,瓜剖豆分;帝国命运不绝如缕,奄奄待毙。

第六章
帝国的衰亡

一、布韦希王朝

就在阿拔斯王朝东西两翼被纷纷剪掉，广大领地惨遭瓜剖豆分之时，波斯什叶派布韦希家族和继之而起的逊尼派突厥塞尔柱人，犹如利剑一般刺向阿拔斯王朝的心脏。他们相继闯入阿拉伯帝国首都巴格达，挟持哈里发，阿拉伯帝国中枢受制于人，威名顿失。

布韦希王朝是波斯西部迅速崛起的一个新王朝，奠基者为波斯人艾哈迈德·伊本·布韦希。布韦希的父亲是波斯最北部一个顽强好战的山区部落联盟的领袖，自称波斯萨珊王朝的苗裔。他和他的三个儿子都曾效力于萨曼王朝，在萨曼王朝军队中担任军官。

他们逐步集结起自己的人马，向南部进军，占领伊斯法罕、胡泽斯坦、克尔曼等地，以设拉子为首府，建立起自己的政权。布韦希三兄弟当中最有才干的布韦希，开始向阿拔斯王朝的心脏巴格达进军。

公元945年12月，他率军进入该城，哈里发宫廷的突厥禁卫军闻风丧胆，逃之夭夭。

哈里发穆斯塔克菲封布韦希为大元帅，并赐以"穆伊兹·道莱"的称号（意为"国家的支持者"）。布韦希家族赶走了突厥禁卫军，成为巴格达的真正统治者。他们控制阿拔斯王朝的心脏达一个世纪之久，哈里发完全听从他们摆布。

布韦希下令在钱币上铸刻他的名字，还下令在聚礼日的祈祷仪式中把他的名字和哈里发的名字并列。

公元946年，布韦希以私通哈姆丹家族的罪名，废黜穆斯塔克菲，并挖掉了他的眼睛，同时立穆提（意为"驯服的人"）为傀儡哈里发。穆提完全听命于他。

布韦希家族信仰什叶派。他们利用执政的有利地位，大力支持和维护什叶派穆斯林，积极宣传什叶派的教义和宗教仪式，甚至规定全国各地必须纪念什叶派的各种节日，特别是最具特色的两大节日：哀悼侯赛因遇难的阿舒拉日与伊斯兰教先知穆罕默德任命阿里为继承者的授职节。

为了安抚逊尼派，缓和他们对新政权的敌对情绪，布韦希家族名义上仍然保留正统派教俗最高领袖哈里发。布韦希王朝把首都设在他们的根据地设拉子。同时，他们在巴格达拥有几座壮丽辉煌的府第，称之为"王国之宫"。布韦希王朝的统治者时常往来于巴格达和设拉子之间。

巴格达不再是伊斯兰世界的中枢，设拉子、伽色尼、开罗和科尔多瓦现在都在和巴格达分享其先前的国际地位。许多事实表明，这时逊尼派哈里发只不过是什叶派大元帅手中的傀儡而已，巴格达名义上仍是阿拉伯帝国的首都，实际上却受设拉子的统治。

第三位统治者阿杜德·道莱执政时期，布韦希王朝达到了极盛时期。阿杜德·道莱不仅是布韦希王朝最伟大的君主，而且是那个时代最优秀的统治者。他向东西两个方向扩张了阿拉伯帝国的版图，将波斯和伊拉克的几个小王朝统一起来,建立起一个幅员辽阔的大帝国。

这时,阿拉伯帝国版图之大,相当于哈伦·拉希德时代的阿拔斯王朝,统治着当时名义上属于阿拔斯家族的全部领土。阿杜德·道莱迎娶了哈里发塔伊的女儿为妻,同时又把自己的女儿嫁给哈里发塔伊,与阿拔斯皇室结下牢固的政治联姻。在伊斯兰历史上,他是第一个获得"王中之王"的头衔的人,并有"国之股肱"之称。

布韦希王朝在阿拉伯-伊斯兰文化史上占有重要地位,首都设拉子为当时东西文人荟萃之地。

阿杜德·道莱奖励文学和科学,他宫廷里的座上宾有不少是诗人和学者。他在巴格达修建了著名的阿杜德·道莱医院。这座医院有24名正式医生。除了替人治病外,这些医生还担任医学院的教师。阿杜德·道莱的继承者也遵循他的先例,重视文化、科学、艺术等,建造了不少清真寺、学校、天文台、图书馆、科学院等。

好景不长。阿杜德·道莱去世后,布韦希王朝急剧衰落。布韦希家族发生内讧,同时与突厥人矛盾恶化,国家陷入分裂状态。1029年,布韦希王朝的东部领土被伽色尼王朝吞并。1055年,塞尔柱人攻入巴格达,结束了布韦希王朝的统治。这个王朝的末代统治者在监狱中结束了生命。

二、塞尔柱王朝

塞尔柱人是突厥人的一支,因他们的首领名叫塞尔柱,故名。

10世纪,中亚细亚的突厥人分为三大集团:定居在天山山区的回纥人,定居在喀什噶尔的葛逻禄人,定居在阿拉伯帝国河中地区边境的乌古斯人。后来，皈依伊斯兰教的葛逻禄人迁徙到锡尔河沿岸，乌古斯人被迫向西、向南迁徙。公元956年，大多数乌古斯人在塞尔柱的统率下，进入已四分五裂的阿拉伯帝国，定居在布哈拉，皈依了逊尼派伊斯兰教。

塞尔柱的孙子图格里勒·贝格勇敢善战。他夺取了呼罗珊地区。后来，他又在兄弟的协助下，夺取了一个又一个阿拉伯帝国行省，成为波斯和呼罗珊的统治者。

1055年，图格里勒·贝格进军到巴格达城下，布韦希王朝的突厥将军兼巴格达军事长官白萨西里弃城而逃，流亡埃及，哈里发卡伊姆立即出城，把这个逊尼派突厥人当作救星来欢迎。

哈里发卡伊姆身穿伊斯兰教先知穆罕默德的斗篷，手持穆罕默德的手杖，坐在一座讲台上，台前垂着帷幕，直到这个征服者到达的时候才揭开。图格里勒·贝格坐在旁边的另一座讲台上，有一个人替他们翻译。哈里发任命这个战胜布韦希家族、拯救巴格达的"救星"为摄政王，封他为"东方和西方之主"，并赐以"苏丹"（意为"权威"）的称号。

图格里勒·贝格是第一个获得"苏丹"称号并把它铸造在钱币上的伊斯兰统治者。这位苏丹后来与哈里发卡伊姆的女儿结婚。图格里勒·贝格进入巴格达后，并没有停下脚步，他又集中兵力向北方远征。

这时，原来弃巴格达城而逃，而今为法蒂玛王朝效劳的白萨西里，乘机率领一支庞大的法蒂玛军队攻入巴格达。哈里发卡伊姆被迫答应把最高的宗教和世俗权力让给阿拔斯王朝的劲敌法蒂玛王朝，并将伊斯兰教先知穆罕默德的斗篷和其他遗物，全部送给法蒂玛王朝的哈里发穆斯坦绥尔。哈里发卡伊姆被转移到杰济拉地区。所有清真寺礼拜的祈祷词中，一律改用法蒂玛王朝哈里发的名字。

不久，图格里勒·贝格班师回到巴格达，卡伊姆复位，白萨西里被以叛国罪处决。

图格里勒·贝格及其继承者阿尔普·阿尔斯兰和马立克在位时期，是塞尔柱人统治阿拉伯帝国的极盛时代。西方历史学家惊奇地注意到：伊斯兰政权似乎屡次为蛮族所推倒，而每一次又都以新的活力而兴起。这些蛮族，把打败伊斯兰教先知穆罕默德的信众，同时又信奉被征服者的宗教，而变成伊斯兰教的热心拥护者。他们把自身的血液注入伊斯兰政权争夺世界霸权的斗争中，使伊斯兰军队已凋零的光芒重新辉耀起来。

塞尔柱突厥人的事例，被蒙古人、土耳其人和莫卧儿人一次又一次重演。伊斯兰政权在政治上处于至暗时期，但在宗教上却获得了辉煌胜利。

图格里勒·贝格的儿子阿尔普·阿尔斯兰有"英勇的狮子"之称。他利用拜占庭帝国内部的混乱局面，不断对它发动袭击。在10年时间内，拜占庭帝国遭到巨大破坏。1071年，他在曼齐刻尔特大败拜占庭军队，俘虏拜占庭帝国皇帝，夺取了小亚细亚。从此，小亚细亚开始突厥化和伊斯兰化，大量塞尔柱人迁往小亚细亚，在那里建立了历时200年的罗姆苏丹国。小亚细亚富饶美丽的拜占庭城市尼西亚和科尼亚先后成为这个王朝的首府。

与此同时，阿尔普·阿尔斯兰还给法蒂玛王朝以沉重打击，攻占了阿勒颇、大马士革和耶路撒冷，收复了麦加和麦地那，征服了喀布尔和布斯特之间的苏拉王朝。

到11世纪末叶，塞尔柱帝国的版图东起锡尔河流域，西至叙利亚和小亚细亚，形成一个强大的军事封建帝国。

阿尔普·阿尔斯兰的儿子马立克在位时期是塞尔柱帝国的黄金时代。马立克把首都从伊斯法罕迁到巴格达。阿拔斯王朝哈里发比以往更无实权，任由苏丹摆布。在聚礼日的祈祷词中，苏丹的名字与哈里发的名字并列，哈里发连名义上的君主地位也受到了威胁。

马立克在位20年间，国家统一，社会安宁，人民生活稳定。他开凿运河，修筑大道，建造客栈和清真寺。当时，阿拉伯帝国境内的道路安全畅通，朝觐圣地的哈吉（意为"朝觐者"）沿途都有住处，从河外地区到叙利亚的商队可以平安往来，不需特别保护。巴格达有各种改善环境卫生的措施，其中包括公共澡堂污水必须放入污水坑，不得流入底格里斯河的规定。

马立克在位时期，得力于他的波斯裔天才维齐尔尼扎姆·穆勒克。尼扎姆有勇有谋，能文能武，集大权于一身，马立克极少过问国事。据说，马立克在位20年间，国家大权集中在尼扎姆·穆勒克的手中；苏丹无事可做，只是闲坐在宝座上，或者外出狩猎。

据记载，有一件逸事可以用来说明苏丹马立克豁达开明的性格。有一天，这位苏丹在维齐尔尼扎姆陪同下，造访突尼斯的一座清真寺。他问尼扎姆在清真寺里向真主祈求什么？尼扎姆回答，他祈求真主帮助苏丹在当前的内战中打败弟弟。马立克说，那不是他祈求的。他只祈求真主，让更适于治理国家并对老百姓更慈爱的人获得胜利。①

尼扎姆知识渊博，治国有方。他曾写过一篇论行政艺术的著名论

---

① 希提.阿拉伯通史：上册[M].马坚，译.2版.北京：商务印书馆，1990：570.

文——《政治论》，阐述他的治世之道。他扶植文化教育事业，在所有重要城市兴建学校，传播阿拉伯-伊斯兰文化。他在巴格达创立的尼扎姆大学，吸引了来自各地的学生。负有盛名的安萨里曾在那里任教。尼扎姆大学的规章制度为欧洲早期的大学所采用。

尼扎姆热心学术，奖励科学研究。有不少学者会集在他的门下。许多著名天文学家、数学家、文学家、教律学家，都是在他的赞助和支持下才完成他们的学术巨著的。他时常率军作战，屡屡获胜。

1092年，尼扎姆遇刺，享年74岁。

据说，尼扎姆是阿萨辛派的第一个牺牲品。

阿萨辛派是11世纪末叶从伊斯玛仪派中派生出来的一个教派，创始人为哈桑·伊本·萨巴赫。

哈桑·伊本·萨巴赫原本是伊斯玛仪派信众。他出生在波斯库姆，自称阿拉伯半岛西南部的希米叶尔王朝的后裔。他精通算术、几何、天文等。

11世纪末，法蒂玛王朝第八代哈里发穆斯坦绥尔起初立长子为继承人，后又废黜长子，另立幼子为继承人，结果导致伊斯玛仪派分裂。哈桑·伊本·萨巴赫站在穆斯坦绥尔长子一边，替被废黜的穆斯坦绥尔长子宣传，结果被驱出埃及。他先到叙利亚，后在波斯北部宣传他的教义，吸引了许多信众，教派组织迅速扩大。

1090年，他夺取了波斯加兹温西北的阿拉穆特堡垒。"阿拉穆特"的波斯文意思是"鹰巢"。这座堡垒位于阿勒布兹山脉的余脉之中，海拔3000多米，地势高峻，十分险要，是里海沿岸通往伊朗高原的必经之地，具有非常重要的战略意义。

哈桑·伊本·萨巴赫以阿拉穆特堡垒为根据地和大本营，四处奇袭，占领了更多要塞，建立了一个独立王国，与塞尔柱王朝分庭抗礼。这个新教派一面依靠堡垒的险要地势凭险据守，一面进行骇人听闻的行刺活动，被称为阿萨辛派。

哈桑·伊本·萨巴赫是阿萨辛派的第一代谢赫（意为"伊斯兰教教长""部落酋长"等）和最早的思想家，是波斯北部山区一直统治到1256年的阿拉穆特谢赫王朝的奠基者，被称为"山中长老""山中老人"等。他的继承人也被称为"山中长老"，和他一样过着离群索居的生活。

阿萨辛派只问目的，不择手段，把行刺变成一种技艺。谢赫把一些狂信者培养成菲达伊（意为"奉献生命的人"），使他们成为实行政治报复、恫吓和讹诈的工具。

谢赫按照《古兰经》描写的天国的样子，在阿拉穆特建造了一座巧夺天工、美丽无比、举世无双的花园。这座花园里到处都是鲜花美果，正中央是壮丽豪华、金碧辉煌的住宅和宫殿。这座花园里有一眼喷泉，泉水上有四根管子：一根流出来的是酒，一根流出来的是奶，一根流出的是蜜，最后一根流出来的是水。这座花园里有美若天仙的少女，她们会弹奏各种乐器，像天使一样歌唱。

在行刺前，谢赫先让菲达伊饮用大麻剂，之后把他们送入天国般的花园。菲达伊清醒过来之后，发现自己已在天国，却不知自己是怎么进来的。他们在花园里日日与天国美女相会，尽情享受。一段时间之后，谢赫再将其麻醉，又在他们不知不觉中把他们送出花园。

待这些天真的青年苏醒之后，谢赫就设法让他们相信，他们所经历的一切都是梦幻中的事，但这是他们即将进入天国的预兆；而为了享有天国的幸福，他们就要不惜付出自己的生命。

事实上，他们在进行谋刺之后几乎都会暴亡。若有行凶之后逃生者，他们的母亲还会痛哭流涕，痛恨自己的儿子错过了迅速进入天国的良机。

1092年，塞尔柱王朝的著名维齐尔尼扎姆·穆勒克被阿萨辛派灭口。这是伊斯兰世界一系列神秘的行刺活动的开端。后来，阿萨辛派还行刺了霍姆斯和大马士革的长官、法蒂玛王朝哈里发阿米尔、法兰克入侵军的黎波里公国国王雷蒙二世和耶路撒冷公国国王康拉德，并两次行刺萨拉丁·阿尤布未遂。

尼扎姆遇刺后，苏丹马立克派兵讨伐阿拉穆特，被阿萨辛派击败。后来，他又多次派兵清剿阿萨辛派，均告无果，反倒遭到了阿萨辛派的报复。

尼扎姆遇刺两个月后，马立克也逝世，塞尔柱帝国的黄金时代随之终结。

马立克去世后，诸子争位，王室内讧，军事封建主割据称雄，幅员辽阔的塞尔柱帝国四分五裂，土崩瓦解，形成许多割据一方的地方小王朝。

塞尔柱帝国土崩瓦解的时候，法兰克入侵军乘机侵入叙利亚、巴勒斯坦、耶路撒冷、的黎波里等地。这时，阿拔斯王朝和塞尔柱帝国已经日薄西山，对来自西方的汹涌恶流无能为力了。

三、法兰克人入侵

自11世纪末叶起，同为法兰克人后裔的欧洲教俗封建主对有名无实的阿拉伯帝国治下的地中海东岸地区，断断续续发动了长约200年的战争，伊斯兰世界称为法兰克人入侵。这场战争由罗马天主教会挑起，打的旗号是"十字架反对新月架"（即基督徒反对穆斯林），每个出征者都带有十字标记。

然而，这场旷日持久的战争绝非争夺宗教圣地那么简单。在宗教外衣下面，战争发动者有着错综复杂的深层动机。

从长时段的广阔背景来看，这场战争是东西方军事交往历程的一个组成部分。在东方和西方之间相互作用的长期历史中，古代的特洛伊战争和希波战争构成序幕，法兰克入侵军战争构成中间一章，近现代西欧帝国主义领土扩张战争则构成最后一章。

这场战争是基督徒对穆斯林的战争，是伊斯兰世界与基督教世界之间的第三次冲突。第一次是穆斯林征服叙利亚及其后来在小亚细亚的长期边界战争；第二次是穆斯林征服西班牙和西西里，以及他们在法国和意大利的军事行动。前两次都是穆斯林处于攻势，而法兰克人入侵则相反。

阿拉伯的声誉，东方富庶辉煌的神话，不胫而走，在西方到处流传。在欧洲人看来，东方是浪漫之地，是地上天国，充满神秘和财富，对它进行一次胜利远征，定会带来无尽的财富和荣耀。

罗马天主教会有着不啻世俗封建主的贪欲。此外，法兰克入侵军还有特殊的目的：吞并于1054年分离出去的以君士坦丁堡为中心的东正教会，并占领圣城耶路撒冷。按基督教的传统说法，巴勒斯坦是基督耶稣诞生、生活和殉道的地方，耶路撒冷是圣地，而这一地区长期为穆斯林控制。

罗马天主教廷为建立基督教的世界帝国，对巴勒斯坦地区早怀吞并之心。尤其自11世纪以来，到耶路撒冷朝圣的基督徒，成群结队，络绎不绝。他们既祈神赦罪，同时也兼做贸易，希望得到奢侈品和贵重物品，把宗教感情和物质利益结合在一起。

地中海东岸地区政治形势的变化也为法兰克人入侵提供了有利条件。当时，地中海东岸有两大帝国：阿拉伯帝国和拜占庭帝国。

11世纪，阿拉伯帝国被塞尔柱突厥人征服，徒有虚名。塞尔柱人大肆征伐，打败拜占庭帝国和埃及法蒂玛王朝，占领叙利亚、巴勒斯坦和小亚细亚。然而，塞尔柱人没有形成统一的国家，而是分裂为各自独立的小王国，相互攻伐，内讧不已，迅速分崩离析。

拜占庭帝国也处境困难，佩切涅格人、诺曼人和塞尔柱突厥人从多个方向向它进逼，使它腹背受敌，危在旦夕。地中海东岸各国在不断混战中削弱了实力，由盛转衰。西欧封建主决定利用这一有利的客观形势，加速东侵的步伐。

就在这时，拜占庭皇帝向罗马教皇乌尔班二世求援，请求他派兵赶走塞尔柱人，解除塞尔柱人对君士坦丁堡的威胁。于是，罗马教皇乌尔班二世便决定假借援助拜占庭驱逐塞尔柱人、解救东方教胞、收复圣地之名，把西欧各种力量纠集起来，远征东方。

1095年11月，教皇乌尔班二世在法国南部的克勒芒召开宗教会议。会议结束时，他发表了激昂慷慨、蛊惑人心的演说，号召欧洲的封建领主、骑士和普通人拿起武器，共同对付穆斯林，夺回圣城耶路撒冷。他提出，凡是参加远征的人，都会被赦免罪孽，灵魂得救，享受天堂幸福。他把东方描绘成到处流淌着蜂蜜和牛奶的乐土，耶路撒冷犹如第二天堂，一到东方，立可发财致富。

教皇乌尔班二世的演说煽起了与会者的宗教狂热和贪财欲念，他们群情激昂，全场响起"上帝所愿"的喊声。

1096年秋，以欧洲封建主和骑士为主的15万队伍，从诺曼底、洛林、法国南部和意大利南部，分四路向东方进发。1097年春，各路法兰克入侵军会师君士坦丁堡。法兰克入侵军渡过博斯普鲁斯海峡后，踏上征途，遭遇巨大困难。他们时而越过陡峭的山脉，时而穿越广阔的沙漠，又兼气候酷热，饮水缺乏，加之突厥轻骑的袭击，每天都有几十个身穿笨重甲胄的骑士丧生。

法兰克入侵军最终踏上了小亚细亚的土地。他们首先包围了塞尔柱帝国的旧都尼西亚。经过一个月围攻，尼西亚守军向拜占庭投降，成为拜占庭皇帝的附庸，城市免遭浩劫。接着，法兰克入侵军征服了小亚细亚西部大部分城镇，小亚细亚西部重新归于拜占庭帝国。

这时，法兰克入侵军的首领——洛林的鲍德温率领一个分遣队，越过陶鲁斯山脉，南进攻占了亚美尼亚的埃德萨，攻克鲁哈城。当时，亚美尼亚位于奇里乞亚东部、今叙利亚西北部，亚美尼亚人大多是基督徒，因此欢迎法兰克入侵军。洛林的鲍德温在亚美尼亚开拓了第一个拉丁殖民地，建立了第一个拉丁国家，即埃德萨伯国，成为这个国家的君主。

法兰克入侵军的主力沿海岸继续南进，抵达安条克。这座城市的守将是塞尔柱王朝的第三位统治者马立克任命的埃米尔，名叫亚吉西延。法兰克入侵军包围了安条克，进行了长达8个月之久的围攻，穆斯林拼命抵抗，同时向阿拔斯王朝哈里发穆斯塔齐尔求救，但哈里发穆斯塔齐尔派不出援军。

前来援助的只有阿勒颇的统治者——埃米尔拉德旺，但为时过晚，有个亚美尼亚裔基督徒堡垒指挥官叛变，安条克最终失守，被法兰克入侵军占领，所有穆斯林都惨遭屠害。就在这时，毛绥里埃米尔阿塔贝克率领援军赶到，包围了安条克。据说，被围攻的基督徒在安条克的教堂里发掘出当年救世主耶稣吊在十字架上时敌人插入他的肋下的那支"长矛"，军心大振，他们勇猛突围，反过来大败阿塔贝克所部军队。

此后，再也没有其他援助者敢于冒险援助遭围攻的叙利亚穆斯林。叙利亚控制权几经转手，人民饱经忧患，士气极为低落，已无法在老百姓中组织有效抵抗，带状的叙利亚沿海领土只能听天由命了。法兰克入侵军在那里建立了第二个拉丁国家——安条克公国，统治安条克达180年之久。

法兰克入侵军的另一个将领——雷蒙继续向南挺进。他的部队进入马拉特－努曼城，屠害居民10万，然后放火把全城烧成一片焦土。

接着，雷蒙占领了艾克拉德城（意为"库尔德人的堡垒"）。这座城市俯视着阿西河流域与地中海之间的战略关隘。他还围攻了黎巴嫩山西面斜坡上的阿尔盖，并占领了滨海的安塔图斯。

1099年，雷蒙率部与另一支法兰克入侵军首领——哥德夫利会合，向主要目标——圣地耶路撒冷挺进。6月27日，法兰克入侵军来到耶路撒冷城下。那里仅有1000名埃及守军。法兰克入侵军对耶路撒冷进行了1个月的围攻。他们赤着脚，吹着号，绕着城墙进军，希望耶路撒冷的城墙会像杰里科城的城墙那样不攻自破。

据《圣经》记载，以色列人进攻杰里科城时，曾按照耶和华的晓谕，绕城7次，祭司吹角，百姓呼喊，城墙塌陷。

7月15日，法兰克入侵军发动猛攻，突围进入耶路撒冷城内。他们犹如贪婪的狐狸，扑向手无寸铁的居民，不分男女老幼，仅阿克萨清真寺里被屠害的人，就达7万之众。之后，法兰克入侵军便大肆抢劫，这座圣城顿时被洗劫一空。

法兰克入侵军在耶路撒冷建立了第三个拉丁国家——耶路撒冷王国。据传说，王位本来要交给雷蒙，但他拒绝了。因为救世主耶稣曾在这座城里戴过荆棘冠冕，而他不愿在那里戴黄金冠冕。最后，哥德夫利被选为国王，他的头衔是"伯爵兼圣陵的保卫者"。圣陵既已夺取，许多法兰克入侵军觉得誓愿已经实现，便坐船返回故乡了。

哥德夫利接着在意大利商船队的帮助下，征服了沿海诸城。哥德夫利去世后，他的弟弟鲍德温继位。鲍德温从埃德萨的鲁哈来到伯利恒，加冕为耶路撒冷王国国王。鲍德温进一步把耶路撒冷王国的疆域从红海沿岸扩展到贝鲁特。他的侄子鲍德温二世继位后，又征服了地中海东岸的一些城镇。

雷蒙从安条克向耶路撒冷蜿蜒南进的时候，就已垂涎叙利亚重镇的黎波里。攻克耶路撒冷不久，他便回师围攻的黎波里。两年后，的黎波里在长期抵抗之后落入雷蒙之手。雷蒙还在热那亚舰队的帮助下攻占朱尼耶港，建立第四个拉丁国家——的黎波里伯国。

这样，法兰克入侵军占领了整个地中海东岸的狭长地带，即古代的腓尼基、叙利亚和巴勒斯坦。在所占领的土地上，他们仿照西欧封建制度，建立起4个拉丁国家，其中最大的是耶路撒冷王国。名义上，另外三个国家臣属于耶路撒冷王国，但实际上它们是独立的。

西欧的天主教会和城市非常关注拉丁国家政权巩固。天主教会将拉丁国家视为打进伊斯兰教世界和拜占庭帝国原有领土的楔子，先后创立几个修士骑士团，派往东方，作为常备军事力量，保卫法兰克入侵军侵占的土地。

第一个修士骑士团称为圣殿骑士团,由法国骑士组成。随后,天主又建立了圣约翰骑士团,还有德意志骑士组成的条顿骑士团。

骑士团直接隶属于罗马教皇,拥有大量土地和财富,内部有严明的纪律。西欧城市,首先是意大利城市,把拉丁国家视为垄断东方贸易、打击君士坦丁堡的战略据点。它们竭力支持拉丁国家,向法兰克入侵军提供粮食和武器,左右他们的决策,控制他们同东方的贸易。

这些基督徒到圣地耶路撒冷的时候,有这样一种想法:他们比本地人优越得多。而接触之后,他们才恍然大悟,自愧弗如。穆斯林的礼节和文化,及其高超的技艺和文雅的情趣,给欧洲人留下了深刻印象。这些基督徒开始雇用穆斯林工艺师和雕刻家,建造阿拉伯式房屋,穿戴阿拉伯人的服饰,食用阿拉伯人的食品,朝拜阿拉伯人的圣陵。基督徒之间互相争斗时,甚至找来穆斯林予以裁决。基督徒与穆斯林互相贸易,互相拜访,甚至一起狩猎。

四、萨拉丁反攻

赞吉王朝的崛起拉开了穆斯林反攻的帷幕。

蓝眼睛的伊马德丁·赞吉原本是塞尔柱国王马立克的奴隶,有"宗教的支柱"之称。他在毛绥里建立了赞吉王朝,囊括毛绥里、阿勒颇和哈兰这三座城市。赞吉是反法兰克入侵军的先驱。他给拉丁国家以强有力的打击。

赞吉铁锤般的打击首先落在了鲁哈城。这座城市邻近巴格达,控制着美索不达米亚到地中海之间的商道。50年间,它成为叙利亚的诸拉丁国家的屏障。这是第一座建立，也是第一座陷落的拉丁城市。它有着坚固的堡垒，但没有顽强抵抗。赞吉经过4周围攻，夺取了这座城市。

这座城市攻陷，意味着穆斯林拔除了基督徒插在叙利亚和伊拉克之间的楔子。鲁哈陷落的消息传到欧洲后，引起了一片惊恐愤怒的骇浪，征战的狂热有增无减。在教皇的煽动下，神圣罗马帝国皇帝和法国国王组成了新的法兰克入侵军，开赴东方。这一次，法兰克入侵军以惨败告终，灰溜溜地回到了欧洲。

赞吉的儿子努尔丁有"宗教的光明"之称，他继承了先父的事业，而且比他父亲更辉煌。他把首都由毛绥里迁到阿勒颇，那里离拉丁国家更近。他首先兵不血刃地从软弱的穆斯林当政者手中接管了大马士革，消除了赞吉王朝领土和耶路撒冷之间的最后障碍。

接着，他征服了鲁哈地区。那里的统治者——埃德萨公爵乔斯林二世成为他的阶下囚，被戴上了锁链。后来，他又攻入安条克公国，占领首都，生俘这个公国的年轻国王博希蒙德三世及其同盟者的黎波里伯国国王雷蒙三世。他把这两个统治者关押了好几年，获得一批可观的赎金后，将他们释放。

萨拉丁继努尔丁之后，成为反法兰克入侵军的伟大先锋和登峰造极的英雄。萨拉丁的意思是"通过信仰实现和平"。萨拉丁的父母都是库尔德人，其父阿尤布曾在赞吉王朝任司令官，他的叔叔希尔库在埃及法蒂玛王朝任维齐尔。萨拉丁在他的叔叔早逝之后，接任法蒂玛王朝维齐尔。

萨拉丁年轻时受过神学教育，是个坚定的逊尼派。握有权柄之后，他立下两大雄心壮志：一是在埃及用逊尼派取代法蒂玛王朝的什叶派；二是推进对法兰克入侵军的"吉哈德"，把基督徒逐出埃及。

1171年，萨拉丁推翻什叶派法蒂玛王朝，建立以其祖先命名的阿尤布王朝，恢复了逊尼派的统治。他下令在聚礼日的祈祷词中一律改用阿拔斯王朝哈里发穆斯坦绥尔的名字。

接着，他向叙利亚人开战，从努尔丁的继承者手中夺取了叙利亚。其间，他的弟弟征服了汉志和也门。

1175年，萨拉丁请求阿拔斯王朝哈里发授予他埃及、叙利亚、巴勒斯坦、马格里布、西埃塞俄比亚的苏丹的称号。哈里发承认既成事实，将上述已被萨拉丁占领的国土赏赐给萨拉丁。

从此以后，萨拉丁开始号称苏丹。数年之后，他征服了毛绥里，把美索不达米亚的所有君主都变成了诸侯。这时，他已成为拉丁国家周围全部领土的统治者。

努尔丁曾梦想先包围拉丁国家，然后将其置于叙利亚、美索不达米亚和埃及之间，将其消灭。这个梦想在萨拉丁的功业中变成了现实。处于包围之中的法兰克入侵军意识到自身的危险处境之后，向阿萨辛派求助，双方达成秘密结盟。

当地阿萨辛派以麦绥叶德为基地。这个基地位于安条克公国和的黎波里伯国之间。阿萨辛派对萨拉丁进行了两次未遂的行刺。阿萨辛派的行动使萨拉丁大怒。他亲率大军对麦绥叶德发动了猛烈围攻，他的名字让阿萨辛派闻之色变。阿萨辛派被迫妥协，许诺只要萨拉丁解除围攻，就不再侵扰他，萨拉丁随之解除了围剿，此后他再未遭到阿萨辛派的袭扰。

遇刺威胁解除之后，萨拉丁便安稳无忧了。他放开手脚，全力对付法兰克入侵军。

萨拉丁半身像

1187年7月1日,萨拉丁攻陷基督教城市太巴列。法兰克入侵军不甘心于这次挫败,未过几天,便在耶路撒冷王国国王居伊的统率下,出动两万重兵反攻。萨拉丁率部迎击,扎营在水源充足的草原,以逸待劳。

法兰克入侵军冒着酷暑炎热,连续行军数日后来到太巴列城下。他们虽充满狂热,但已疲惫不堪,饥渴交加,人困马乏。有些士兵冲向太巴列湖取水,均被击退。居伊所部军队被围困在一座缺水的高地,人心惶惶,士气低落。入夜,萨拉丁军的营帐中响起了穆斯林庄严的祈祷声和雄壮的歌声,表现出高昂的斗志。他们点燃了高地四周的灌木丛,旋即浓烟大作,法兰克入侵军不能睁眼,呛咳难忍。

7月4日黎明,萨拉丁像一头发怒的雄狮一样向法兰克入侵军发起总攻,居伊所部军队几次突围未逞。最后,当耶路撒冷国王居伊的绯红色大营帐被摧毁时，萨拉丁夙愿得偿，跃下马鞍，流出了极度兴奋的热泪。这就是历史上的哈丁战役。

哈丁战役使法兰克入侵军遭受致命打击，居伊统率的两万精锐部队，除了阵亡者外，几乎全部被俘。居伊被带到萨拉丁营帐。萨拉丁对他以礼相待，表现出宽大的骑士风度。萨拉丁递给垂头丧气的居伊一杯用赫尔蒙山的白雪冰过的水。在居伊发誓不再与他为敌之后，萨拉丁将其释放。

然而，萨拉丁对另一个基督徒首领——背信弃义的雷吉纳尔德却毫不留情。因为雷吉纳尔德多次失信于穆斯林，抢劫和平商队，骚扰朝觐旅客。萨拉丁曾发誓：如果有一天，雷吉纳尔德落到他的手里，他将亲手处决雷吉纳尔德。萨拉丁果真实践了自己的誓言。他历数雷吉纳尔德背信弃义、破坏和平的罪行，然后手起刀落，处决了这个作恶多端的敌人。雷吉纳尔德为他的背信弃义付出了生命。

此后，萨拉丁向拉丁国家的大本营耶路撒冷进军。经过一周围攻，萨拉丁拿下了这座城市，俘虏了数千名基督徒。萨拉丁要他们限期交付赎金赎身，但这些基督徒俘虏多为穷人，无力赎身。于是，萨拉丁便无偿将他们释放了。

至此，阿克萨清真寺和奥马尔清真寺的上空，重新响起了宣礼员召唤穆斯林做礼拜的朗朗之声，敲响将近100年的基督教堂钟声被取而代之。奥马尔清真寺圆顶上的金质十字架，也被萨拉丁换成了新月架。

得胜的萨拉丁长驱直入，南北挺进，攻城略池，摧枯拉朽，所向披靡，收复了法兰克入侵军在叙利亚和巴勒斯坦占据的大部分城市。耶路撒冷王国已不复存在，只有安条克、的黎波里和推罗（又名苏尔、提尔等）仍在法兰克入侵军手里。

圣城耶路撒冷沦陷，再次在欧洲引起轰动，组织新的法兰克入侵军的呼声甚嚣尘上，西欧最强大的三个君主——神圣罗马帝国皇帝红胡子腓特烈一世、英国国王狮心王理查德一世和法国国王腓力二世，组成联军，向巴勒斯坦进发。

红胡子腓特烈一世率先出发，由陆路挺进。不幸的是，他在路途上交了厄运。他的军队一直深入小亚细亚南部。但在奇里乞亚渡河时，他葬身于洪水之中，丢掉了性命，随军将士军心大乱，纷纷逃回欧洲。

狮心王理查德一世在中途停了下来，攻占了塞浦路斯岛。这座海岛后来成为从大陆上被赶出来的法兰克入侵军的避难所。

法国国王率领法军继续前进，到达巴勒斯坦，与耶路撒冷王国国王居伊的部队会合。

居伊曾向萨拉丁保证不再进犯伊斯兰地区。但他看到法兰克入侵军抵达后，便背弃诺言，集合部下，收编红胡子腓特烈一世的残部。他在法国国王分遣队的增援下，攻打穆斯林据守的著名港口阿克港。

萨拉丁次日赶来援救，在敌军对面扎起帐篷。敌军已经包围阿克港，并从水陆两路发起猛攻。萨拉丁从城外进攻敌军，穆斯林守军从城内反击。就在这时，狮心王理查德一世率军到达阿克港，敌军力量倍增，一场旷日持久的决战揭开了序幕。

这场战役持续了两年之久，战斗连续不断，战局几经变化，成为世界中古史上的著名战役之一。

在这场战役中，法兰克入侵军的优势在于拥有先进的舰队和射石器，穆斯林的优势在于萨拉丁统帅的统一指挥。萨拉丁曾数次向阿拔斯王朝哈里发写信求援，但援军迟迟未到。这座孤城最终被迫投降。

法兰克入侵军向阿克城守军提出投降的条件：一个月内缴纳20万枚金币的赎金，送还圣十字架，作为获释的代价。这笔赎金数额巨大，时间紧迫，一个月过后，穆斯林仍未交出。狮心王理查德一世残忍下令处决2700名被俘守军。这些俘虏全部倒在血泊之中。

狮心王理查德一世这一惨无人道的行为，与萨拉丁攻陷耶路撒冷时对待战俘的仁慈做法，有天壤之别，形成鲜明对照。难怪萨拉丁在历史上被公认为有风度的君王。

狮心王理查德一世虽然夺取了阿克港，但他意识到萨拉丁非常强大。于是，他试图与萨拉丁握手言和，缔结和约，实现和平。狮心王查理德一世甚至提议把他妹妹乔安娜许配给萨拉丁的弟弟马立克·阿迪尔，把耶路撒冷作为嫁妆赠给新郎和新娘，并以隆重的仪式把马立克·阿迪尔之子卡米尔封为王储，授予爵士封号。1192年11月，双方缔结和约。根据和约，海岸归基督徒，内地归穆斯林，基督徒和穆斯林到圣城朝拜受到双方保护。就这样，荣誉既已得到满足，法兰克入侵军便撤离而去。

萨拉丁享受了和平的果实。仅仅三个月后，他在大马士革因感染伤寒突然去世，享年55岁。萨拉丁病逝的噩耗传来，举国悲痛。萨拉丁被安葬在倭马亚大清真寺附近。800多年来，他的陵墓一直是穆斯林瞻仰的圣地。

当法兰克入侵军蹂躏地中海东岸地区的时候，萨拉丁团结各族人民，给予法兰克入侵军以致命打击，遏止了欧洲封建势力对地中海东岸地区的侵略，保护了地中海东岸地区的物质文明和人民的生命财产，立下了伟大的历史功绩，成为那里的民众永远敬仰的英雄人物。

萨拉丁不仅是伊斯兰世界名副其实的斗士和先锋，而且是一位深受爱戴的国王和一位能干的施政者。他鼓励学术，修筑道路，开凿运河，开办学校和研究学院，修建清真寺和开罗的萨拉丁城堡。

此外，他廉洁清明。推翻法蒂玛王朝时，他把堆积如山的财宝，分给他的家臣和军队，自己什么也没有留下。努尔丁的遗产，他没有碰过，而是留给了这位已故国王的儿子。他本人去世时，只遗留下47第尔汗和1第纳尔。

萨拉丁去世后，他所建立的庞大帝国被他的几个继承者瓜分：马立克·艾弗达勒在大马士革继承王位，阿齐兹在开罗继承王位，扎希尔在阿勒颇继承王位，马立克·阿迪尔在卡拉克继承王位。他们之间互相倾轧，内讧不已，不仅无力进取，连萨拉丁收复的城市也守不住。萨拉丁为伊斯兰世界开拓的功业日见破碎。仅仅过了40年，他以武力夺回的全部城镇又重新落入基督徒的手里。

五、引狼入室

塞尔柱人控制阿拔斯王朝哈里发，始于1055年，终于1194年。在这个时期的大部分时间里，法兰克入侵战役在叙利亚和巴勒斯坦疲倦地拖着脚步前进，伊斯兰教和基督教关系史上最惊人的戏剧不断上演。

然而，无论阿拔斯王朝，还是塞尔柱人，对法兰克人入侵已经无能为力，对穆斯林的求援只能报以同情的泪水，眼睁睁地看着伊斯兰世界的疆土被基督徒践踏蹂躏。

圣城耶路撒冷陷落时，有个穆斯林代表团来到巴格达，请求哈里发援助他们反抗基督徒的战争，有不少人挥泪，表示深切同情，但没有任何实际行动。哈里发穆斯塔齐尔指示代表团去见塞尔柱苏丹别乐克·雅鲁克。这位苏丹是马立克的儿子和第二顺位继承者。塞尔柱苏丹政权就是从他统治时期开始衰落的。代表团在他那里一无所获。的黎波里被围困时，穆斯林代表团又一次前来求援，结果也是一无所获。

几年之后，法兰克入侵军劫掠了从埃及开出的几艘运货给阿勒颇商人的船只。阿勒颇派了一个代表团到巴格达请愿。他们找到塞尔柱帝国苏丹做礼拜的那座清真寺，向他提出迫切恳求，并捣毁了清真寺里的讲台。这时，阿拔斯王朝哈里发才奋发起来，派出一小支军队去支援抗战，结果无济于事。

赞吉、努尔丁和萨拉丁这三位英雄，成功抵抗了法兰克入侵军，并推翻了什叶派创建的法蒂玛王朝，阿拔斯王朝的威信有所回升。萨拉丁曾下令埃及和叙利亚各地在聚礼日的祈祷词中改用阿拔斯王朝哈里发的名字，还曾派人给哈里发送来几个法兰克入侵军战俘和一部分战利品，包括一个青铜镀金十字架。据传说，这个十字架中有着真十字架的木头。哈里发把这个十字架埋在了巴格达。

哈里发纳赛尔在位40年，是阿拔斯王朝编年史上在位时间最长的哈里发。他在位期间，曾做过一次微不足道的尝试，企图多少找回阿拔斯王朝昔日的一点儿荣光。

塞尔柱王朝分崩离析后，英雄人物萨拉丁重新承认阿拔斯王朝，纳赛尔似乎有了一个良机。

纳赛尔开始把自己的意志强加于巴格达人民，过着奢侈的生活。他下令建筑了几座宫殿。

然而，纳赛尔的企图不过是昙花一现，回光返照而已。他的第一个致命错误是，怂恿花剌子模的统治者进攻塞尔柱王朝。花剌子模的奠基者原是伽色尼王朝的一个奴隶，起初任塞尔柱王朝苏丹马立克的侍臣，后任花剌子模行省总督。塞尔柱王朝解体后，花剌子模宣布独立。

1194年，花剌子模的统治者塔卡什大败塞尔柱王朝苏丹图格里勒·贝格，夺取了波斯、伊拉克和库尔德斯坦。纳赛尔希望这个胜利者把他征服的地区交出来。然而，塔卡什不但不满足纳赛尔的愿望，反而援引塞尔柱人的先例，用自己的苏丹的名号铸造钱币，并建议纳赛尔让他掌握巴格达的世俗政权，只把名义上的权力留给阿拉伯帝国哈里发。

塔卡什的儿子阿拉义丁·穆罕默德继位后，征服布哈拉和撒马尔罕，攻克伽色尼，花剌子模达到鼎盛时期，成为地跨中亚和西亚的大国，领土北起阿姆河流域，南到波斯湾，东讫印度河，西至两河流域。这位花剌子模国王决心结束阿拔斯王朝，另建一个什叶派执政的哈里发政权。

张皇失措的纳赛尔又寻求新的同盟者的援助。这次他招来的是灭顶之灾。他求助的正是大蒙古国的缔造者成吉思汗。

六、成吉思汗西征

当身穿甲胄的法兰克入侵军在阿拉伯帝国西部横行逞凶的时候，骑马射箭的蒙古人从东方卷起了一场来势迅猛的风暴，苟延残喘的阿拉伯帝国最终葬身于这场风暴。

蒙古人原本居住在贝加尔湖东南和黑龙江上游。13 世纪以前，蒙古人处于氏族部落时期，还没有完全脱离原始公社生活，也没有形成为一个统一民族。当时，蒙古有大小近百个部落，绝大多数居住在草原地区从事游牧业，少数住在森林地区从事渔猎业。他们"遇食同享，难则争赴，有命则不辞，有言则不易，有上古之遗风"①。

13 世纪初，蒙古各部落生产力发展，氏族制度开始解体，各部落之间经常进行掠夺战争，无休止的混战既破坏了社会生产，又加剧了社会的两极分化。当时，金朝统治者对蒙古各部实行的分化、掠夺和围剿的政策，加剧了这种混战破坏。于是，结束各部落之间的混战，摆脱金朝统治，建立统一国家，成为蒙古各部落的共同诉求。

孛儿只斤·铁木真在蒙古人建立统一国家进程中起了卓越作用。他原本是蒙古部落的"汗"。后来，他东征西战，合并了其余部落，结束了蒙古各部长期分裂局面，完成了蒙古的统一。

1206 年，铁木真在斡难河源头召开忽里台大会（意为"大聚会"）。会上，铁木真被推选为全蒙古大汗，尊号"成吉思汗"，大蒙古国建立。

成吉思汗在完成内部征服之后，便着手征服邻近地区：1205 年至 1209 年，他三次进攻西夏，打到西夏都城（银川）中兴府，西夏被迫求和。1211 年，他亲征金国，前锋到达金朝中都（北京）附近的昌平，金朝被迫迁都汴京。1214 年，他再次南下汴京，大掠近畿而还。

此后，蒙古军主力转向西方。

一代天骄成吉思汗，西征中亚，掀起了第一次西征的浪潮。当

---

① 李志常. 长春真人西游记［M］. 石家庄：河北人民出版社，2001：12.

时，花剌子模是中亚的大国，幅员辽阔，物产丰富，商业繁荣，是中西交通要道。

1218年，成吉思汗派遣一支450人的商队带着500匹骆驼前往花剌子模进行贸易。商队到达边境城市讹答剌（又称奥特拉尔）时，被贪财的守将以"间谍罪"全部处决。

听到来自讹答剌的悲惨报告，成吉思汗遂决定西征，讨伐花剌子模国，为商队报仇。

1219年，成吉思汗灭掉西辽，扫清了西征道路上的障碍，遂亲率20万大军进攻花剌子模。花剌子模统治集团内部矛盾重重，虽有40万军队，但不能集中力量抗敌。它处处分兵防守，蒙古军各个击破。

蒙古军首先围攻讹答剌，5个月后破城，当地军民又坚持巷战一个月之久，讹答剌城被夷为平地。

接着，成吉思汗率兵西取布哈拉，于1220年2月攻陷之。

成吉思汗将烟火冲天的布哈拉留在身后，向撒马尔罕进军。经过5天围攻，他攻克了撒马尔罕。撒马尔罕城寨被毁坏，市民被驱逐，房屋被烧毁，守军全部丧命。花剌子模国王仓皇西逃，蒙古军急追不放。这位国王东奔西窜，疲于奔命，几经辗转，最后逃到了里海中的一座小岛上。

花剌子模国王在这座小岛上成为一位虔诚的穆斯林，遵守戒律，每天做5次礼拜，敬听伊玛目给他朗诵《古兰经》，眼泪汪汪地忏悔。一年之后，这位国王病逝在这座孤岛之上，连寿衣也没有，仅以一件衬衣裹尸。

首都花剌子模城进行了顽强抵抗。半年之后，蒙古军入城，激烈的巷战又持续了9天9夜。1224年4月，花剌子模城陷落，10万工匠被掳走，妇女儿童沦为奴隶。

花剌子模国王的儿子札兰丁·明布尔努，在内沙布尔一带继续抵抗。蒙古军攻陷内沙布尔后，札兰丁退往阿富汗。成吉思汗率兵穷追不放。札兰丁不止一次回兵与成吉思汗作战，最后被追至库尔德斯坦山中，被山民所害。

在7年时间里，蒙古铁骑踏遍了整个中亚地区，前锋直达印度、波斯北部和东欧。蒙古军势如破竹，所向披靡，消灭花剌子模，席卷呼罗珊。

蒙古军曾由波斯西北转向伊拉克，推进到萨迈拉，如惊弓之鸟的巴格达居民，听到警报后争先恐后起来自卫。哈里发纳赛尔已经风烛残年，他的儿子扎希姆和孙子穆斯坦绥尔统治时期，都是日复一日在恐慌中度过的。

1225年，成吉思汗结束了前后持续7年的历史性远征，回到了蒙古本土。风暴过后的宁静笼罩着被征服地区。然而，这不过是滚滚波涛汹涌而来之前的暂时平静而已。

七、帝国终结

成吉思汗的孙子孛儿只斤·蒙哥统治时期，蒙古人又发动了一次西征，蒙古汗国的大军像滚滚波涛一样，再次汹涌而来。

1256年，成吉思汗的孙子、蒙哥的弟弟旭烈兀，统率大军，渡过阿姆河，向波斯挺进，在花剌子模的废墟上建立起来的各个小王国被这支大军扫荡得一干二净。波斯和高加索的一些小国，纷纷投降。

11月，旭烈兀大军到达麦门迪兹要塞，晓谕当时住在要塞内的阿萨辛派首领鲁铿丁，若5日内投降，保证全堡人员安全。鲁铿丁采纳著名天文学家突尼斯人纳赛尔丁等的建议，率众出降。旭烈兀命鲁铿丁转谕阿萨辛派其他城堡守将归顺，100多座大小城堡相继投降，悉被捣毁，一个不留。

12月，蒙古军攻克阿萨辛派的大本营阿拉穆特堡垒，将其夷为平地，把堡垒内财物劫掠一空。旭烈兀与鲁铿丁一道回到哈马丹。随之，使者被派到叙利亚，晓谕叙利亚的阿萨辛派诸城堡，令其献堡归降。旭烈兀利用鲁铿丁荡平阿萨辛派势力后，即欲除之，以绝后患。鲁铿丁在朝见蒙哥汗途中被旭烈兀派遣的护送军谋害。

旭烈兀又将阿萨辛派成员分给各营，下令悉数斩除，一个不留。其余各地的阿萨辛派也被同样处置，残存无几。这个有令必行，四处行刺，一度在各地的国王和平民中造成恐怖的极端派别，受到了致命打击。

阿萨辛派既灭，蒙古军下一个征服的目标就是巴格达。旭烈兀致书哈里发穆斯塔绥姆，责备他未应旭烈兀之邀，合击阿萨辛派。旭烈兀警告哈里发，不要以拳头去碰铁锥，不要把太阳当作灯火。他要哈里发拆除巴格达城墙，填平城壕，纳贡投降，以保人民和军队安全；否则，蒙古军攻入城内，必贻后悔，哈里发支吾其词。

1258年1月，蒙古大军团团包围了巴格达，旭烈兀的抛石器对准这座都城的城墙进行了有效攻击，有一个堡垒被打开一个缺口。旭烈兀有一个妻子是基督徒。因此，哈里发派景教大主教陪同大臣伊本·阿勒盖米出城,试图和旭烈兀谈判停战条款,但被旭烈兀拒绝。后来,他们引证先例,警告旭烈兀说胆敢侵犯和平城巴格达或危害阿拔斯王朝哈里发者,将遭遇可怕的命运。

然而,旭烈兀对他们的警告置之不理。

2月10日清晨,对阿拔斯王朝来说,是一个不幸的日子。蒙古军破城而入,哈里发及全体官员投降,但为时已晚,他们全被监禁起来。巴格达蒙受了一场空前浩劫。蒙古军疯狂劫掠7日,居民被害者达数十万人,许多艺术珍品和华丽建筑遭到焚毁。和平城内无和平。巴格达一片废墟,大街小巷的尸体,数周无人掩埋,恶臭熏天,瘟疫蔓延。旭烈兀被迫撤到城外,好几天之后才重新进城。

旭烈兀可能打算把巴格达留作自己的驻地。因此,他没有像对其他城市那样,加以彻底破坏,夷为平地。景教大主教受到特别的优待,某些学校和清真寺免遭破坏,还得以修复。蒙古人规定聚礼日的祈祷词中不能提及任何哈里发的名字。这在伊斯兰历史上是破天荒的事。

2月20日,阿拔斯王朝末代哈里发穆斯塔绥姆归真,历时500余年的阿拔斯王朝遂告灭亡,阿拉伯帝国也随之寿终正寝。

阿拉伯帝国灭亡,有其深刻的内在因素和外在因素。

首先是政治上的分裂和离心。

阿拉伯帝国是一个以军事征服建立起来的地跨欧亚非三大洲的庞大帝国,内部矛盾重重,纷争不已。最初,征服活动有些是有名无实的。这些草率的不完全征服活动,早已种下地方分权和群雄割据的祸根。阿拉伯人与非阿拉伯人之间,阿拉伯穆斯林与新穆斯林之间,穆斯林与顺民之间,都存在着不可逾越的鸿沟。

在阿拉伯人内部,南方人与北方人之间旧有的隔阂始终存在。无论波斯人、突厥人、柏柏尔人,都没有和来自闪米特人的阿拉伯人结合成一个统一的整体。波斯人念念不忘他们的古老国度的荣光,从来没有服从新的政治制度。柏柏尔人随时准备支持任何分裂活动,表现出强烈的部族情感和外族观念。叙利亚人在漫长的岁月中总是期望有一个"素福扬"起来,把他们从阿拔斯王朝的束缚中解放出来。

伊斯兰教内部的离心力不亚于任何政治力量和军事力量。这种强大的离心力十分活跃,穆斯林分离并建立了一系列新教派,如什叶派、伊斯玛仪派、苏菲派、德鲁兹派、哈瓦利吉派等。这些团体中有许多不仅是宗教派别,而且是强大的军事政治力量。它们掀起一次又一次狂风巨浪,对阿拉伯帝国发起一次又一次震撼冲击,阿拉伯帝国被撕裂得七零八落。

其次是经济上的破坏和衰退。

横征暴敛,专为统治阶级谋私利的地方政权,都削弱了农业和工业,统治者日益富足,广大民众却日益贫困,二者适成反比。连年累月的流血战争,耗尽了人力,以致许多耕地变成了荒地。下美索不达米亚洪水泛滥,定期造成巨大破坏,阿拉伯帝国各地发生饥荒,又加重了灾难的危害性。

鼠疫、天花、恶性疟疾和其他疾病当前,中古时期的人基本上束手无策。这些传染病时常流行,使广大地区的人口锐减。自阿拉伯人征服亚欧非三大洲的广大地区500多年来,阿拉伯编年史记载了40次以上比较重大的传染病的流行。经济衰退,自然造成文化衰退和创造性思维的窒息。

最后是外族入侵和征服。

阿拉伯帝国后期，外族入侵不断，帝国命运多舛，不绝如缕，先是波斯布韦希家族和突厥塞尔柱家族对帝国心脏的挟持，接着是法兰克入侵军在帝国西部肆意蹂躏，最后是蒙古铁蹄驰骋横扫阿拉伯帝国。

以游牧为业的蒙古人，刚刚从原始社会过渡到国家组织，国势兴旺，兵源广阔，保有视掠夺为荣耀的氏族遗风，作战骁勇强悍。蒙古骑兵，给养简单，行军时羊群随后，饥食羊肉，渴饮马乳，人有数马，轮流乘骑，来如天坠，去如电逝，很难防御。加之他们从汉族学会使用炮火、飞火枪等先进军事技术，如虎添翼。成吉思汗、旭烈兀等均长于战术，善于用兵，常常出奇制胜。

因此，阿拉伯帝国这位垂暮老人，难免丧生于蒙古铁蹄之下。

铺天盖地的蒙古风暴给摇摇欲坠的阿拉伯帝国最后一击，最终将它彻底埋葬，但它实际上只不过加速了阿拉伯帝国灭亡。阿拉伯帝国灭亡的根本原因，如上所述，是政治、经济、社会等因素长期共同作用的结果。

> 跟西方的罗马帝国类似的情况一样，在病人已经气息奄奄，命在旦夕的时候，强盗们才明火执仗地打进门来，把帝国的遗产抢得一干二净。①

阿拉伯帝国被蒙古人摧灭。然而，和塞尔柱家族的先例完全一

---

① 希提.阿拉伯通史：上册[M].马坚，译.2版.北京：商务印书馆，1990：579.

样，穆斯林武力失败的地方，他们的宗教得胜了。在阿拉伯帝国废墟上建立起来的蒙古伊利汗国，最终承认伊斯兰教为国教，高高举起伊斯兰教的旗帜。这一旗帜后来又被土耳其人接过去。

伊斯兰教能够在中古时期迅速传播到世界各地，成为最晚兴起而又最富活力的世界宗教，不能不归功于阿拉伯帝国。

结　语

历时半年多夜以继日地写作，终于在春暖花开的季节画上句号。正当掩卷沉思、浮想联翩之际，笔者收到了老师彭树智教授意味深长的来信："《阿拉伯帝国》似可用历史哲学观点来写其内部与外部、政治及经济、军事及文化、社会生活及宗教诸多交往关系，使之融入历史哲学课题，与历史哲学挂钩。换一个角度，会有创新之处，不妨一试。"彭先生指点迷津的谆谆教诲，如一缕春风，使笔者茅塞顿开，深受启迪。

历史交往是纵贯人类历史始终、横跨人类社会各个领域的永恒而普遍的现象，是人类社会历史赖以存在和发展的基本方式，是考察和研究人类社会历史的独特视角，是一个历史哲学概念。一部人类历史，从某种意义上可以说是一部人类交往史。用历史交往这一历史哲学视角来审视阿拉伯帝国的历史，无疑会对阿拉伯帝国在人类历史长河中的地位，以及阿拉伯帝国诞生、发展和衰亡，有全新的深刻理解。

就历史交往的文明形态而言，人类经历了由游牧文明与农耕文明的交往到农业文明与工业文明的交往的演进。阿拉伯帝国是游牧世界与农耕世界的历史交往的滚滚浪潮中的一朵绚丽浪花。游牧世界与农耕世界之间的交往，是前资本主义时代文明关系的突出特征，其中规模最大的有三次：第一次是公元4世纪至公元7世纪以匈奴人和日耳曼人为主体的游牧民族不断西侵南下触发的欧洲民族大迁徙。第二次是公元7世纪至13世纪阿拉伯半岛游牧民族东征西讨。第三次是13世纪至15世纪蒙古草原民族纵横驰骋。

游牧民族的攻战征伐，使古老的农耕文明受到了巨大冲击，甚至导致社会形态更替，但游牧世界最终被农耕文明所同化。农耕世界一次又一次把入侵的游牧民族吸收到自身的经济文化体系中来。

三次冲击浪潮的结果，是游牧世界缩小，农耕世界扩大。此后，游牧世界与农耕世界的历史交往大体定局。

在上述历史交往浪潮中，日耳曼人推翻了西罗马帝国，不仅使西欧陷入长期分裂状态，而且毁灭了欧洲古代文明，使西欧传统文化失落，西欧文明出现断层。蒙古铁蹄所到之处，肆意蹂躏破坏，西亚、中亚、南亚、东南亚、北亚等地文化中心被扫荡净尽，断瓦残垣，一片废墟。

阿拉伯人在吸收融合被征服地区文明的基础上，不仅创造出丰富的物质文明，而且创造出灿烂的精神文明；他们不仅没有毁灭古代文明，而且接过古代文明的火炬，加以融合、创新和发展。他们在东西方之间架起一座桥梁，使处于黑暗之中的西欧重新找回失落的文明，点燃文艺复兴的熊熊烈焰，拉开了人文主义的帷幕，开启人类历史的一个新时代。

就历史交往的地域空间角度而言，人类经历了由原始社会的点状交往到中古时期的区域交往再到近现代的全球交往的演进。阿拉伯帝国是区域交往漫漫长河中的重要一环。区域交往主要集中于孕育人类早期文明社会的亚欧大陆及其毗连的北非，即所谓的旧大陆。区域交往的一个重要表征是跨大陆交往。

跨大陆交往是与帝国的扩张征服密切联系在一起的，扩张征服的结果出现了地跨亚非、亚欧和亚非欧的大帝国：古代有地跨亚非两大洲的亚述帝国，地跨亚非欧三大洲的波斯帝国、亚历山大帝国和罗马帝国；中古时期有地跨亚欧两大洲的蒙古帝国，地跨亚非欧三大洲的阿拉伯帝国和奥斯曼土耳其帝国。

在上述跨大陆交往中，西亚地区是交往的中心。这些跨两个大洲或三个大洲的帝国绝大部分盛极一时，随之便销声匿迹，沉寂于历史长河之中，或回复到原初状态，成为西亚地区的匆匆过客。

阿拉伯帝国在跨大陆交往中，在变幻万端的西亚地区，留下了永恒不灭的印记。延续数世纪之久、横跨亚非欧三大洲的阿拉伯帝国，将亚欧大陆的东西两部分真正连成一片，是一次人类旨在建立统一延续的国际整体结构的前所未有的实践。

在阿拉伯帝国的历史灰烬中，再生出强大如初的伊斯兰世界，阿拉伯-伊斯兰文明之树在历史中栉风沐雨，依旧常青，这不能不说是人类历史交往的奇迹之一。

历史交往不外乎政治、经济、军事、社会、文化等层面，互相交织影响，构成一个动态系统。阿拉伯帝国的孕育与发端、崛起与兴盛、衰落与灭亡，无不与上述交往关系的演进息息相关。

正是阿拉伯半岛各种交往关系的发展，促成了伊斯兰教的诞生和阿拉伯半岛的统一和阿拉伯人对外扩张，阿拉伯帝国得以孕育和发端。大规模军事扩张，以及随之而来的政治、经济、文化、社会等方面的进一步交往，对被征服地区文明的吸收融合，促进了阿拉伯帝国的崛起与兴盛。

然而，在交往过程中，各种瓦解阿拉伯帝国肌体的因素也在发展，最终导致阿拉伯帝国衰落与灭亡。

阿拉伯帝国成为历史遗迹。然而，历史交往的滔滔江河依旧奔腾不息，阿拉伯帝国创造的灿烂文明犹如浴火的凤凰，腾空而起。

人类文明正是随着历史交往的扩展得以保存、传播和延续的。

附　录
阿拉伯帝国统治者世系表

四大正统哈里发

艾布·拜克尔（632—634）

奥马尔·伊本·哈塔卜（634—644）

奥斯曼·伊本·阿凡（644—656）

阿里·伊本·艾比·塔里卜（656—661）

倭马亚王朝哈里发

穆阿维叶一世（661—680）

叶齐德一世（680—683）

穆阿维叶二世（683—684）

马尔万一世（684—685）

阿卜杜勒·马立克（685—705）

韦立德一世（705—715）

苏莱曼一世（715—717）

奥马尔二世（717—720）

叶齐德二世（720—724）

希沙姆（724—743）

韦立德二世（743—744）

叶齐德三世（744）

易卜拉欣（744）

马尔万二世（744—750）

阿拔斯王朝哈里发

艾布·阿拔斯（750—754）

曼苏尔（754—775）

马赫迪（775—785）

哈迪（785—786）

拉希德一世（786—809）

阿明（809—813）

马蒙（813—833）

穆阿泰绥姆（833—842）

瓦西格（842—847）

穆塔瓦基勒（847—861）

蒙塔希尔（861—862）

穆斯泰因（862—866）

穆阿泰兹（866—869）

穆赫塔迪（869—870）

穆塔米德（870—892）

穆阿泰迪德（892—902）

穆克塔菲一世（902—908）

穆克塔迪尔（908—932）

卡希尔（932—934）

拉迪（934—940）

穆泰基（940—944）

穆斯塔克菲（944—946）

穆提（946—974）

塔伊（974—991）

卡迪尔（991—1031）

卡伊姆（1031—1075）

穆克塔迪（1075—1094）

穆斯塔齐尔（1094—1118）

穆斯塔尔希德（1118—1135）

拉希德二世（1135—1136）

穆克塔菲二世（1136—1160）

穆斯坦吉德（1160—1170）

穆斯塔迪（1170—1180）

纳赛尔（1180—1225）

扎希尔（1225—1226）

穆斯坦绥尔（1226—1242）

穆斯塔绥姆（1242—1258）

后倭马亚王朝（西班牙倭马亚王朝）哈里发

科尔多瓦埃米尔

阿卜杜勒·拉赫曼一世（756—788）

希沙姆一世（788—796）

哈卡姆一世（796—822）

阿卜杜勒·拉赫曼二世（822—852）

穆罕默德一世（852—886）

蒙齐尔（886—888）

阿卜杜拉·伊本·穆罕默德（888—912）

阿卜杜勒·拉赫曼三世（912—929）

科尔多瓦哈里发

阿卜杜勒·拉赫曼三世（929—961）

哈卡姆二世（961—976）

希沙姆二世（976—1009）

穆罕默德二世（1009）

苏莱曼（1009—1010）

穆罕默德二世（复位，1010）

希沙姆二世（复位，1010—1013）

苏莱曼（复位，1013—1016）

阿里·伊本·哈穆德·纳赛尔（1016—1018）

阿卜杜勒·拉赫曼四世（1018）

卡西姆·马蒙（1018—1021）

叶海亚·穆塔里（1021—1023）

阿卜杜勒·拉赫曼五世（1023—1024）

穆罕默德三世（1024—1025）

叶海亚·穆塔里（1025—1026）

希沙姆三世（1027—1031）

参考文献

1. 陈万里.阿拉伯概况［M］.上海：上海外语教育出版社，1988.

2. 法赫里.伊斯兰哲学史［M］.陈中耀，译.上海：上海外语教育出版社，1992.

3. 费希尔.中东史：上册［M］.姚梓良，译.北京：商务印书馆，1979.

4. 冯今源，沙秋真.伊斯兰教历史百问［M］.北京：今日中国出版社，1989.

5. 戈特沙尔克.震撼世界的伊斯兰教［M］.阎瑞松，译.西安：陕西人民出版社，1987.

6. 郭应德.阿拉伯中古史简编［M］.北京：北京大学出版社，1987.

7. 海尔布塔里.天房史话［M］.李光斌，李沁兰，译.北京：世界知识出版社，1987.

8. 胡泽里.穆罕默德传［M］.秦德茂，田希宝，译.银川：宁夏人民出版社，1983.

9. 柯克.中东简史：上册［M］.武汉大学《中东简史》翻译组，译.武汉：湖北人民出版社，1975.

10. 克雷维列夫.宗教史：下册［M］.乐峰，王先睿，等译.北京：中国社会科学出版社，1984.

11. 刘易斯.历史上的阿拉伯人[M].马肇椿,马贤,译.北京:华文出版社,2015.

12. 马茂德.伊斯兰教简史[M].吴云贵,金宜久,戴康生,等译.北京:中国社会科学出版社,1981.

13. 穆罕默德.古兰经[M].马坚,译.北京:中国社会科学出版社,2014.

14. 彭树智.世界十大皇帝[M].西安:三秦出版社,1998.

15. 彭树智.中东国家和中东问题[M].开封:河南大学出版社,1991.

16. 王怀德,郭宝华.伊斯兰教史[M].银川:宁夏人民出版社,1992.

17. 希提.阿拉伯通史:上册[M].马坚,译.2版.北京:商务印书馆,1990.

18. 于可.世界三大宗教及其流派[M].长沙:湖南人民出版社,2005.

图书在版编目（CIP）数据

阿拉伯帝国：信仰与刀剑的远征 / 尚劝余著. —北京：中国国际广播出版社，2021.12
（世界帝国史话）
ISBN 978-7-5078-4990-5

Ⅰ.①阿…　Ⅱ.①尚…　Ⅲ.①阿拉伯帝国－历史　Ⅳ.①K135

中国版本图书馆CIP数据核字（2021）第185683号

阿拉伯帝国：信仰与刀剑的远征

著　　者	尚劝余
责任编辑	林钰鑫
校　　对	张　娜
设　　计	国广设计室
出版发行	中国国际广播出版社有限公司 ［010-89508207（传真）］
社　　址	北京市丰台区榴乡路88号石榴中心2号楼1701
	邮编：100079
印　　刷	北京九天鸿程印刷有限责任公司
开　　本	710×1000　1/16
字　　数	240千字
印　　张	19.75
版　　次	2021年12月 北京第一版
印　　次	2021年12月 第一次印刷
定　　价	49.00 元

版权所有　　盗版必究